감사의 마음을 담아

_____에게 드립니다.

홍익희의
유대인 경제사

일러두기

- 본《유대인 경제사》시리즈의 일부 내용은 저자의 전작《유대인 이야기》(행성B잎새, 2013)를 참조하였습니다.

미국 근대 산업사는 재벌의 역사

근대 미국 경제사 上

THE HISTORY OF THE
AMERICAN CONGLOMERATE

7

홍익희의

유대인 경제사

한스미디어

6·25전쟁의 잿더미에서 맨손으로 시작한 우리 경제가 이제는 교역규모 세계 9위이자 수출 5강이다. 무에서 유를 창조한 것이나 진배없다. 1950년대 한국은 아프리카 나라들과 별 차이가 없는 극빈국이었다. 아니, 그보다도 못했다. 전쟁이 끝난 1953년의 1인당 소득은 67달러로 세계 최빈국의 하나였다. 그 뒤 8년이 지난 1961년에조차 1인당 소득은 82달러로, 179달러였던 아프리카 가나의 절반에도 못미쳤다. 그마저도 미국 원조 덕분이었다. 전쟁 복구가 시작된 1953년부터 1961년까지 원조액은 무려 23억 달러였다. 당시 우리의 수출액과 비교해보면 미국 원조가 얼마나 큰 금액이었는지 알 수 있다. 1962년 우리 수출실적은 5000만 달러였다.

그해 정부주도로 처음으로 경제개발계획이 시작되었다. 같은 해 대한무역투자진흥공사KOTRA가 설립되었다. 변변한 자원 없는 우리 민족도 한번 해보자고 무역 진흥의 기치를 높이 내걸고 달리기 시작하였다. 2년 뒤 1964년에 1억 달러 수출을 달성했다. 이를 기념하여 '수출의 날'이 제정되었다.

그로부터 6년 뒤인 1970년에 수출 10억 달러를 넘어섰다. 또 그로부터 7년 뒤 "친애하는 국민 여러분, 드디어 우리는 수출 100억 달러를 돌파하였습니다. 이 기쁨과 보람은 결코 기적이 아니요, 국민 여러분의 고귀한 땀과 불굴의 집념이 낳은 값진 소산이며, 일하고 또 일하면서 살아온 우리 세대의 땀에 젖은 발자취로 빛날 것입니다"라고 박정희 대통령은 떨리는 목소리로 수출의 날 기념식에서 말하였다.

100억 달러! 당시로는 쉽게 믿기지 않는 숫자였다. 대통령은 그날 일기에 이렇게 적었다. "10억 달러에서 100억 달러가 되는 데 서독은 11년, 일본은 16년 걸렸다. 우리는 불과 7년 걸렸다. 새로운 출발점으로 삼자. 새로운 각오와 의욕과 자신을 가지고 힘차게 새 전진을 다짐하자."

이렇게 달려와 2008년 수출액은 4200억 달러를 넘어섰다. 46년 사이에 8400배 증가한 것이다. 세계은행에 따르면 1960년대 이후 30년 동안 한국의 경제성장률이 세계 197개국 가운데 가장 높았다 한다. 자그마치 30년을 1등으로 달려온 민족이다. 세계 경제사에 유례가 없는 것이라 하였다. 바깥을 향한 경제정책이 우리 민족을 일으켜 세운 것이다. 해외에 나가보면 우리 수출기업들이 정말 열심히 뛰고 있다. 그들의 활약상을 보고 있노라면 누구라도 애국자가 아니 되려야 아니 될 수 없다. 우리 경제가 이만큼이나마 클 수 있었던 것은 수출기업들 덕분이다.

그런데 이러한 수출의 비약적인 발전에도 오늘날 우리 경제가 활력을 찾지 못하는 원인은 무엇일까? 내수경기는 좀처럼 불붙지 못하고 청년실업은 갈수록 늘어나고 있다. 상품 수출로 벌어들인 무역흑자는 서비스수지와 소득수지 적자로 까먹고도 모자랄 판이다. 이제는 세상이 바뀌어 상품 수출만으로는 안 된다. 서비스산업의 발전 없는 제조업 수출만으로는 한계가 있다.

필자는 해외 7개국에서 근무했다. 그 가운데 1990년대 중반 뉴욕무역관에 근무할 때, 제조업 고용비중이 10%도 안 되는 미국이 세계 경제를 호령하는 힘은 어디서 나오는지 궁금했다. 속내를 들여다보니 미국은 서비스산업 고용비중이 80%를 넘어선 서비스산업 강국이었다. 특히 금융산업 경쟁력은 세계 최강이었다. 뭔가 월스트리트에 답이 있을 듯했다. 그 속내를 들여다보고 싶었다.

세계의 제조업이 산술급수적으로 커가고 있을 때 금융산업은 기하급수적으로 성장하였다. 미국 경제에서 GDP 성장에 대한 금융산업 기여도는 3할에 이른다. 세계는 바야흐로 금융자본이 산업자본을 이끄는 금융자본주의 시대다. 이러한 금융자본주의 정점에 미국이 있었다. 제조업의 열세로 무역적자에 허덕이는 미국을 세계 각국에 투자된 미국의 금융자본이 먹여 살리고 있었다.

2001년부터는 스페인에서 두 번째로 근무하는 행운을 얻었다. 세계적인 제조업이나 변변한 첨단산업 하나 없는 스페인이 10여 년 전 첫 근무를 할 때에 비해 급속도로 발전하고 있는 데 놀랐다. 관심을 갖고 들여다보니 그 힘 역시 서비스산업이었다. 20세기에 힘들었던 스페인 경제가 21세기 들어 관광산업과 금융산업이 주도하기 시작하면서 활기차게 돌아갔다. 고용창출 효과 또한 대단했다.

해외 근무를 계속하면서 가는 곳마다 유대인들을 만날 수 있었다. 중남미에서부터 미국, 유럽에 이르기까지 필자가 근무한 나라를 더해갈수록 그들의 힘을 더 크게 느낄 수 있었다. 금융은 물론 유통 등 서비스산업의 중심에는 언제나 유대인들이 있었다.

도대체 그들의 힘의 원천이 무엇인지 알고 싶었다. 우리나라도 이제 예외가 아니었다. 이미 우리 생활 곳곳에 알게 모르게 유대인들의 영향력이 강하게 미치고 있었다. 이제는 유대인이 그동안의 개인적인 관심사의 대상을 넘어 우리 경제에서 그냥 지나칠 수 없는 거대한 상대방이 되어 있었다.

서비스산업의 실체에 대해 제대로 공부해보고 싶었다. 뿌리부터 알고 싶었다. 금융산업을 비롯한 서비스산업의 뿌리를 살펴보니 거기에는 어김없이 유대인들이 있었다. 경제사에서 서비스산업의 창시자와 주역들은 대부분 유대인이었다. 더 나아가 세계 경제사 자체가 유대인의 발자취와 궤를 같이하고 있었다. 참으로 대단한 민족이자 힘이었다.

매사에 '상대를 알고 나를 아는' 지피지기가 우선이라 하였다. 그들을 제대로 알아야 한다. 그리고 그들에게 배울 게 있으면 한 수 배워야 한다. 이런 의미에서 우리 경제가 도약하는 데 작은 힘이나마 보탬이 되고자 능력이 부침에도 감히 이 책을 쓰게 되었다. 우리도 금융강국이 되어야 한다. 그리고 다른 서비스산업에서도 경쟁력을 갖추어야 21세기 아시아 시대의 주역이 될 수 있다.

책을 쓰면서 '경제사적 시각'과 '자본의 공간적 흐름'에 주목했다. 지금 세계에는 직접투자자본FDI이 인건비가 높은 나라에서 낮은 나라로 물 흐르듯 흐르고 있다. 그 덕에 제조업의 서진화西進化가 빠른 속도로 이루어지고 있다. 중국이 대표적인 사례다. 이를 통해 아시아

시대가 우리가 예상했던 것보다 더 빨리 다가오고 있다.

　그러나 그보다 더 거센 물결은 세계 금융자본의 초고속 글로벌화다. 대부분의 글로벌 금융자본은 돈 되는 곳이라면 어디든 가리지 않는다. 인터넷 거래를 통해 빛의 속도로 세계 각국을 헤집고 다니며 엄청난 규모의 자본소득을 빨아들이고 있다.

　아시아 시대는 이러한 거대하고도 빠른 복합적 흐름으로 가속화되고 있다. 흐름의 가속화는 곧 급류요 소용돌이다. 변혁의 시기인 것이다. 이렇게 급속도로 펼쳐지고 있는 아시아 시대를 맞아 우리나라가 외부의 물살에 휩쓸려서는 안 된다. 더구나 중국이나 일본의 변방에 머물러 있어서도 안 된다. 그 흐름의 중심에 올라타야 한다.

　필자는 경제학자도, 경제 관료도 아니다. 경제 전문가는 더더욱 아니다. 그러나 해외 여러 나라에서 근무하면서 보고 듣고 느낀, 서비스산업의 중요성과 유대인의 힘에 대해 같이 생각해보고 싶었다. 필자는 그동안 주로 제조업 상품의 수출을 지원해왔다. 그러나 제조업도 중요하지만 앞으로는 금융, 관광, 교육, 의료, 영상, 문화, 지식산업 등 서비스산업의 발전 없이는 우리의 미래도 한계에 부딪힐 수밖에 없다고 생각한다. 미래 산업이자 고용창출력이 큰 서비스산업이 발전해야 내수도 살아나고 청년실업도 줄일 수 있다. 그래야 서비스수지와 소득수지도 적자를 면하고, 더 나아가 우리 서비스산업이 수출산업으로 자리매김할 수 있다.

무엇보다 금융산업은 우리 미래의 최대 수출산업이 되어야 한다. 우리 모두가 서비스산업의 중요성에 대해 인식을 깊이 하고 지평을 넓혀야 한다. 21세기 우리 경제를 이끌 동력은 한마디로 서비스산업과 아이디어다. 1970년대에 우리가 '수출입국'을 위해 뛰었듯이, 이제는 '서비스산업 강국'을 위해 매진해야 한다.

이 책은 오늘날의 유대인뿐 아니라 역사 속 유대인의 궤적도 추적하였다. 이는 역사를 통해 서비스산업의 좌표를 확인하고자 함이요, 또한 미래를 준비하고 대비하기 위한 되새김질이기도 하다. 경제를 바라보는 시각도 역사의식이 뒷받침되어야 한다고 믿는다.

책을 쓰면서 몇 가지 점에 유의했다. 먼저, 유대인에 대한 주관적 판단이나 감정을 배제하고 객관성을 유지하고자 노력했다. 가능하면 친유대적도 반유대적도 아닌, 보이는 그대로 그들의 장점을 보고자 애썼다.

두 번째로, 유대인 이야기와 더불어 같은 시대 동서양의 경제사를 씨줄로, 그리고 과학과 기술의 발달 과정을 날줄로 함께 엮었다. 이는 경제사를 입체적으로 파악하기 위해서다. 그리고 경제사를 주도한 유대인의 좌표를 그 시대 상황 속에서 살펴보고자 함이요, 동양 경제사를 함께 다룬 것은 서양의 것에 매몰된 우리의 편중된 인식을 바로잡는 데 조금이라도 보탬이 되고자 함이었다. 유대인도 엄밀히 말하면, 셈족의 뿌리를 갖고 있는 동양인이다. 다만 오랜 역사에 시달려 현지화되었을 뿐이다.

　과학과 기술의 발달 과정을 함께 엮은 것은, 경제사를 입체적으로 이해하기 위해서는 시대 상황과 함께 과학과 기술의 변천을 함께 살펴야 한다는 믿음 때문이다. 과학기술사는 경제사와 떼려야 뗄 수 없는 불가분의 관계다. 실제 역사적으로 과학기술의 발전이 경제 패러다임을 바꾼 사례가 많았다. 이미 과학과 기술의 트렌드를 알지 못하고는 경제와 경영을 논하기 어려운 시대가 되었다.

　날줄과 씨줄이 얽히면서 만들어내는 무늬가 곧 경제사의 큰 그림이다. 만약 이러한 횡적·종적인 연결고리들이 없다면 상호 연관성이 없는 개별적인 역사만 존재하게 되고, 경제사는 종횡이 어우러져 잘

짜여진 보자기가 아니라 서로 연결되지 않은 천 쪼가리들에 지나지 않을 것이다.

세 번째로, 유대인의 역사와 그들의 의식구조를 이해하기 위해 그들이 믿는 '유대인의 역사책'인 구약성경을 많이 인용하였음을 양해 바란다.

마지막으로 고백해야 할 것은, 이 책의 자료 가운데 많은 부분을 책과 인터넷 검색으로 수집하였다는 점이다. 이를 통해 여러 선학들의 좋은 글을 많이 인용하거나 참고하였음을 밝힌다. 한 조각, 한 조각의 짜깁기가 큰 보자기를 만들 수 있다는 생각에서다. 널리 이해하시리라 믿는다.

특히 《유대인 경제사》를 내면서 먼저 출간된 필자의 책들 《유대인 이야기》(행성B, 2013)와 《유대인 창의성의 비밀》(행성B, 2013), 《세 종교 이야기》(행성B, 2014), 《달러 이야기》(한스미디어, 2014)에서 많은 내용을 가져왔다.

그리고 이번 《유대인 경제사》 7권에서는 근대 미국 경제사를 다루었다. 대서양을 건너 미국으로 온 유대인들의 활약을 통해 그들이 어떻게 미국 경제를 건설해갔는지를 살펴보았다. 그리고 1929년 발생한 대공황의 전개 과정을 통해 반복되는 금융위기와 공황의 역사 속에서 교훈을 얻고자 하였다. 특히 대공황을 전후해 미국 산업계를 양분한 JP 모건과 록펠러의 활약상을 비교적 자세히 추적해 미국 근대 산업사가 재벌의 역사였음을 밝혔다.

참고문헌은 익명의 자료를 제외하고는 본문의 각 페이지와 책 후미에 밝혀두었다. 그럼에도 이 책에 있는 오류나 잘못은 당연히 필자의 몫이다. 잘못을 지적해주시면 감사한 마음으로 고치겠다. 끝으로 이 책을 사랑하는 코트라KOTRA 식구들에게 바친다.

지은이 홍익희

CONTENTS

II

미국 근대 산업사는 재벌의 역사

III

대공황의 역사는 반복된다

I

대서양을 건너간
유대인들

JEWISH ECONOMIC HISTORY

1492년 콜럼버스가 신대륙을 발견할 당시, 북미 대륙의 원주민 인디언은 약 200만 명 정도로 추정된다. 원주민들은 중남미에 많았다. 그곳에는 약 6000만 명 이상의 인디언이 있었다. 그 뒤 아메리카 대륙은 열강의 각축장이 된다. 중남미는 이미 스페인과 포르투갈이 분할 점령하고 있었다. 북미 역시 최초의 이민 집단은 1513년 플로리다에 상륙한 스페인 사람들이었다. 그들은 1522년 멕시코, 1540년 뉴멕시코를 정복함으로써 주로 북아메리카 남부, 곧 자기들 조국 스페인 기후와 비슷한 곳에 살았다. 지금까지도 미국 남부는 스페인계의 영향이 다분히 남아 있다.

그 뒤 영국, 포르투갈, 네덜란드, 프랑스 탐험가들이 신대륙의 황금과 부를 찾아 유럽 대륙에서 건너왔다. 그러나 초기 개척자들은 황금을 찾지 못해 대부분 정착하지 못하고 돌아갔다. 결국 북미에 정착하게 된 사람들은 나중에 도착한 사람들이었다. 17세기 초 네덜란드, 프랑스인들이 몰려와 영토선을 긋고 정착했다. 특히 미시시피 강 유역에 프랑스계 이민이 많았다. 상대적으로 늦게 제임스타운에 식민지를 건설한 영국은 다른 나라와 달리 정부 주도가 아닌 민간회사들을 통해 이민이 이루어졌다. 정치적 탄압이나 종교적 이유로 이민 온 사람들도 있었지만 대부분은 먹고사는 문제를 해결하기 위해 이민을 택한 사람들이었다.

01

청교도의 신대륙 이주

초기 이민자들, 인디언들의 도움으로 자리 잡다

　1585년 106명의 영국인이 처음으로 민간회사와 계약을 맺고 신대륙에 왔다. 당시의 엘리자베스 영국 여왕은 이민자들이 도착한 곳이 처녀지이고 그녀 자신이 처녀였기 때문에 그곳을 '버지니아_{Virginia}(처녀)'라고 이름 짓게 했다. 그러나 1589년 다시 찾아가니 초기 이민자들은 모두 병들어 죽고 없었다.

　그 뒤 1607년 새로운 이민자들이 버지니아 제임스타운에 도착해 그곳을 북미 최초의 항구적인 정착지로 만들었다. 그들은 주로 엔클로저 운동으로 쫓겨난 농민과 부랑

자, 도시 빈민으로 생계를 찾아 건너온 사람들이었다. 이민자들은 초기에 인디언의 도움으로 연명했다. 인디언들은 그들에게 호박, 콩, 옥수수 등 토착식물의 재배법을 가르쳐주었다. 이후 그들은 인디언들과 평화협정을 맺고 먹고사는 데 온 힘을 쏟았다.

이민자들, 연초 재배로 자립기반을 닦다

그 무렵 카리브 해 연안과 인근 섬들이 주요한 담배 경작지였다. 1612년에 존 롤프가 그곳에서 가지고 온 연초 씨앗을 심어 토착식물과 교배하기 시작하여 유럽인의 취향에 맞는 신품종을 개발하는 데 성공했다. 이 연초의 첫 출하물이 1614년 런던에 도착하여 크게 환영받았고, 그로부터 연초는 버지니아의 주 수입원이 되었다. 이로써 이민자들은 자립경제의 기틀을 마련하였다.

그 뒤 1619년 네덜란드 선박 한 척이 영국 이민자들이 운영하는 담배 농장에 최초의 아프리카 흑인들을 싣고 왔다. 이들이 처음부터 노예는 아니었다. 그들은 계약 노동자였다.

당시 콜럼버스가 아메리카에서 가져온 담배가 큰 이윤이 남자 1600년 이래로 영국 왕실의 전매사업이 되었다. 그 뒤 담배는 귀족과 부

❖ 연초 재배

자들의 고급 사치품으로 자리 잡았다. 왕실이 재정수입 확대를 위해
귀족 자제들이 다니는 학교에서 일종의 교양으로 흡연을 권장하고
예법을 가르쳤다. 말하자면 담배를 피우면 머리가 명석해지고 인내
심이 배양되며, 흡연은 기품 있는 신사가 되기 위해 반드시 배워두어
야 할 교양이라는 식이었다.

1620년 청교도의 신대륙 이주

최초의 청교도 이민자들Pilgrims은 포도주 운반 배인 메이플라워호
를 빌려 타고 1620년 11월에 신대륙에 왔다. 애초 이들의 목적지는

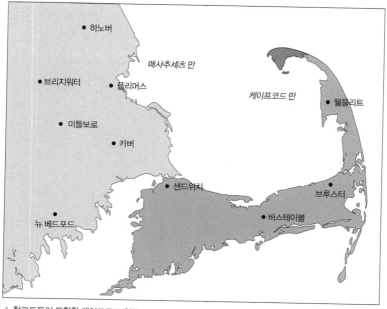

∴ 청교도들이 도착한 케이프코드 입구

버지니아였지만 폭풍을 만나 그보다 훨씬 북쪽인 매사추세츠 케이프코드 연안 입구에 도착했다. 대구가 많이 잡힌다 하여 이름이 케이프코드Cape cod(대구 곶)라 불린 곳이다. 그곳 연안 입구에 얼마 동안 머물다가 12월 21일 현재의 플리머스에 도착했다. 그들이 신앙의 자유를 찾아 메이플라워호를 타고 떠났던 영국의 항구 플리머스를 본떠 훗날 똑같은 이름을 붙인 항구이다.

당시 이들은 두 번째로 큰 이민집단이었다. 원래 목적지는 허드슨 강 하구의 현재 뉴욕 시 인근으로 13년 전에 먼저 와 자리 잡은 버지니아 제임스타운 정착민들의 북쪽 끝 땅이었는데, 플리머스에 온 것이었다.

그들은 어느 정부의 관할 구역 안에도 들지 않는 자유의 땅에 왔다고 믿었다. 그래서 자체 규율을 만들 필요성을 느꼈다. 그들 가운데 지도자들이 앞으로 공동체 식구들이 지켜나가야 할 서약이자 공동체 합의서를 만들었다. 이것이 '메이플라워 서약Mayflower Compact'이다. 이 서약은 미국 역사에서 민주주의 기본정신으로 여겨진다.

이 청교도 일행은 겨울에 아무도 없는 매사추세츠에 도착해 먹을 것도 없는 추위 속에서 반은 괴혈병에 걸려 죽고 50여 명만 살아남았다. 그럼에도 1년 후 메이플라워호가 영국으로 돌아갈 때 전부 신대륙에 남아 공동체를 지켰다.

인디언들은 그들에게 옥수수 재배법을 가르쳐주었다. 그리하여 이

∴ 1620년 12월, 플리머스에 상륙하고 있는 최초 이민자들

∴ 진 레오 페리스의 작품 〈첫 번째 추수감사절〉, 1621년. 미국의 초기 이민자들과 아메리카 토착민들이 풍성한 수확을 축하하고 있다.

듬해 가을에 이들은 풍족한 옥수수를 수확할 수 있었다. 그리고 모피와 목재의 교역이 늘어났다. 그 뒤 정착민들은 버지니아에서 담배 재배를 통해 소중한 현금을 마련했다. 이들은 불과 5년 만에 자립경제를 이루었다.

이들이 플리머스에서 살며 가을에 처음 수확을 하고 하느님께 감사를 드린 날이 지금의 '추수감사절Thanksgiving Day'이다. 추수감사절에 칠면조 고기를 먹는 풍속은 인디언들이 가지고 온 칠면조를 백인 여인들이 요리하여 인디언과 나누어 먹기 시작한 데서 연유한다. 이 부족의 추장 이름이 '매사소이트Massasoit'로 매사추세츠 주 이름은 여기서 유래했다고 한다.

정교일치의 엄격한 청교도 사회

신대륙 지도층인 청교도들은 가난을 극복하기 위해서가 아니라 종교적 박해를 피해 온 사람들이었다. 이들은 영국의 교회 개혁을 선도했던 개혁 주도세력이기도 했다. 그 때문에 정착 목적을 신앙에 기초한 '신세계 건설'에 두었다. 따라서 이들이 식민지 사회의 주도세력으로 등장한 것은 자연스러운 현상이었다.

청교도들이 가장 먼저 신경 쓴 것은 교육이었다. 곧 모든 신도들이 성경을 읽을 수 있도록 의무교육을 제도화하고 안식일을 반드시 준수하도록 했다. 또한 합리적인 사고를 중시하며 근면, 정직, 성실, 검소한 생활태도를 견지했다. 그들은 엄격한 청교도 정신으로 노력에 대한 보상을 확신하며 건설적이지 못한 사고나 행동을 죄악시했다. 일례로 단추는 음란한 생각을 일으킨다고 하여 천으로 된 고리나 호크를 사용했다. 그러다 보니 종교적 믿음이 모든 걸 지배하는 정교일치政敎一致의 사회가 되었다.

정치와 종교가 분리되다

그러나 청교도의 엄격한 통치를 모든 사람이 다 좋아하는 건 아니었다. 지도층의 권위에 공개적으로 도전하고 나선 사람이 있었는데, 로저 윌리엄스라는 젊은 성공회 사제였다. 그가 식민지에 도착해보니 식민지 행정관이 십계명을 어긴 자들을 마음대로 처벌하고 있었다. 그는 신앙생활이란 개인적 신념과 판단에 맡겨야 한다고 생각했다.

❖ 로저 윌리엄스

게다가 그는 매사추세츠 식민지 사회가 인디언의 땅을 빼앗는 것과 식민지 교회가 영국 성공회와 관계를 지속하는 것에도 반대했다. 그는 결국 매사추세츠 식민지 사회로부터 추방당했다. 이후 침례교로 옮겨 미국 최초의 침례교회를 세웠다.

로저는 1636년에 지금의 로드아일랜드 프로비던스 땅을 인디언들로부터 사서 그곳에 정치와 종교가 분리된 식민지를 건설했다. 그 뒤 그는 종교적 신념 때문에 박해를 받는 사람들을 받아들였다. 그러자 프로비던스에 재세례파, 퀘이커교도 등과 같이 자신들의 신앙을 공개적으로 나타낼 수 없는 교파들이 몰려들었다.

이후 1650년 무렵부터 영국 이민자들이 대서양 연안 지역에 지배적인 입지를 구축하는 덕분에 정교분리政教分離의 기틀을 잡을 수 있었다. 종교의 자유와 교회와 국가의 분리를 주장한 로저의 사상은 미국 민주주의 발전에 크게 기여했다.

동토의 시베리아 개척

유럽에서는 모피가 중세 초부터 인기 있는 교역 상품 중 하나였다. 9세기경 베니스 유대인들이 흑담비 모피를 수입해 당시 가톨릭 교부(주교)가 입고 다녔다는 기록이 있다. 그때부터 유럽인들은 모피 동물을 사냥했다. 당시 사냥의 대상이 된 것은 다람쥐, 담비, 산족제비, 여우 등 주로 작은 동물이었다. 사람들은 모피를 손상 없이 벗겨내기 위해 대개 덫을 설치해 동물을 산 채로 잡았다. 외투 한 벌을 만들려면 다람쥐 수백 마리가 필요했다. 엄청난 숫자의 동물이 희생되었다.

결국 서유럽에서 모피 동물이 남획되어 거의 찾아볼 수 없게 되자 러시아 사람들은 그간 쓸모없다고 쳐다보지도 않던 시베리아로 눈을 돌려 꽁꽁 얼어붙은 동토의 땅을 개척하기 시작했다. 대략 1300만 km²로 추산되는 시베리아는 러시아 전 영토

∴ 담비

⚘ 비버 모피 외투

의 3/4분에 해당한다. 그 뒤 러시아는 유럽에서 소비되는 모피의 주요 공급처가 되어 국가경제에 큰 도움이 되었다.

시베리아가 러시아 문헌에 처음 나타난 것은 11세기였다. 12세기부터 노브고로트의 상인들이 오브 강 하류의 부족들과 모피를 거래하기 시작했다. 그 뒤 비버, 담비, 수달, 밍크 같은 동물의 모피는 혹독한 겨울을 견뎌내야 하는 러시아인에게는 물론 유럽 귀족들에게도 인기가 높아 비싼 가격에 팔려 나갔다. 13세기 유럽에서는 모피 수요가 폭발했는데, 비버 모피를 구하기가 어려워지자 신분에 따라 모피 재질을 규제하는 법률이 만들어지기도 했다. 구하기 쉬운 토끼털은 서민들이 쓰도록 하고, 비버 가죽은 왕과 귀족들만 사용할 수 있도록 규정한 것이다. 비버 가죽으로 만든 모자는 중요한 유산으로 지정될 정도였다고 하니 당시 모피가 얼마나 고가였는지를 알 수 있다.

러시아는 13세기 이래 몽골의 지배 아래 있었다. 그러다 15세기 말에 독립했다. 러시아가 시베리아 공략을 시작한 것은 짜르 이반 4세 때인 16세기 후반이다. 그때까지 그 땅의 주인은 한민족과 시원始原을 함께한 몽골 계통의 원주민들이었다. 이들은 대륙 서쪽 우랄 산맥부터 동쪽의 태평양 연안에 이르는 광대한 동토에서 선사 이래 아무런 통치 권력이나 문명의 간섭을 받지 않고 부족 단위로 흩어져 자유롭게 살아왔다.

배재대학 손성태 교수에 의하면 시베리아 극동 지방 원주민들의 언어가 우리말과 유사한 단어들이 많은 것으로 보아 그들이 고조선과 고구려의 후예라고 한다. 언어뿐 아니라 유물이나 풍습, 신앙, 영웅설화까지도 많이 닮았단다. 하지만 러시아가 동진하면서 이들 120여 개 부족 공동체 20여만 명의 운명은 격랑을 맞았다.

무서운 경제적 동인, 모피

러시아의 동진은 1581년 이반 4세가 고용한 코사크 용병들이 타타르족 거점인 우랄 산맥 동남부 시비르를 점령하면서 본격화되었다. 목적은 모피였다. 당시 서유럽과 비잔틴 제국 등에서 최고품으로

꼽혔던 시베리아 검은담비 모피 코트의 가격은 상상을 초월했다. 사냥꾼 한 명이 검은담비 몇 마리만 잡아도 생애를 편히 보낼 정도였다.

게다가 흰담비는 귀족 부인들 사이에서 애완용 동물로도 인기였다. 담비는 전통적으로 순결과 순수함의 상징이었다. 이는 1490년경 레오나르도 다 빈치의 〈흰담비의 우의화〉라는 드로잉에서 볼 수 있는 것처럼 담비가 진창에 자신의 흰 털을 더럽히기보다 차라리 잡혀 죽는 것을 선택한다는 사람들의 믿음 때문이었다. 그러니 미국의 서부 개척이 '골드러시'였다면, 러시아의 시베리아 공략은 '모피열병'이었던 셈이다.

✥ 레오나르도 다 빈치, 〈담비를 안고 있는 여인〉(차르토리스키 미술관, 1489~1490). 밀라노의 공작 루도비코 스포르차의 연인이었던 체칠리아 갈레라니의 초상화로 알려져 있다.

러시아는 이후 모피 상인들이 주축이 되어 코사크 용병을 앞세우고 극동의 오호츠크 해 연안까지, 이르는 곳마다 요새를 구축하며 동진을 거듭했다. 이로써 군대의 진격 속도보다 더 빨리 모피 상인들에 의해 시베리아가 개발되었다. 먼저 들어가 잡는 사람이 임자였다. 하루 평균 100km², 곧 3000만 평이 넘는 엄청난 속도로 영토가 확대되었다. 경제적 동인은 이렇게 무서웠다. 하도 비싸서 모피는 '부드러운 금'이라고 불리었다.

세금으로 거둬들인 비버 가죽

이렇게 시베리아 진출이 본격화됨에 따라 모피 공급의 원천인 동물들은 빠른 속도로 고갈되어 갔다. 새로운 모피를 구하기 위해서는 계속 더 동쪽으로 진출할 수밖에 없었다. 17세기 초반부인 1622년에 2만 3000명에 불과하던 시베리아 거주자가 17세기 후반에는 10배로 늘어났다. 그들은 가는 곳마다 원주민들로 하여금 비버 가죽으로 세금을 바치도록 했다. 비버 가죽이 곧 화폐였다.[*]

그리고 이것들을 거두어 파는 과정에서 러시아의 국제무역 시스

❖ 김호동, [김호동 교수의 중앙유라시아 역사기행], 〈위클리조선〉

템이 발달했다. 이러한 국제무역 수익은 근대 초기에 러시아가 시베리아까지 땅을 넓힐 수 있었던 가장 중요한 원동력이었다. 모피 무역은 러시아의 경제적 기초가 되었다. 모피 수출을 통한 러시아 재정수입은 1589년 3.75%, 1605년에는 11%에 달했다. 비버나 담비뿐 아니라 다람쥐 모피 무역이 절정에 이르렀던 16세기에 노브고르드 지역의 연간 다람쥐 모피 수출량은 50만 장에 이르렀다.

후일 영국과 프랑스가 북미 대륙으로 진출해 그곳의 모피를 들여올 때까지 러시아는 유럽의 모피시장을 독점하다시피 했다. 시베리아는 러시아 영토의 3/4에 해당하는 큰 영토다. 러시아 모피 상인들은 극동 오호츠크해에 도달할 때까지 60~70년 동안 매년 한반도만한 영토를 하나씩 개척한 셈이었다.

러시아인들의 시베리아 모피 사냥이 한계에 도달했다. 무분별한 남획으로 그 많던 모피 동물들이 거의 전멸한 것이었다. 그러자 그들은 흑룡강(아무르 강) 이남 청나라의 장백산맥 일대 모피 동물을 탐내기 시작했다. 백두산 담비는 비버보다 훨씬 비싼 값에 팔 수 있었다. 그들은 슬금슬금 국경을 넘어와서 하는 밀렵에 이어 아예 드러내놓고 흑룡강을 건너며 국경을 침범하기 시작했다. 그들 배후에는 러시아군의 비호가 있었다.

러시아의 남하를 저지한 나선정벌 이야기

러시아의 남진을 막은 우리 이야기가 있다. 러시아군의 지원을 받는 모피 사냥꾼들은 모피 동물이 급감하자 시베리아 남쪽으로 내려오기 시작했다. 러시아군은 아예 흑룡강 주위 부락들을 점령하고 우안에 알바진 성을 건설해 군사기지로 삼았다. 그들은 고대로부터 담비 모피의 주산지였던 백두산 일대의 만주 지역에 눈독을 들였다.

결국 1651년 흑룡강에서 청나라와 부딪혔다. 그때 청나라는 2000명의 병력으로 러시아군을 공격했으나 총포로 무장한 불과 200여 명의 러시아군에게 참패하여 700여 명이 사망하는 치욕적인 패배를 당했다. 당시 청은 화포가 약했다. 화력의 열세 때문에 청군은 러시아군을 만나는 족족 패배했다. 그리하여 러시아가 더욱 적극적으로 남진을 계속하자 청나라는 화포가 발달한 조선에 원병을 청하게 된다.

당시 우리의 총포 화력이 청나라는 물론 러시아보다도 앞서 있었다. 그 무렵 조선은 임진왜란 이후 조총을 개발해 실전에 배치하고 내심 삼전도의 굴욕을 잊지 못해 북벌을 준비하고 있을 때였다. 병자호란 때 포로로 잡혀갔던 효종은 인질 생활의 치욕을 잊지 않고 자신의 재위 10년을 청나라 정벌 준비에 바쳤다. 효종 4년 제주도에 표류되어 온 네덜란드

∴ 화포로 무장한 조선 원정군

사람 하멜을 훈련도감에 배속시켜 조총을 제작하게 하였다. 그리고 우수한 조총 병사를 양성하는 등 정예 포병 10만 명을 길러 청나라를 기습할 준비를 하고 있었다.

그러던 차에 청나라로부터 원군 요청을 받은 것이었다. 조선은 인조 15년(1637) 청에 항복하면서 맺은 이른바 '정축년 조약'에 의해 청국의 파병 요청을 거절할 수 없었다. 조선의 원정군은 1654년과 1658년 두 차례에 걸쳐 흑룡강에서 러시아군과 싸웠다.

이때 러시아군은 대형선 13척, 소형선 26척의 함선에 군사를 싣고 당당한 기세로 쳐 내려왔다. 청군은 겁을 먹어 감히 그들을 대적할 생각을 하지 못했다. 그때 조선군은 선단끼리 맞붙어서는 승산이 없다고 보고 '유붕柳棚(통버드나무로 만든 방패)'을 만들어 이를 방패 삼아 러시아 함선에 집중 사격을 가해 러시아 함선 10여 척을 불태웠다. 이 전법에 러시아군은 많은 부상자를 내고 퇴각하기 시작했다. 조청

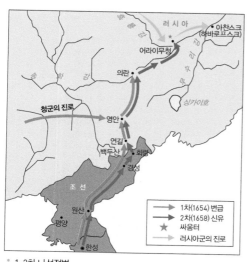

∴ 1·2차 나선정벌

연합군은 100여 리를 추격하며 여러 차례 접전을 벌여 적군 대부분을 섬멸했다. 우리 측 전사자는 한 명도 없었다. 결국 러시아군은 흑룡강을 거슬러 도망가고 말았다.

4년 후 벌어진 2차 나선정벌도 상황은 비슷했다. 당시 우리 측 사상자는 8명인 데 반해 러시아군 사상

자는 270명이었다. 그것도 청군 사령관이 재물이 탐나 러시아 함선을 불태우지 말라는 무모한 명령을 내리지 않았다면 조선군은 한 명의 사상자도 없었을 것이다.

이를 '나선정벌'이라 부른다. 나선은 러시안Russian의 음역音譯이다. 이후 러시아인들은 조선군을 무서워하며 "머리 큰 사람大頭人이 두렵다!"고 했다. 이것은 벙거지를 쓴 조선군의 위력을 보았기 때문이다. 그 뒤로 러시아군은 조선군이 두려워 청·러 국경인 흑룡강을 넘지 못했다.

러시아, 극동 진출이 막히자 알래스카로 진출하다

광활한 시베리아 숲에 살던 모피 동물은 인간의 탐욕으로 18세기 초에 거의 자취를 감추었다. 그 무렵 러시아 표트르 대제가 고용한 덴마크인 V. 베어링이 해협을 건너 알래스카를 발견했다. 그러자 조선군 때문에 남진이 불가능했던 러시아 사냥꾼들은 방향을 돌려 알래스카로 향했다. 순전히 모피 사냥을 위해서였다. 러시아는 알래스카 해안을 따라 남쪽으로 사냥터를 확대해나갔다. 그곳들이 모두 러시아 영토가 되었다.

얼마 안 가 알래스카에서조차 육지의 모피 동물이 사라지자 러시아 사냥꾼들은 해안가

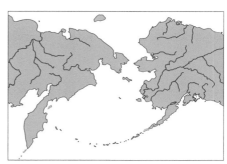
좁은 해협을 사이에 두고 러시아와 마주 보고 있는 알래스카(오른쪽).

∴ 해달

의 해달과 북방물개에 눈을 돌렸다. 1750~1790년에만 약 25만 마리의 해달이 목숨을 잃었다. 모피 사냥은 19세기까지도 시베리아와 알래스카에서 가장 중요한 경제활동이었다.

최초의 모피 수출국은 고조선

사실 모피는 고조선이 최초의 수출국이었다. 기원전 7세기 중국 제나라 《관자》의 기록에 따르면 재상 관중이 왕에게 고조선의 특산물인 문피에 대해 3대 특산물의 하나로 이야기하고 있다. 문피란 호랑이나 표범의 가죽을 뜻한다. 그 무렵 고조선에는 산길을 잘 타는 과하마와 사거리가 긴 복합궁 활이 있어 사냥이 발달해 있

∴ 고구려 무용총의 수렵도

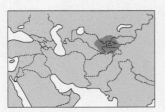
∴ 소그드

었다. 그뿐 아니라 세석기라 불리는 흑요석 작업도구들이 있어 모피 생산작업에 특화될 수 있었다. 당시의 모피 작업 터에서 명도전 화폐가 무더기로 발굴되어 고조선이 모피 수출의 중심지였음을 보여주고 있다. 그 뒤 고구려와 발해에서도 모피는 중요한 수출 상품이었다. 중국 사서에 많은 기록이 보인다. 또한 고대 중앙아시아의 소그드 상인들에게까지 발해 모피의 우수성이 알려져 그들이 발해에 흑담비 모피를 사러 다녔던 담비길이 러시아 학자에 의해 발굴되어 발표되기도 했다.

유대인들 몰려오다

유대인, 브라질에서 사탕수수 대규모 경작에 성공하다

유대인들의 아메리카 대륙 이주는 남아메리카 이주로부터 시작되었다. 17세기 초 신대륙과의 무역을 전담하는 '네덜란드 서인도회사' 설립에는 포르투갈에서 추방당해 네 딜란드로 건너온 유대인들이 많이 참 여했다. 그들은 포르투갈에서 살던 시 절에 사탕수수 경작을 본 사람들이었 다. 포르투갈 출신 유대인들은 서인도 회사와 손잡고 대규모로 브라질과 카 리브 해 지역에서 사탕수수 농장과 원 목 벌채사업에 뛰어들었다.

유럽에서는 이슬람의 이베리아 반 도 지배 시절 남부 안달루시아와 포르

투갈 등 따뜻한 곳에서만 사탕수수가 재배되어 설탕이 무척 귀했다. 17세기 초까지 설탕은 약국에서 취급될 만큼 귀중한 약재였다. 당시 설탕이 하도 귀해 같은 무게의 금값과 같았다.

유대인들이 이런 귀한 상품을 놓칠 리 없었다. 포르투갈에 살았던 네덜란드 유대인들이 1625년 최초로 브라질에 사탕수수를 가져와 경작에 성공했다. 유럽 사람들은 브라질산 설탕에 매료되었다. 당시 설탕은 대부분 네덜란드에서 정제되었다.

서인도회사는 〈브라질에서 생산할 수 있는 상품 목록〉이라는 문서를 통해 '서인도회사가 조속히 스페인 왕으로부터 브라질을 빼앗아야 하는 이유'를 적시했다. 설탕 때문에 전운이 감돌았다. 1630년 2월 서인도회사의 깃발을 단 65척의 함대가 브라질 레시페 앞바다에 나타났다. 함대들은 짧은 전투 끝에 레시페를 점령해 무역기지로

∴ 브라질

삼으며 노예무역, 모피·사탕수수 등을 거래했다.

결국 네덜란드는 동양의 향신료 교역은 물론 설탕과 목재 교역에서도 유대인의 덕을 톡톡히 보았다. 유대인들의 활발한 대외교역으로 네덜란드는 세계 교역의 중심지로 자리매김할 수 있었다.

유대인 사탕수수 농장, 브라질에서 서인도제도로

브라질의 유대인들은 1630년부터 레시페에서 사탕수수를 본격적으로 재배했다. 레시페로 건너간 유대인들은 이제 더는 기독교 신자로 위장할 필요가 없었다. 그들은 시너고그(유대교 회당)를 세우고 랍

∴ 서인도제도

비를 초청해 당당하게 예배를 드렸다. 그러나 이러한 평화도 그리 오래가지 못했다.

1645년 포르투갈이 브라질 식민지의 주도권을 잡자 네덜란드는 1654년 1월 레시페를 포르투갈에 양도했다. 그러자 그곳에 살던 유대인 1500명은 서인도제도 바베이도스 등지로 옮겨 갔고, 일부는 맨해튼으로, 그리고 나머지는 네덜란드로 돌아갔다. 이로써 서인도제도에서 유대인들의 사탕수수 농장이 대규모로 시작되었다.

유대인, 1654년 뉴암스테르담 상륙

처음으로 미국 식민지에 정착한 유대인의 역사는 시기적으로 월스트리트의 탄생과 함께한다. 묘한 인연이었다. 1654년 7월 뉴암스테르담에 혼자 상륙한 네덜란드계 유대인 바르심슨으로부터 유대인의 미국 정착 역사가 시작되었다. 같은 해 2월 브라질에 살던 유대인 23명이 레시페 항에서 신천지 북아메리카로 향했다. 그들을 박해하던 포르투갈 사람들이 브라질로 몰려왔기 때문이다. 중간에 해적을 만나 억류당하는 역경을 딛고 그해 9월 도착한 곳이 뉴암스테르담 남단 월스트리트 근처였다. 7개월간의 험난한 여정이었다. 그 무렵 뉴암스테르담은 750가구의 조그마한 어촌이었다.

그러나 당시 맨해튼을 다스리던 네덜란드 서인도회사 총독이 상륙 허가를 내주지 않았다. 우여곡절 끝에 그들은 네덜란드 서인도회사 유대인 대주주의 도움으로 어렵게 상륙 허가를 얻어 늪지에 정착할 수 있었다. 그 무렵 번성하던 암스테르담 유대인 사회가 뉴암스테르담에 유대인 정착을 가능케 한 것이었다.

유대인들은 버려진 갯벌과 늪지를 삶의 정착 터로 가꾸어나갔다. 이듬해 3월에 유대인 25명이 네덜란드에서 곧장 뉴암스테르담으로 건너와 유대인은 49명으로 늘어났다. 이것이 최초의 유대인 정착촌이었다. 지금의 월스트리트 근처 바닷가이다. 그들은 거기서 고기잡이를 하며, 일부는 행상을 시작하고, 일부는 인디언으로부터 비버 모피를 수집해 이를 서인도회사에 팔았다.

플러싱 항의 서한

당시 뉴암스테르담의 총독 페트루스 스토이베산트는 개혁교회 신자로 유대인들과 퀘이커교도들이 늘어나자 이들을 못마땅하게 여겨 추방하려 했다. 그 무렵 퀘이커교는 17세기 영국 청교도 운동의 극좌파에 해당하는 종교로 유대교와 많은 면에서 공감대를 이루고 있었다.

그러자 유대인들은 〈플러싱 항의서〉라고 알려진 편지를 네덜란드 서인도회사에 보내 종교의 자유와 장사를 핍박하는 총독을 파면시킬 것을 탄원했다. 서인도회사는 곧 총독에게 유대인들의 종교와 장사를 훼방하지 말라고 경고했다. 스토이베산트는 결국 파면당해 네덜란드로 돌아갔다. 〈플러싱 항의서〉는 미국 최초로 종교의 자유를 탄원한 문서였다. 이를 계기로 뉴암스테르담에서는 종교의 자유가 철저히 보장되었다.

유대인, 대구잡이에 몰리다

초기 유대인들은 맨해튼 어촌에서 그들이 네덜란드에서 하던 청어와 대구잡이를 하며 일부는 일용잡화 행상을 시작했다. 가장 손쉽게 시작할 수 있는 일이었다. 맨해튼 앞바다에도 청어와 대구가 있었지만 가까운 매사추세츠 근처 케이프코드Cape Cod Bay에 특히 대구가 많았다. '코드Cod'라는 단어 자체가 생선 대구를 뜻한다. 그 앞바다는 대구 산란철이 되면 말 그대로 '물 반, 대구 반'이었다. 지금도 그곳은 세계 4대 어장의 하나다.

냉장고가 없던 시절이라 말린 대구와 소금에 절인 대구는 유럽인들이 좋아하는 먹거리였다. 유대인들은 비버와 대구잡이를 위해 뉴암스테르담과 케이프코드 연안으로 몰려들기 시작했다.

대서양 대구는 크다. 보통 1m가 넘는 크고 못생긴 대구는 입이 커서 대구大口라 불린다. 무게도 보통 30kg이 넘는 대형 고기로 살이 많아 사람들이 좋아했다. 대구는 커다란 입을 쫙 벌린 채 수면 가까이 물속을 돌아다니며 입속으로 들어오는 것은 무엇이든 삼켜버린다. 대구는 큰 입만큼이나 엄청난 대식가이다. 닥치는 대로 먹는데 새우와 오징어, 청어, 꽁치 같은 맛있는 생선을 주로 먹는다. 대구 살이 맛있는 이유이다. 이런 엄청난 식욕 때

⁂ 보스턴 남동쪽 케이프코드

문에 대구는 잡기 쉬웠다.

먼바다의 대구가 산란철인
12월에서 3월 사이 연안으로
알을 낳으러 몰려든다. 대구
가 번식기에 알을 낳고 정자
를 뿌리기 시작하면 바다가
하얗게 변할 정도였다. 대구가
너무 많아 어선들이 항해하기
어려울 정도였고, 낚시가 없어
도 뱃전에서 양동이를 내려
대구를 퍼낼 수 있었다는 이
야기들이 전해진다. 주낙으로
길이 180cm, 무게 100kg의

∴ 대구

거대한 대구가 낚이기도 했다. 유대인들은 잡은 대구를 햇볕에 말렸
다가 두고두고 먹었다. 대구 철이 지나면 청어나 다른 고기를 잡았다.

네덜란드에서 살던 시절부터 대구잡이와 청어 소금절임은 유대인
들의 주특기였다. 그들에게 말린 대구는 바다의 빵과 마찬가지로 유
대인들이 거의 일상적으로 먹는 음식이었다. 특히 금식일이나 종교
절기에는 육류와 누룩이 든 빵을 금해 그 대신 말린 대구를 먹었다.

유대인, 비버 가죽 거래에 가담하다

북아메리카 대륙 개척은 비버 사냥으로부터 시작되었다. 당시 비

버 가죽 모자와 모피 옷은 유럽 최고의 상품이었다. 네덜란드의 서인
도회사가 처음에는 인디언들에게 모직물이나 그들의 화폐인 가리비
염주를 주고 비버 가죽을 샀다.

맨해튼과 뉴포트 유대인들은 잡은 대구나 청어를 해변에서 말리
는 동안 조개나 물고기를 잡기 위해 해안가를 찾아온 인디언들과 만
나게 되었고, 이때 양측 간에 물물교환이 이루어졌다. 인디언들은 필
요했던 칼, 도끼, 솥, 술 등을 받고 그 대가로 비버 가죽을 주었다.

당시 서인도회사는 뉴암스테르담에서 인디언들로부터 사들인 비
버 모피를 유럽에 수출했다. 그 무렵 시베리아에서 잡히던 비버가 남
획으로 고갈되어 북아메리카
비버가 최고 인기상품으로
떠올랐다. 유대인들은 인디언
들로부터 사들인 비버 가죽
을 맨해튼의 서인도회사에
비싼 값에 팔았다. 대구잡이
어부들로서는 힘들게 조업하
는 것보다 인디언과 교환해
얻은 모피를 서인도회사에
되파는 것이 수익 면에서 훨
씬 좋았다. 그래서 오로지 모
피 거래에만 종사하는 사람
들이 생겨났다. 이후 모피 유
통은 유대인들의 주력사업이
되었다.

⁑ 비버

⁑ 청어

1655년 영국군의 침략에 대비해 맨해튼 섬에 통나무 외벽을 쌓기 위해 시민들로부터 모금을 했다. 그때 맨해튼에 처음 도착했던 유대인 23명 중 5명이 네덜란드 은화 1000플로린을 기부했다. 그 외벽을 쌓은 곳이 지금의 월스트리트이다. 무일푼이었던 유대인들이 1년 새 그런 거액을 기부할 정도였다면 그들이 얼마나 돈을 잘 벌었는지 알 수 있다.

펜실베이니아에 제2의 유대인 정착촌을 개척하다

유대인들은 인디언들이 갖다 주는 모피가 양이 차지 않자 이를 수집하기 위해 강을 거슬러 올라가 다른 인디언 부족들과 접촉했다. 그래서 맨해튼 다음으로 두 번째 유대인 커뮤니티가 1655년 초 펜실베이니아 델라웨어 강가에 세워졌다.

모피 수집을 위해 많은 유대인이 인디언들이 사는 펜실베이니아로 모여들었다. 델라웨어 강가의 인디언들과 모피 교역을 위해 뉴암스테르담의 유대인들이 진출한 것이다. 이로써 선발대의 맨해튼 도착 이듬해에 벌써 펜실베이니아에도 유대인 정착촌이 들어섰다. 그 뒤 펜실베이니아 거주 유대인들의 생업은 대부분 모피 수집과 행상이었다.

나중에는 비버를 잡으러 유대인들이 직접 숲으로 들어갔다. 비버 가죽이 돈이 되자 너나 나나 할 것 없이 사람들이 몰려들었고, 그 과정에 길을 내고 작은 마을을 만들기 시작했다. 이는 유대인뿐 아니라 당시 북아메리카 대륙에 발을 들여놓은 네덜란드, 프랑스, 영국, 스페인, 러시아 사람들 모두의 공통된 현상이었다.

　유대인을 쫓아 펜실베이니아에 발을 들여놓은 사람들은 퀘이커 교도들이었다. 돈 많은 퀘이커교도이자 영국 해군 제독의 아들인 윌리엄 펜William Penn이 영국 왕 찰스 2세에게 돈을 빌려주고 상환금 대신 1681년 델라웨어 강 연안의 땅을 하사받아 이를 개척했다. 펜실베이니아Pennsylvania는 '펜의 숲이 있는 곳'이란 뜻이다.

　그 뒤 펜은 종교의 자유를 보장하며 이민자들을 모집했다. 특히 퀘이커교도들이 몰려들면서 급속도로 발전해 1685년경에는 인구가 9000명으로 불어났다. 펜실베이니아 번성의 중심에는 '형제애의 도시'라는 뜻의 필라델피아Philadelphia가 있었고 이곳은 식민지에서 제일 큰 도시가 되었다. 펜실베이니아는 윌리엄 펜 덕분에 식민지 가운데 가장 먼저 번영하기 시작했다. 하지만 이민자들이 땅을 탐내 인디언을 몰살하는 등 그의 이상과 배치되는 현상이 일어나자 펜 자신은 이에 실망해 1701년 영국으로 귀국한 후 다시는 돌아오지 않았다.

제3의 유대인 정착촌, 뉴포트

미국의 세 번째 유대인 정착지는 뉴욕 롱아일랜드와 가까운 로드아일랜드 주 항구도시 뉴포트였다. 대구와 청어잡이를 위해 유대인들이 몰려든 것이다. 로드아일랜드는 미국에서 가장 작은 주로 1636년 로저 윌리엄스 목사에 의해 세워졌다.

윌리엄스는 자신이 신봉하는 민주주의 사상으로 매사추세츠 주에서 추방당하자, 로드아일랜드로 가 정교분리와 신앙의 자유를 표방한 식민지를 세웠다. 그는 영국으로 건너가 1644년에 정식 인가를 받아 스스로 초대 로드아일랜드 총독이 되었다. 그는 모든 사람에게 종교의 자유를 철저히 보장했다. 이것이 유대인들이 로드아일랜드로 몰려든 이유였다. 이에 많은 유대인이 로드아일랜드의 중심 도시인 뉴포트와 프로비던스에 정착했다.

또 다른 이유는 뉴포트가 케이프코드와 가까워 대구잡이 기지로
서 적지였기 때문이다. 이 같은 소문이 나자 1658년 많은 유대인이
네덜란드로부터 뉴포트로 건너왔다. 그 뒤 남미와 포르투갈에서도
유대인들이 몰려왔다. 종교적 박해를 피해 생존을 위한 이주이다 보
니 신대륙 정착 속도가 빨랐다. 그 무렵 뉴포트는 미국에서 가장 큰
유대인 커뮤니티를 이루었다.

조선업이 발달하다

뉴잉글랜드에 정착한 영국 이민자들도 대구잡이에 뛰어들었다. 돈
이 넘치고 사람이 모이면서 대구 덕분에 보스턴 같은 대도시가 생겨
났다. 대구는 보스턴 항에 모아진 뒤 말린 상태에서 선적되어 스페인
의 빌바오 항을 거쳐 유럽 내륙에 팔려나갔다.

어업이 발달하면 조선업이 뒤따르게 되어 있다. 뉴포트를 비롯한

매사추세츠 만에는 조선소
들이 많이 생겨나기 시작했
다. 주위 삼림에 배 만들기
좋은 목재들이 많았기 때문
이다. 배의 선체 부분을 만드
는 오크(참나무), 돛대용 긴
소나무, 그리고 배의 이음매
를 위한 송진이 동북부 삼림

에 지천이었다.

유대인들이 운영하는 대형 조선소도 생겨나 어선에서부터 대형
무역선까지 만들었다. 원래 조선업도 중세 이래 베네치아와 네덜란드
에 살던 유대인들의 주특기 가운데 하나였다. 매사추세츠 만 유대인
들은 자기들이 운행할 배를 직접 만들어 전 세계의 항구를 찾아 항
해함으로써 해운업과 무역의 토대를 닦았다.

이후 유대인들의 분업과 경영 합리화로 경쟁력이 높아지자 동부
지역의 조선산업은 급속도로 성장했다. 식민지 시대가 끝날 무렵에
는 영국 선적의 1/3이 아메리카 동북부 뉴잉글랜드에서 건조되었다.

1664년 뉴암스테르담, '뉴욕'으로 이름을 바꾸다

영국은 1651년 '항해조례'를 발표하여 네덜란드와 전쟁을 하게 된
다. 항해조례란 영국에 드나드는 배는 영국 선이거나 상대국 배여야
한다는 조례다. 이는 당시 해운업을 장악하고 있던 네덜란드를 붕괴
시키기 위한 의도였다.

이 전쟁에서 영국이 승리함으로써 네덜란드는 브라질 일부 지역
에 갖고 있던 식민지를 포르투갈에 빼앗겼고, 맨해튼도 1664년에 영
국에 넘어갔다. 새 영토의 주인이 된 영국 왕 찰스 2세는 왕위계승자
인 동생 요크에게 버지니아와 뉴잉글랜드 사이에 있는 모든 땅을 선
물로 주었다. 요크 공작 소유가 된 뉴암스테르담은 새 주인 요크York
공작을 기리는 뜻에서 '뉴욕New York'이라 불리게 되었다. 요크 공작
은 나중에 형의 뒤를 이어 영국 왕 제임스 2세가 된다.

유대인의 도시, 뉴욕

뉴욕 최초의 영국 총독이었던 리처드 니콜슨은 1665년의 선언을 통해 종교의 자유에 대한 권리를 강조했다. "그 누구도 기독교 신자와 다르다는 이유로 종교 문제로 괴롭힘을 당하거나 벌금을 낼 수 없다." 영국인들이 원했던 식민 개척자는 상업적 재능과 우수한 무역망을 가진 유대인들이었다. 식민지에서는 과거 유럽과 달리 유대인에 대한 차별도, 종교적 제약도 없었다. 이로써 유대인들은 과거에는 결코 지니지 못했던 영속적인 안전을 식민지에서 보장받았다.

유대인들은 타고난 근면성과 검소함으로 청교도들보다 더 열심히 일했다. 뉴욕의 유대인들이 대구잡이와 행상을 하는 한편 인근 매사추세츠 유대인 조선소에서 직접 배를 만든 유대인 선장들은 유럽의 유대인 커뮤니티와 손잡고 해상무역을 시작했다.

이 과정에서 뻗어나가는 신대륙 건설과 늘어나는 일감에 일손이 부족해지자 유대인들은 유럽에 머물고 있는 친지들을 부지런히 불러들였다. 마침내 뉴욕은 유럽에서 몰려오는 유대인들의 기착지가 되었다. 이들은 뉴욕을 중심으로 미국 곳곳에 그들의 정착촌을 이루어나갔다. 유럽에서 이주한 어느 민족보다도 빠르게 성장해갔다. 영국의 식민지 13개 주에 모두 유대인 정착촌이 건설되었다.

뉴욕은 유대인 사회의 중심이었다. 다른 나라 초기 이민자들은 번잡하고 지저분한 항구도시 뉴욕을 그리 좋아하지 않았다. 뉴욕의 유대인들은 대구잡이와 행상 그리고 비버 모피 수집으로 돈을 모은 뒤 차츰 기반을 넓혀 철공소, 정육점, 의류 재단사 등 비록 영세하지만 안정된 직종으로 진출했다. 훗날 정육점으로 큰돈을 번 유대인도 나왔지만, 의류 재단과 봉제 산업이 뉴욕 유대인의 주요 직업이었다. 오늘날 세계의 경제수도로 발전한 뉴욕 시는 처음에 이렇게 유대인에 의해 시작되었다.

대부분의 유럽 유대인 이민자들은 농장에서 일하기로 계약을 맺고 건너왔지만, 곧 상업 등 도시형 산업에 종사했다. 유대인들이 뉴욕에 자리를 잡자 1723년 미국 최초의 유대교 회당 시너고그가 뉴욕에 세워졌다. 이후 뉴욕은 유대인 무역상들에 의해 주도되어 성장 가도를 달렸다. 그 뒤 무역을 지원하는 금융업이 유대인에 의해 발전되었다. 한때 뉴욕 인구의 1/3이 유대인이었으며 뉴욕 소재 대학교 재학생의 절반이 유대인 학생들이었다.

뉴포트 유대인들, 절인 대구 팔아 부자가 되다

1776년 뉴포트의 유대인은 1200명으로 항구 전체 인구의 20%에 이르렀다. 그들은 네덜란드에서 그랬듯이 대구 처리와 소금절임을 분업화하고 표준화했다. 그리고 철저한 품질관리와 서비스로 전국적인 유통을 장악해 이를 기업화했다. 네덜란드에서 그들이 했던 방식 그대로였다. 냉장고가 없던 시절이라 절인 대구는 이윤이 많이 남았다.

당시 대구 어업으로 부를 축적한 '대구 귀족'들이 생겨나면서 유대인 부자들도 많이 탄생했다. 그 뒤 유대인 부자들은 높은 교육열로 대학 설립에 재정지원을 많이 했다. 1769년에 설립된 로드아일랜드 대학은 모든 학생에게 종교의 자유를 주고, 기독교 종교행사에 유대 학생들의 강제 참여를 면제해주었다. 유대인에게 종교의 자유와 교육은 무엇과도 바꿀 수 없는 절대적인 것이었다. 이때부터 유대인 부호들의 명문대학 설립과 재정지원은 일종의 전통처럼 자리 잡았다.

비버 사냥이 서부 개척의 동력

1720년까지 북아메리카 동부에서 잡은 비버 숫자는 200만 마리가 넘었다. 비버 모자는 19세기 초까지 인기를 누렸는데, 이때쯤 미시시피 강 동쪽에는 비버가 사실상 멸종되다시피 했다. 이 시기에 모피 동물 사냥은 상상하기 어려울 정도로 엄청난 규모로 이루어졌다. 18세기 말의 통계를 보면 한 해 평균 비버 26만 마리, 너구리 23만 마리, 여우 2만 마리, 곰 2만 5000마리 등 모두 90만 마리 이상의 동물을 사냥했다. 19세기에 이 수는 더욱 커져 한 해 평균 포획 동물 수가 170만 마리나 되었다.

모피 동물 가운데 가장 큰 비중을 차지한 것은 비버였다. 비버는 비교적 쉽게 사냥할 수 있는 반면 번식률이 낮아 사냥꾼들이 한 지역에서 집중적으로 잡고 나면 거의 사라질 지경이었다. 주로 식용으로 잡았던 현지 인디언들은 비버를 멸종 위기에 몰아넣을 정도로 남획하지는 않았다. 그러나 유럽의 모피 수요와 연결되자 한 지역에서 비버가 완전히 사라지는 일이 벌어졌다. 1640년께 허드슨 강에서 비버가 사라졌다. 그러자 사냥꾼들은 세인트로렌스 강 주변으로 이동해 갔다. 18세기 말에는 이 지역도 끝나 미시시피 서쪽과 태평양 연안 지역만이 마지막 남은 비버의 서식지가 되었다.

그 뒤 북아메리카의 모피 무역은 최후의 미개척지인 미시시피 서쪽 땅으로 옮겨 갔다. 이 지역을 처음으로 탐험한 루이스와 클락은 1805년에 로키 산맥을 넘어 태평양 해안으로 계속 나아가면서 이곳에 지구상 그 어느 곳보다 많은 비버와 수달이 살고 있다고 보고했다. 곧 덫 사냥꾼들이 몰려와 비버와 수달을 잡기 시작했다.

이 동물들이 거의 사라진 뒤에는 더 이상 개척할 곳이 없어 값이 덜 나가는 동물들로 시선을 돌렸다. 그리하여 사향뒤쥐와 담비 모피가 몇 년 동안 모피 무역을 지탱했다. 하지만 이 동물들마저 거의 사라지자 해달과 물개, 바다표범, 하프물범이 그 자리를 대신했다. 이들 모피는 주로 중국으로 수출되었다. 특히나 하얀 모피를 위해 생후 3개월 미만의 어린 하프물범들을 표적으로 삼았다. 바다 모피 동물도 귀해지자 이후에는 검은 여우가 쓰였다. 야생동물이 귀해지자 모피용 동물을 사육하기 시작해 은여우가 길러졌다.

지금도 캐나다에선 매년 30만 마리 내외의 바다표범 사냥이 허용되고 있다. 수많은 비난 여론에도 바다표범 사냥이 멈추지 않는 이유는 털가죽과 오메가-3 지방산이 풍부한 기름 때문이다. 특히 사냥꾼들은 더 비싼 값을 받을 수 있는 털이 희고 복슬복슬한 흰털의 새끼 바다표범을 주로 노린다.

모피 무역은 3세기가 넘도록 북아메리카에서 번성하며 계속 세력을 확장했다. 북아메리카에서 해마다 수십만 마리의 모피 동물을 죽여 그 가죽과 모피를 유럽으로 수출하였다. 19세기 초에 시작된 뉴

∷ 하프물범

펀들랜드의 바다표범 사냥은 1850년대에 절정에 이르러 약 60만 마리의 바다표범이 죽임을 당했다. 결국 바다표범의 숫자가 80%나 줄어들자, 20세기 초부터 바다표범 산업이 쇠퇴하기 시작했다.

러시아인들은 베링 해에서 해달을 싹쓸이한 후, 프리빌로프 제도 근해의 바다표범을 1791년부터 1820년대까지 250만 마리나 죽였다. 러시아 사냥꾼들이 다른 곳으로 옮겨 간 뒤 바다표범은 숫자를 회복했지만, 알래스카가 미국에 팔린 후 다시 연간 25만 마리씩 죽임을 당했다. 20세기가 밝아올 무렵, 바다표범 숫자는 또다시 크게 줄어들었다. 이것이 우리 인간들이 저지른 실상이다. 하여튼 그 통에 강이나 연안을 끼고 북아메리카 대륙은 어느 정도 개척되었다.

청교도와 유대교

청교도와 유대인, 미국의 건국 정신을 만들다

청교도와 유대교는 처음부터 궁합이 잘 맞았다. 종교의 자유를 찾아 메이플라워호를 타고 대서양을 건너왔던 청교도들은 그들보다 늦게 이주해 온 유대인들을 동병상련의 마음으로 따뜻하게 맞아들였다. 그런 까닭에 유대계 이민자들은 유럽에서는 느낄 수 없었던 편안함으로 생업에 종사할 수 있었다. 유대인들은 오랜 방랑생활에서 본능적으로 익혀온 장사 재능과 자본 증식의 노하우를 마음껏 발휘하며 아메리칸 드림을 일구어갔다.

신대륙에서는 청교도와 유대인에 의해 실용주의와 자유민주주의가 건국 정신으로 자리 잡았다. 개인의 능력과 지식을 최우선으로 하는 실용주의 문화는 프로테스탄트보다 오히려 유대인에 의해 주도되었다. 그들은 물질적인 성공은 신으로부터 선택받은 사람임을 증명한다고 믿었다. 다시 말해 재산을 모으는 일은 고귀한 일이었다.

오히려 가난이야말로 삶에 대한 성실성의 결여로 간주되어 도덕적으로 지탄받았다. 이러한 생각은 미국 개척 당시의 청교도들도 마찬가지였다.

유대인이 미국 사회에 급속히 동화될 수 있었던 것은 청교도 정신이 유대교와 비슷했기 때문이다. 칼뱅주의 일파인 청교도들은 영국 국교인 성공회에 대해 극단적인 개혁을 주장했었다. 청교도 지도자들은 지상에 '하느님의 나라'를 만들기 위해 구약성서의 가르침에 따라 엄격한 공동체 생활을 하면서 도덕적 선을 추구했다.

청교도 교리 자체가 구약성서를 중시해 유대교와 흡사했다. 더구나 청교도는 다른 종교들과 달리 청빈을 주장하지 않았다. 이 점이 유대교와 맥을 같이했다. 그들은 성실한 노력으로 일군 부ᇙ를 찬양하였다. 그리고 가톨릭에서 죄악시했던 대부업을 경제발전의 필요불가결한 요소로 보고 이자를 5% 이내에서 허용하였다. 이런 면에서 당시 청교도 사회의 분위기는 유대인을 받아들이는 데 걸림돌이 없었다.

청교도는 구약성서에서 신을 찾았기 때문에 영국에서는 '유대인의 신파'라고 불렸다. 청교도는 그들의 영국 탈출을 유대인의 애굽 탈출에 견주어 매사추세츠 만 연안의 식민지를 새 예루살렘이라고 부르며 유대인들과의 정신적 유대감을 같이했다.

이들이 미국에 도착하여 올린 기도는 출애굽을 연상케 한다. "180톤밖에 안 되는 작은 배지만 그 배라도 주심을 감사하며, 평균 시속 2마일로 항해했으나 117일간 계속 전진할 수 있었음을 감사했다. 그러면서 비록 항해 중 두 사람이 죽었으나 한 아이가 태어났음을 감사하였고, 폭풍으로 큰 돛이 부러졌으나 파선되지 않았음을 감사하며 또 여자들 몇 명이 파도에 휩쓸렸지만 모두 구출됨을 감사하였다. 인디언들의 방해로 상륙할 곳을 찾지 못해 한 달 동안 바다에서 표류했지만 결국 호의적인 원주민이 사는 곳에 상륙하게 해주셔서 감사하고 또한 고통스러운 3개월 반의 항해 도중 단 한 명도 돌아가자는 사람이 나오지 않았음을 감사했다."

목사 양성소, 하버드대학

그 뒤 청교도들이 후손들의 종교교육을 위해 만든 목사 양성소가 바로 하버드대학이다. 1636년에 성경만을 가르치기 위해 존 하버드 목사가 세운 대학으로, 미국에서 가장 오래되었다. 하버드대학이 창설되었을 때 라틴어, 그리스어와 함께 히브리어를 가르쳤다. 실제로

∴ 하버드대학

식민지 공용어를 히브리어로 하면 어떻겠느냐는 안까지 나온 일이 있었다. 저명한 청교도 존 코튼 목사도 모세 율법을 매사추세츠 법의 바탕이 되게 하자고 생각했다. 이러한 청교도 정신이 있었기에 미국 헌법은 모세 법전에서 많은 부분을 인용하였다.

청교도와 유대교의 궁합

《근대 자본주의》를 저술한 독일의 경제학자이자 사회학자인 베르너 좀바르트는 "이베리아 반도의 유대인들이 재산을 정리하여 막대한 자본을 가지고 암스테르담에 정착할 때 자본주의도 따라왔다"고 주장했다. 이런 좀바르트가 이렇게 말했다. "미국은 방방곡곡에 유대 정신으로 가득 차 있다. 우리가 '미국의 혼'이라 부르는 것은 순수한 유대 정신에 지나지 않는다. 아메리카의 정신은 청교도를 통해 기독교의 가면을 쓴 유대교로 변질되어 가는 과정이며 청교도는 인공적인 유대이다."

반유대교적일 만큼 과격한 이 말이 의미하는 것은 무엇일까? 그 것은 크롬웰에 의한 영국의 청교도혁명 이후 영국이 서서히 '유대화'되었고 드디어는 대영제국의 정책, 나아가서는 세계 정책에 유대인들의 입김이 크게 작용했다는 뜻이다. 그러한 청교도 무리와 유대인들이 아메리카에 건너가 미국을 건설했다는 의미다.

⁂ 베르너 좀바르트

당시 유대인은 물 만난 고기였다. 그 이유는 청

교도와 유대교 사이에 커다란 공통점이 있기 때문이었다. 세계의 종교들은 부를 부정하고 탐욕을 억제하라고 가르친다. 탐욕에 의한 혼란과 약탈을 방지하고 인간 사회의 질서를 유지하기 위함이었다. 가톨릭은 돈과 부귀를 탐하지 말고 청빈하라고 가르친다. 불교는 모든 물욕을 버리고 마음을 비우도록 '무소유'를 설파한다. 힌두교는 아예 아무것도 소유해선 안 된다고 가르친다. 이슬람교도 물욕을 버릴 것을 요구한다.

이처럼 종교가 한결같이 물욕을 버리라고 가르치고 돈 버는 것을 깨끗하지 못한 것으로 보는데 딱 두 개의 종교가 부를 인정하고 부자가 돼도 좋다는 교리를 강조한다. 이 두 종교가 바로 유대교와 청교도이다.

칼뱅은 '깨끗한 부자'를 강조했고 유대교도 부자가 축복받은 것임을 강조하는 공통점을 지니고 있었다. 다만 유대교는 개인 윤리적 차원에서 소유욕과 부를 경고했다. 돈과 부는 인간을 교만하게 하여 하느님을 잊어버리게 할 수 있다는 것이다. 또 과도한 금전욕은 사람으로 하여금 불의와 부패로 이끈다. 그럼에도 돈과 부는 경건한 자에게 주어지는 하나님의 선물로 간주되었다. 따라서 부는 미래의 이상적 상이 되기도 한다.

유대인의 경전 탈무드는 돈의 중요성을 가르쳐준다. "사람을 해치는 것에는 세 가지가 있다. 근심, 말다툼, 그리고 빈 지갑이다." "몸의 모든 부분은 마음에 의존하고, 마음은 돈지갑에 의존한다. 돈은 사람을 축복해주는 것이다. 부는 요새이고 가난은 폐허이다."❖

❖ 이원복 지음, 《먼 나라 이웃나라 9》, 김영사, 2012

좀바르트와 베버의 논쟁, 자본주의 정신

1902년 독일의 국민 경제학자 베르너 좀바르트는 《근대 자본주의》에서 처음으로 '자본주의 정신'이라는 개념을 사용했다. 이 책에서 그는 자본주의가 유대인으로부터 시작되었다고 주장했다. 그는 자본주의 활동의 특징이 영리주의와 합리주의라고 보았다. 특히 자본주의의 영리주의 측면을 강조한 좀바르트는 경제에서의 무한 추구 정신은 무한의 화폐 추구라고 말했다.

그러나 《프로테스탄트 윤리와 자본주의 정신》을 쓴 막스 베버는 자본주의는 청교도로부터 시작했다고 주장했다. 그가 말하는 자본주의는 '건전한 직업 정신'과 '정당한 이윤 추구'라는 '윤리적 자본주의 정신'이다. 그는 노동이 신성하다면 돈도 신성하다고 말했다. 그리고 돈은 철저하게 합리적인 목적을 위해 사용돼야 하는 책임감을 수반한다고 주장했다. 따라서 윤리적 자본주의 정신이란 직업을 갖고 노동을 통해 합리적으로 정당한 이윤을 추구하는 정신적 태도라고 베버는 말했다. 베버에 따르면 자본주의 정신은 탐욕과 무한한 이윤 추구와는 전혀 다른 것이다. 이른바 금욕주의 정신에 충실한 자본가들은 자신의 직무를 엄격하게 수행하면서 윤리적으로 조금도 어긋나지 않는 이윤을 추구한다는 것이다. 베버는 잘못된 자본주의 정신과 건전한 자본주의 정신의 차이점을 유대교와 청교도 정신Puritanism을 예로 들어 설명했다. 유대교의 경제적 지향은 정치나 투기에 의존해서라도 돈을 버는 모험적 자본주의 태도다. 한마디로 돈을 벌기

위해 수단과 방법을 가리지 않는다는 얘기다. 베버는 이런 유대교 자본주의 행태를 천민자본주의라고 말했다. 청교도적 논리였다.

좀바르트가 제시하는 명제와 베버가 제시하는 명제는 명백히 상충된다. 한쪽은 사치가 자본주의의 원인이라 하고, 다른 한쪽은 노동윤리와 검약이 자본주의 초기의 특성임을 주장한다. 물론 이 두 사람의 주장이 전적으로 모순되고 양립 불가능한 것은 아니다. 가만히 들여다보면 그 둘은 근대 초 자본주의의 형성 원인으로서 서로 다른 영역, 서로 상이한 집단을 연구 대상으로 삼고 있는 것이다. 이둘의 논쟁은 이후에도 계속된다. 묘하게도 학문적으로는 이러한 대립각을 세우면서도 둘은 절친한 친구이다. 두 사람은 함께 〈사회과학 및 사회정책잡지〉를 간행하기도 했다. 마치 두 사람에게서 유대교와 청교도 관계를 보는 듯하다.

유대인, 자본주의 창시자라는 사실을 거부하다

유대인은 탐탁지는 않지만 그리스도교와 공산주의 창시자가 자신들이라는 사실 자체는 인정하고 있다. 하지만 자본주의를 창시한 사람이 유대인이라고 말하면 단호히 부인한다. 그들은 좀바르트 주장의 타당성을 입증하기보다는 오히려 부인하는 데 힘썼다. 근래에 와서야 비로소 좀바르트 주장의 적극적인 면을 재검토하게 되었지만 아직도 확실한 입장은 아니다. 흔히 반유대주의자들이 유대인을 '약탈적 자본주의자'라고 부르기 때문에 유대인 스스로는 자신들이 자본주의의 창시자라는 사실을 인정하고 싶지 않은 것이다.

그들은 유대인들이 '경제를 지배한다', '언론을 장악한다'라고 하는 말에도 질색한다. 이렇게 이야기하는 사람을 유대인 등 뒤에 비수를 겨눌 사람으로 보기 때문이다. 그래서 유대인 반비방단체는 이렇게 이야기하는 사람에게 소송을 걸곤 한다. 그 근거를 대라는 것이다.

식민지, 영국의 정책에 반발하다

영국과 프랑스의 한판 승부, 프랑스-인디언 전쟁

유럽에서 영국과 프랑스는 1688년 명예혁명 이후 80년간이나 치열하게 싸웠다. 영불전쟁은 외형적으로는 왕위계승을 둘러싼 분규로 알려져 있지만 실상은 원자재 확보와 새로운 수출시장의 확대를 위한 식민지 영토점령 전쟁이었다.

프랑스는 신대륙을 개척하는 방식이 영국과는 차이가 있었다. 프랑스는 영국인과 달리 인디언들을 조상 대대로 살던 땅에서 몰아내지 않고 그들과 공존하며 무역거래를 하고 땅을 개척하였다. 그 때문에 인디언들은 영국인들보다 프랑스인들을 더 신뢰하였다.

1754년경 프랑스는 오대호 주변의 인디언 부족들과 강력한 유대를 갖고 인디언들이 많이 사는 미시시피 강을 따라 요새와 교역소를 줄줄이 설치하였다. 미시시피Mississippi라는 이름은 인디언어로 '위대한 강'이라는 뜻이다. 미시시피 강은 미국 50개 주 가운데 31개 주가

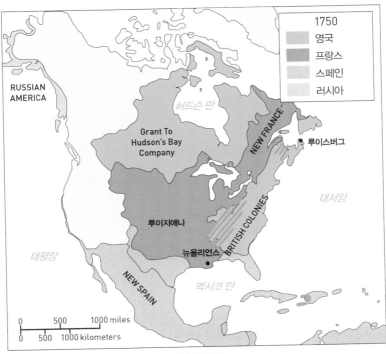

☙ 1750년경 영국, 프랑스, 스페인, 러시아의 식민지 지배 영토

포함될 뿐 아니라, 캐나다의 서스캐처원·앨버타 두 주까지 포함하는 북미 최대의 강이다. 따라서 프랑스는 캐나다 퀘백에서부터 미시시피 강 하류의 뉴올리언스에 이르기까지 방대한 영토를 차지하고 있었다. 영국이 미 동부에서 차지한 땅은 애팔래치아 산맥 동쪽의 좁고 긴 지대에 국한되어 있었다. 프랑스는 미시시피 강 유역을 차지함으로써 영국의 서부 진출을 막고 있었다.

그러다 결국 양국은 부딪쳤다. 인디언들은 영국과 프랑스가 전쟁에 돌입하자 처음부터 프랑스 편에 서서 영국과 대항하였다. 초기 3~4년간의 전쟁은 프랑스의 우세로 전개되었다. 프랑스는 펜실베이니아와 오하이오 강 경계선에서 버지니아 민병대를 이끈 조지 워싱턴 부대를 제압한 것을 비롯해 오대호 등지에서 영국군을 물리쳐 승세를 잡아 석권하는 듯했다. 이 전쟁에 토목기사 조지 워싱턴이 중령으로 참전하여 준장으로 예편하였다. 영국 정부는 전세를 뒤집기 위해 육군 병력과 해군 함대를 총동원하여 대대적인 증원군을 보냈다. 이에 힘입은 영국군이 1759년에는 나이아가라 항과 퀘백 등을 연달아 빼앗고 1760년에는 몬트리올마저 점령하자 7년전쟁은 마침내 영국의 승리로 끝났다.

프랑스, 파리 조약으로 아메리카 대륙 영토를 잃다

1763년 2월 7년전쟁의 결과로 영국·프랑스·스페인 간에 파리 조약이 체결되었다. 이 조약으로 프랑스는 북아메리카에 대한 모든 기득권을 포기했으며, 영국은 캐나다와 인도에 대한 독점적인 우위권을 확보하고 유럽 강대국으로서 지위를 강화했다.

프랑스는 캐나다와 미시시피 강 이동以東의 루이지애나를 영국에 넘겨주었다. 그리고 영국은 스페인으로부터 플로리다를 얻었다. 대신 스페인은 프랑스로부터 미시시피 강 이서以西의 루이지애나를 얻었

❖ 파리 조약 이후 북아메리카

다. 이로써 프랑스는 아메리카 대륙의 모든 영토를 잃었다. 그리고 인도에서도 샹데르나고르 등의 무역거점을 제외한 일체의 식민지를 포기하였다. 파리 조약으로 영국은 북미 대륙의 동부 전역을 자신의 영토로 삼고, 서인도·서아프리카의 프랑스 식민지와 스페인으로부터 플로리다를 얻게 된 것이다.

프랑스-인디언 전쟁이 끝난 1763년까지만 해도 영국과 식민지 사이는 좋았다. 그런데 영국이 7년전쟁으로 인한 재정 악화와 새로운 식민지 통치를 위한 경비 문제를 해결하기 위해 종전의 방임정책을 포기하고 과세와 중상주의적 통제를 강력하게 실시했다. 그러자 영국과 식민지 간의 관계는 완전히 틀어진다. 이 전쟁의 또 다른 의미는 신대륙 거주민들이 영국군을 도와 전투에 참여했다는 사실이다. 비록 개전 초기에 조지 워싱턴처럼 포로로 붙잡힌 경우도 있었으나 전투 경험을 얻어 영국군 없이도 자체 능력으로 미 대륙을 방어할 수 있다는 자신감이 생겼다. 이 전쟁 경험은 훗날 영국군을 상대로 독립전쟁을 하는 데 많은 도움이 되었다.

식민지, 영국의 정책에 반발하다

게다가 영국을 통하지 않고 프랑스와 프랑스의 서아프리카 식민지에 대구를 수출하는 미국이 영국과 충돌한다. 곧 대구 수출도 미국 독립전쟁 원인 중의 하나였다.

영국과 프랑스 전쟁의 후유증으로 영국은 무려 1억 3000만 파운드의 빚을 지고 있었다. 한 해 이자만 450만 파운드에 달하는 큰 액수였다. 그뿐만 아니라 미국은 쓸모없는 어음 더미 때문에 고통을 겪었다. 전쟁 기간 중에 남발된 어음들로 돈 가치가 떨어지면서 광범위한 경기침체가 야기된 것이다. 이 때문에 영국은 식민지에서 더 이상 환어음이나 종이돈의 발행을 허용하지 않는다고 선언했다.

영국은 식민지를 방어하는 데 쓴 전쟁비용 부채를 해결하기 위해 재정 부담의 일부를 식민지 주민들에게 돌리기로 했다. 1764년 설탕, 커피, 포도주를 포함한 대부분의 수입품에 관세를 부과하기로 결정한 설탕법이 시행되었다. 이어 이듬해 신문에서부터 카드에 이르기까지 모든 인쇄물에 고액 세금을 매긴 인지조례는 식민지 13개 주의 커다란 반발을 샀다. 이 조례는 이듬해에 폐기되었지만 앞으로 일어날 문제의 시작이었다.

보스턴 차 사건

1770년 보스턴에서 학살사건이 일어났다. 이 사건은 보스턴 시의 부두에서 술을 마시던 노동자들과 영국군 사이에 일어난 유혈사태이다. 식민지 사람들이 주둔군에게 눈덩이를 던졌고, 그 눈덩이에 맞은 군인이 화가 나서 발포했다. 이 사건으로 노예 출신 흑인 선원 크리스퍼스 애턱스를 비롯해 4명이 죽었다. 식민지 정부는 이것을 과장해 '보스턴 대학살'이라고 부르며, 이 사건을 자유 쟁취를 위한 투쟁으로 평가했다.

이어 1773년 12월에 일어난 보스턴 차茶 사건은 수입차에 영국이 중과세를 부과하자 반기를 든 사건이다. 분노한 사람들이 인디언으

로 위장해 보스턴 항에 정박한 배에 실려 있던 홍차 상자들을 바다에 내다 버렸다. 이 사건이 독립전쟁의 불씨를 일으켰다.

1676년부터 차에 과세를 하기 시작한 영국 정부는 18세기 중반 119%까지 세율을 올려 막대한 재정수입을 거두었다. 이러한 중과세에 반발해 신대륙 13개 주는 대의권 없는 과세제도는 받아들일 수 없다고 영국에 대항했다. 곧 미국 식민지는 영국 의회에 대표를 보낸 적이 없으니 이러한 법률 또한 인정할 수 없다는 것이었다.

그러자 영국 정부는 탄압을 가속화했다. 보스턴 항 법안을 제출하고 군대를 주둔시켜 손해배상을 청구했다. 찻값을 배상할 때까지 항구를 폐쇄시키는 법안을 영국 의회가 통과시켰다. 보스턴 항구 폐쇄, 의회 모임 제한, 군대가 주인 허락 없이 민간 집에 숙영할 수 있고, 영국인의 재판은 자유선택을 할 수 있다는 내용이었다. 보스턴 시민은 이를 거부하고 더욱 단결하였다. 대륙 의회도 이에 동조해 혁명정부의 모체를 구축했다. 결국 1775년 무력충돌에 이어 독립전쟁이 일어났다.

중국이 독점했던 차 재배

보스턴 차 사건 이후 미국인들은 차 대신 커피를 애용했다. 이것이 미국에서 커피가 유행한 동기다. 이후 차가 지배하는 영국 문화와 커피가 지배하는 미국 문화에 차이가 생겼다. 여유 있고 감미로운 분위기의 차와 달리 각성작용이 강한 커피는 활력 있는 분위기를 내고 사업적 발전에 유리하다고 한다. 실제로 차 문화권에서는 쉬고 싶을 때 차를 마시는 경향이 있지만, 커피 문화권에서는 일의 피치를 올리고 싶을 때 커피를 마시는 경향이 있다.

차는 원래 중국 쓰촨성四川省의 티베트 경계의 산악지대에서만 자라는 나무였다. 이 차를 1560년 포르투갈의 예수회 수도사가 유럽에 전했다. 그 뒤 1610년 네덜란드 동인도회사가 본격적으로 유럽에 수입했다.

차는 보통 홍차, 우롱차, 녹차 세 종류가 있다. 찻잎을 따 온도, 습도, 시간을 잘 맞추면 잎의 효소가 산화작용으로 발효되어 잎이 검게 변한다. 이를 홍차라 한다. 반쯤 발효시킨 게 우롱차다. 따자마자 햇볕에 말려 효소를 없애면 장기간 녹색을 유지하는데 이것이 녹차다. 원래 수출은 녹차 위주였다. 그런데 17세기에 차를 선박으로 수입할 때 적도의 뜨거운 태양열을 받아 녹찻잎이 자연적으로 발효해 홍차가 되었다 한다. 이후 영국과 네덜란드인들은 홍차를 즐겨 마셨다.

당시 중국의 차 수출 항구가 그 지방 사투리로 테이Tei였는데 여기서 티Tea라는 명칭이 유래되었다. 그 무렵 차 재배는 중국이 독점하고 있었으며 묘목 반출을 엄금했다. 특히 영국인들이 차를 즐겨 수입량이 부쩍 늘었다. 아편전쟁도 찻값을 지불할 방편이 마땅치 않았던 영국이 아편을 재배해 팔기 시작한 데서 비롯되었다. 이를 보면 이 시기 차가 그만큼 중요했음을 알 수 있다.

유대인, 차 재배에 성공하다

중국은 이러한 차의 수출산업을 빼앗기지 않기 위해 차나무 종자의 유출을 막고, 재배 기술과 차를 발효시키는 방법까지 모두 비밀에 부쳤다. 그 때문에 유럽인들은 처음에 차나무가 중국에서만 자라는 줄 알았다.

그러던 것이 네덜란드 유대인 야코브센이 차 묘목을 목숨 걸고 몰래 빼내 길러보았다. 그는 마카오를 통해 33년간 5차례에 걸쳐 묘목을 반출해 재배를 시도했다. 그러다 마침내 1828년에 인도네시아 자바 섬에서 경작에 성공했다. 이후 실론(스리랑카)에서도 재배하던 커피나무가 원인 모르게 죽자 대체작물로 차나무가 재배되었는데, 이 때문에 당시 중국의 녹차 산업은 망했다.

∴ 인도네시아 자바 섬의 차 농장

이는 1696년 네덜란드 동인도회사 유대인들이 인도네시아 자바에서 처음으로 커피나무를 대량 재배하는 데 성공했던 것과 맥을 같이 한다. 그 무렵 아랍은 커피나무의 유출을 엄격히 막고 있었다. 유대인들이 아랍에

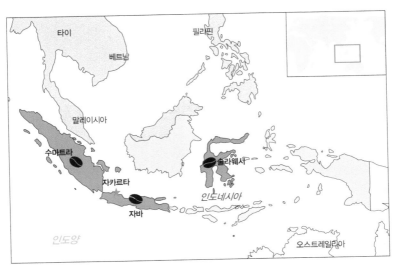

∴ 인도네시아의 커피 생산지

서 몰래 커피 묘목을 빼내 와 이를 실론과 자바 섬에 이식했는데 자바에서 재배에 성공한 것이다. 이후 자바 묘목이 암스테르담 식물원에 이식되었는데 이 중 한 그루가 프랑스를 거쳐 중남미로 가서 각국의 커피 원목이 되어 중남미에 커피 농장이 확산되었다.

유대인들의 삼각무역으로 부흥한 뉴욕

그 무렵 유럽에서 건너온 유대인들은 미국이 독립하기 이전의 초기 13개 주로 골고루 퍼져나갔다. 17세기 후반에 뉴욕이 네덜란드 서인도회사와 교역했던 3대 상품은 모피와 노예, 그리고 밀이었다. 밀은 허드슨 강 주변에서 경작되었다. 또한 뉴욕 역시 서인도제도에서 당밀이나 럼주를 수입해 아프리카에서 흑인 노예를 사는 데 썼다. 그외에도 미국은 영국에 고래 기름과 담배 등을 팔아 기계장비를 수입했다.

미국에 흑인이 처음 들어온 것은 1619년 네덜란드 국적 선박이 버지니아 식민지에 20여 명의 흑인을 내려놓으면서부터다. 미국에 흑인들이 청교도들보다 먼저 도착한 것이다. 이들이 처음부터 노예였던 것은 아니다. 그들은 계약노동자였다. 그때에는 비슷한 처지의 백인 계약노동자들이 대부분 가난 때문에 계약을 맺고 대서양을 건너왔다. 그리고 운임 대신 약 7년 동안 일을 해주고 자유를 얻었다.

정작 흑인이 노예가 된 것은 역설적이게도 흑인이 많아지면서부터

다. 수요가 늘어나면서 대규모로 흑인들이 유입되었다. 이들이 인구
의 20%를 넘어가자 통제를 위해 노예제도가 본격화되었다. 이후 노
예 노동력으로 서인도제도의 사탕수수 농장이 급속히 확대되었다.
아메리카 대륙 역시 유럽 식민지가 확장되자 흑인 노예의 수요가 급
증해 노예무역은 점점 번성했다.

특히 그 무렵 네덜란드 서인도회사는 직접 브라질 사탕수수 농장
에 진출해 사탕수수 농장에서 일할 인력 공급을 위해 노예무역을 주
도했다. 17세기 후반부터는 영국령 바베이도스와 자메이카 섬이 브
라질을 대신하여 사탕수수 생산의 중심지가 되자 영국은 1672년에
노예무역 독점회사인 왕립 아프리카 회사를 세우고, 영국-아프리
카-서인도를 연결하는 이른바 삼각무역을 경영하여 네덜란드를 압
도했다.

노예무역에서 삼각무역의 내용을 살펴보면, 본국에서 노예를 사

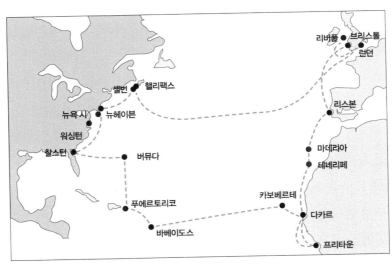

∴ 1843년경 노예선 아미스타드호의 노선

는 데 필요한 럼주, 총포, 화약, 면직물 등을 싣고 아프리카 서해안에 이르러 흑인 노예와 바꾸었다. 그 뒤 아메리카로 건너가 노예를 팔고 그 대금으로 서인도제도의 사탕수수 즙과 당밀, 그리고 담배와 면화 등을 사 본국으로 돌아오는 것이었다. 더욱이 17세기 후반 이래 남부 의 담배, 곡물, 인디고를 생산하는 대농장에서도 흑인 노예를 사용 해 그 수요는 크게 늘어났다.

유대인, 검은 화물 삼각무역에 주력하다

항해조례 발표 뒤 영국과 네덜란드 사이에 1652년부터 1674년까 지 22년 동안 세 번의 전쟁이 있었다. 결과는 네덜란드의 패배였다. 그 뒤 네덜란드는 해상강국의 지위를 잃었다. 유대인 무역상들은 네 덜란드 해안이 봉쇄되자 네덜란드에서 영국으로 건너가 자리를 잡 았다. 그리고 기존의 해외 거점을 활용해 무역거래를 폭발적으로 늘 려나갔다. 기원전부터 중국과 교역했고, 10세기에는 이집트 알렉산 드리아에서 대규모 해상교역을 주도했던 유대 민족에게 17세기에 대 서양과 태평양을 개척하는 일은 그리 대단한 도전도 아니었다.

고대 솔로몬 왕 때부터 유대인의 주특기가 중계무역이었다. 솔로 몬은 소아시아 지역의 말을 사다 훈련시켜 이집트에 팔았고, 이집트 의 물품과 전차를 사다 물품은 인근국들에 팔고 전차는 훈련시킨 말과 함께 소아시아 지역에 팔았다. 그것이 근대 들어 삼각무역으로 발전하였다.

삼각무역은 한 번 항차에 여러 번 거래할 수 있었다. 유럽에서 아

프리카로 공산품이, 아프리카에서 아메리카로 노예들이, 아메리카에서 유럽으로 설탕과 담배가 실려 갔다. 당시 설탕은 흰 화물, 노예는 검은 화물이라 불리었다.

이렇게 영국의 유대인들이 노예무역을 주도하게 된 이면에는 교황의 노예무역 금지 선포가 한몫 단단히 했다. 1640년대에 교황이 노예무역 금지를 명하자 가톨릭 국가인 스페인과 포르투갈이 노예무역에서 철수했다. 뒤이어 다른 나라 가톨릭 상인들도 뒤를 따랐다.

설탕에 어른거리는 흑인 노예의 땀과 피

17세기 유럽에서 가장 중요한 산업은 설탕 산업이었다. 정제시설에 많은 자본이 투입되나 높은 수익을 올려주는 유럽 최초의 자본주의적 산업이었다. 18세기 후반에 면직물 산업이 발전하기 전까지 자본 축적에 요긴한 사업이었다. 설탕은 세계 자본주의 성장과 깊이 관련된 역사적 작물이다. 1650년에는 귀중품이었던 설탕이 1750년에는 사치품, 1850년에는 생활필수품이 되었다.

이러한 설탕의 대중화를 가능케 해준 게 흑인 노예였다. 사탕수수 농사에는 일손이 많이 필요했다. 여기에 흑인 노예들이 대거 투입되었다. 열대지방에는 계절의 변화가 없기에 사탕수수 심는 시기를 조금만 달리해도 1년 내내 수확할 수 있었다. 사탕수수는 다년생 풀이라서 새로이 씨앗을 심어 경작하는 방식이 아니라 잘라낸 줄기 옆으로 새로운 줄기가 솟아 다시 자란다. 그렇지만 지력을 심하게 소모하는 작물이라 윤작을 통해 지력을 회복해줘야 하므로 경작지를 계속 바꾸어주어야 한다. 게다가 수확 후에는 사탕수수의 단맛이 급격히 떨어지기 때문에 재빨리 즙을 짜내어 이를 다시 졸이고 정제해야만 한다. 이렇듯 사탕수수 재배를 위해서는 언제나 대규모 노동력이 필요했다.

사탕수수는 다 자라면 키가 4m가 넘는다. 이때는 도로들을 제외한 나머지 지역이 도저히 뚫고 지나갈 수 없는 정글로 변해버린다. 이를 베어서 공장으로 운반하고 분쇄한 다음 롤러를 이용해서 압착해 즙을 얻어낸다. 그리고 이걸 정제하기 위해 큰 솥에서 오랫동안 끓인다. 이때 엄청나게 많은 연료가 필요하므로 주변 지역에서 땔나무를 베어서 가져와야 한다. 그래서 사탕수수 농장에는 항상 대량의 일손이 필요했다. 20세기 이전에는 이 모든 일이 기계의 도움 없이 전부 사람의 힘으로 처리되었기

🌿 키가 4m가 넘는 사탕수수들

때문에 노동력 확보와 노동 통제가 제당업의 핵심이었다.

아메리카의 사탕수수 재배의 역사에서 17세기 중엽이 결정적인 전환점이었다. 영국의 2차 항해조례로 설탕 등 중요 상품은 영국령끼리만 무역하도록 한 것이 결정타였다. 이후로 설탕 유통의 판도가 바뀌었다. 때맞추어 수요가 급증하면서 아프리카 노예수입이 크게 확대되어 대규모 플랜테이션이 완전히 자리 잡았다. 예컨대 바베이도스에서는 1660년대까지 유럽인 노동자가 다수였으나 이후 흑인 노예들이 더 많아졌다. 그 뒤 사탕수수 농지는 급속도로 확대되어 이웃 나라로 번져 갔다.

17세기에 크게 번영했던 바베이도스를 제치고 18세기에는 자메이카가 으뜸 제당산지로 발전했다. 사탕수수 플랜테이션에서는 기술 발전에 따른 생산성 증가가 거의 없어 설탕 증산을 위해서는 오로지

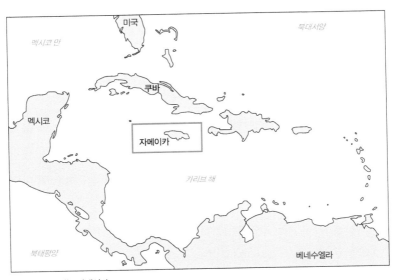

∴ 쿠바 밑에 있는 자메이카

인력 확대에만 의존했다. 이는 곧 노예무역의 증가로 연결되었다. 그 무렵 자메이카는 노예 삼각무역의 중심지였다. 거기에 노예들이 중 노동을 견디기 위해서는 단백질과 소금이 필요한데, 소금에 절인 대 구는 노예에게 값싸게 먹일 수 있는 양질의 영양 공급원이었다. 그들 을 먹여 살리기 위해 뉴잉글랜드 지방에서 유대인들이 주도하는 염 장대구 산업 역시 발달했다.

1701년과 1810년 사이 110년 동안 대서양을 건너 자메이카와 바베 이도스로 끌려온 흑인 노예의 숫자는 무려 100만 명에 다다랐다. 이 러한 희생 덕분에 설탕 생산이 늘어나자 가격은 급속히 떨어졌다. 그 러자 유럽인들의 입맛은 달콤함에 길들여져 설탕 소비가 급증했다.

유대인이 주축이 되어 뉴욕 상공회의소를 창설하다

당시 뉴욕 항은 수출로는 농산물, 수입으로는 공업제품과 노예가 주요 상품이었다. 1690년부터 근 60년간은 영국-스페인 전쟁 등 각 종 전쟁으로 군수품 무역항으로 성장했다.

유대인뿐 아니라 신대륙을 향한 이민자들의 행렬은 끊이지 않았 다. 특히 1680년대 이후로는 전쟁을 피해 온 수많은 유럽 난민들과 정치적 박해를 피해 온 사람들이 늘어나면서 기하급수적으로 식민 지 인구가 증가하였다.

1703년 당시 뉴욕 가정의 42%가 노예를 소유했다. 유대인들은 그 들을 하인과 노동자로서뿐 아니라 숙련된 장인으로 교육시켜 거래, 선적과 기타 분야에도 참여시켰다. 흑인 노예들은 뉴욕 식민지 개발에 중요한 역할을 담당했다.

이렇게 삼각무역으로 유대인들이 자리를 잡자 1723년 미국 최초의 유대교 회당 시너고그가 뉴욕에 세워졌다. 이후 뉴욕은 유대인 무역상들에 의해 주도되어 성장 가도를 달렸다. 1754년에는 로우 맨해튼에 컬럼비아 왕립대학이 설립되었다. 1690년대에 25만이던 인구가 1770년 무렵에는 200만 명이 넘어섰다.

그 무렵 뉴욕에서는 심슨, 모제스, 레비 등 유대인 사업가들이 두각을 나타내기 시작했다. 그들은 코코아, 럼주, 포도주, 모피 등의 무역과 섬유제품 거래에 종사했다. 그 뒤 그들은 자본을 축적하여 레비는 부동산 업계로, 모제스는 선박 업계로 각각 진출하고, 심슨은 뉴욕 상공회의소를 창설하는 등 짧은 기간에 급속한 성장을 이루었다.

특히 1768년 4월 5일, 유대인들이 주축이 된 20명의 상인들이 미국 최초의 상공회의소를 뉴욕에 설립했다. 이것은 미국 경제를 유대인들이 주도하고 있음을 뜻했다. 이후 존 제이콥 에스터, 피터 쿠퍼, JP 모건 등으로 이어지는 초기 뉴욕 상공회의소의 활약은 눈부셨다. 그들은 뉴욕을 발전시키기 위한 여러 획기적인 아이디어를 내놓았다.

먼저 미국의 무역을 비약적으로 발전시키기 위해 서부와 뉴욕 항구 사이를, 운하를 만들어 연결시키자는 아이디어를 제안하고 이를 적극 지원했다. 그리고 최초의 대서양 횡단 케이블 구축과 도시 최초의 지하철 건설도 제의했다. 또 허드슨 강 취수를 중단하고 뉴욕으로부터 200km 떨어진 캐츠킬 산에서 식수를 가져올 세계 최대의 수로 건설을 모색했다. 모두 몇백 년 후를 내다본 야심 찬 계획들이었다.

이것들이 뉴욕을 걸출한 상업 및 금융 중심지로 만드는 중요한 역사적 동인들이 되었다. 이렇듯 식민지 경제는 18세기에 급성장했다. 이는 영국 정부가 왜 세금 부과에 혈안이 되었고, 독립전쟁이 왜 일어났는지를 설명해주는 대목이다.

미국, 독립을 쟁취하다

영국의 중과세가 발단이 된 미국 독립전쟁

영국과 프랑스의 오랜 전쟁의 후유증으로 영국은 1억 3000만 파운드의 빚을 졌다. 그뿐만 아니라 미국은 쓸모없는 어음 더미 때문에 고통을 겪었다. 전쟁 기간 중에 남발된 어음들 때문에 돈 가치가 떨어지면서 광범위한 경기침체가 야기된 것이다. 이 때문에 영국은 식민지에서 더 이상 환어음이나 종이돈의 발행을 허용하지 않는다고 선언했다.

영국은 식민지를 방어하는 데 많은 전쟁비용을 써 부채를 해결하기 위해 재정 부담의 일부를 식민지 주민들에게 돌리기로 했다. 1764년 설탕법에 이어 1765년 인지조례는 모든 법률문서, 신문 및 여타 문서에 세금을 부과하는 법률로 이는 식민지 13개 주의 커다란 반발을 샀다. 이 조례는 이듬해에 폐기되었지만 앞으로 일어날 문제의 시작에 불과했다.

1773년에 일어난 보스턴 차 사건은 식민지에서 수입하는 차에 영국이 중과세를 부과하자 이에 반기를 든 사건이었다. 17세기 중반 영국이 수입한 중국산 차의 물량은 18만 파운드였는데 18세기 중반에는 4000만 파운드로 늘어났다. 1676년부터 차에 과세하기 시작한 영국 정부는 18세기 중반 119%까지 세율을 올림으로써 막대한 재정수입을 거둘 수 있었다.

이러한 중과세에 반발하여 신대륙 13개 주는 대의권 없는 과세제도는 받아들일 수 없다고 영국의 식민지 정책에 대항했다. 곧 미국 식민지는 영국 의회에 대표를 보낸 적이 없으니 이러한 법률을 인정할 수 없다는 것이었다. 식민지 지배가 강화되자 13개 주는 결속하여 1775년 전쟁 경험이 있는 조지 워싱턴을 총사령관으로 하는 독립군을 조직하여 독립전쟁을 일으켰고, 1776년 7월 4일(독립기념일) 독립선언을 하기에 이른다.

미국, 독립을 쟁취하다

전쟁 초반에 식민지 측은 무기가 빈약한 데다 내부 분열까지 가세하여 고전을 면치 못했다. 그러나 미합중국United States of America이라는 이름 아래 뭉친 이들은 플랭클린의 외교로 1778년 프랑스와 동맹에 성공했다. 그 뒤 총이 대량으로 입수되어 전황은 역전되었다. 여기에 스페인, 네덜란드까지 가세해 1781년 10월 19일 영국이 마침내 항복했다.

독립전쟁 말기 총사령관 조지 워싱턴이 분노한 청년 장교들을 설득해 쿠데타를 막은 것은 유명한 일화다. 임금 체불에 화가 난 군인들이 대륙회의(의회)로 진격했다면 눈앞에 둔 독립이 물거품처럼 꺼져버릴 수도 있었다. 군인들 앞에서 편지를 꺼내 들며 워싱턴이 말했다. "여러분, 제가 안경을 좀 써야겠습니다. 조국을 위해 전쟁을 하다 보니 머리는 백발이 됐고 눈은 장님처럼 침침해졌습니다." 안경을 쓴 워싱턴 장군을 처음 본 군인들의 눈에 이슬이 맺혔다. 이성을 찾은 그들은 총사령관 편으로 되돌아왔다.

1783년 9월 평화조약에 의해 북쪽으로 캐나다 남부, 남쪽으로 플로리다, 서쪽으로 미시시피 강에 이르는 영토를 받아냈다.

미국은 독립 후 13년 동안 왜 대통령이 없었을까?

1776년 7월 4일 13개 식민지의 대표자들은 필라델피아 인디펜던스 홀에서 미국 독립선언서에 서명하고 독립을 선포했다. 미국은 이날을 독립기념일로 여긴다. 미국 독립선언서에는 자연법에 근거한 인권, 사회계약설에 의한 정부 등 당시 독립운동에 가담한 사람들의 사상이 대변되어 있었다.

그러나 실질적 독립은 전쟁이 종료된 1781년에야 이루어졌다. 미국은 헌법회의에서 세계 최초로 성문헌법을 제정했다. 미국의 첫 번째 헌법은 1781년에 제정된 연합규약이었다. 이는 중앙정부 없이 13개 주정부가 연합한 형태였다.

그 무렵 미국인들은 중앙정부를 원하지 않았다. 중앙집권제를 유럽의 전제왕권과 동일시하여 이것이 독재와 인권침해의 근본 원인이라 여겼다. 마치 유대인들이 애굽을 탈출하여 처음 나라를 세울 때 왕 없이 12지파별 자치제를 운영했던 것과 같았다.

13개의 국가는 각자 완전한 주권을 가지고 있었다. 다만 연합규약에 의해 연합회의가 설립되어 외교, 국방, 화폐, 인디언 대책 등의 공통사항을 처리했다. 중요 사항은 13개국 중 9개국의 찬성이 필요했다. 연합회의는 권고까지만 할 수 있었다. 또한 징세, 통상규제 권한이 없고 상비군도 없어서 오늘날의 UN과 비슷한 형태였다.

아메리카합중국의 탄생

그러나 이후 재정 곤란, 지폐 가치의 하락, 물가 앙등 등 사회가 불안해지자 강력한 중앙정부의 필요성이 대두되었다. 그래서 헌법회의가 연방파와 주권파 양 파로 갈라졌다. 알렉산더 해밀턴이 주도하는 연방주의를 주장하는 연방파와 토머스 제퍼슨 중심의 주정부 자치제의 주권파가 대립했다. 그 뒤 연방주의자들의 견해가 점차 헌법회의를 지배하게 되었다.

그리하여 독립선언을 선포한 지 12년이 지난 1787년에야 필라델피아에서 헌법제정회의가 열려 이듬해 연방헌법이 발효되었다. 연방

헌법은 몽테스키외의 삼권분립에 입각한 공화제 헌법으로, 각 주정부에 광범위한 자치권과 권한을 인정하나 중앙에 이를 통괄하는 연방정부를 두기

로 했다. 입법권을 가진 연방의회는 상원, 하원으로 구성되어 과세나 군대 모집 등을 관장했다. 행정권은 간접선거에 의해 선출되어 4년의 임기를 가지는 대통령이 관장하고, 사법부는 주와 연방의 이중구조로 이루어져 최고 법정으로 '대법원'을 설치했다. 이리하여 아메리카 합중국USA이 탄생되었다.

미국 국기의 13개의 붉고 흰 선은 독립 당시 13개 주를 의미하고, 별은 현재의 총 주를 표시하며, 붉은색은 용기, 흰색은 순결, 파란색은 신의 은총을 나타냈다고 한다.

하지만 그 뒤에도 미국은 역사의 고비 고비에서 연방파와 주권파의 대립이 계속되었다. 이러한 전통으로 인해 미국은 지금도 주정부의 자치 권한이 막강한 것이다.

월스트리트가 정치 중심지가 되다

뉴욕을 중심으로 동부에 정착한 유대인들은 세계 각국의 유대인 커뮤니티를 파트너로 하여 대규모 무역업을 주도하여 큰 자본을 축적했다. 이러한 자본 축적은 곧 금융산업을 태동시켰다. 이로써 맨해튼에 제조업과 무역업을 지원하는 금융산업이 월스트리트를 중심으로 빠르게 자리 잡아갔다.

돈이 도는 곳에는 사람들이 모이게 마련이다. 정치 후원금도 월스트리트에서 가장 많이 모였다. 정치가들도 월스트리트로 모여들었다. 자연히 월스트리트가 금융의 중심뿐 아니라 미국 정치의 중심지도 겸하게 되었다.

조지 워싱턴, 초대 대통령에 취임하다

1787년 필라델피아 헌법제정회의에서 연방정부의 기틀이 마련되어 1789년 4월 30일 조지 워싱턴 장군을 선거인단 만장일치로 미합중국의 초대 대통령으로 선출했다. 미국은 인권과 주권재민, 사회계약설을 토대로 유럽에서 볼 수 없는 새로운 유형의 국가를 건설했다.

뉴욕 시는 독립혁명 중에 영국군에 점령되어 거의 파괴되었음에도 1789년 미국 최초의 수도가 되었다. 같은 해 3월 4일, 월스트리트 26번지에 자리한 연방의회 의사당인 페더럴홀에서 상원의원 9명과 하원의원 13명이 초대의회 개원식을 하였다. 또 같은 해 4월 30일, 페더럴홀에서 조지 워싱턴이 초대 미국 대통령으로 취임했다. 유대인들의 본거지 월스트리트가 미국 정치의 중심지가 된 것이다.

워싱턴은 행정수반으로서 성공적인 임무를 수행했을 뿐 아니라 알렉산더 해밀턴이나 토머스 제퍼슨과 같은 유능한 정치인을 내각

에 기용하는 리더십을 보였다. 1792년 그는 만장일치로 재선에 성공했지만 4년 후 3선은 스스로 사양했다.

워싱턴 대통령, 독립전쟁을 도운 유대인에 감사를 표하다

1776년 독립전쟁이 발발해 미국은 1781년 영국으로부터 독립하였다. 이 시기 미국 총인구는 300만 명 남짓이었으며 미국 내 유대인 총인구는 고작 3000명에 불과했다. 그러나 유대인들은 독립전쟁에 총을 들고 자발적으로 참전했다.

독립전쟁 시작 당시인 1776년 뉴포트 유대인 수는 1200명으로 전체 유대인 인구의 20%에 이르렀다. 뉴욕과 필라델피아에는 유대인들이 훨씬 더 많았다. 많은 유대인이 조지 워싱턴 장군을 도와 총을 들고 참전했다. 장군 측근의 재정 담당 부관도 유대인이었다. 유대인들의 전쟁 후원금도 많았다. 워싱턴은 대통령이 된 후에도 이를 잊지 못했다.

미국의 유대인 사회는 건국과 동시에 대통령과 인연을 맺는다. 1790년 8월 워싱턴 대통령은 취임 1주년 기념으로 뉴포트를 방문했다. 대통령은 그 기회에 그곳의 유대교 회당 시너고그 랍비에게 정중한 인사 서한을 보냈다. 오늘날 미국 유대인은 워싱턴 대통령의 이 서한을 미국 유대인이 진정한 미국 시민으로 인정받은 최초의 문서로 여기고 있다.

그해 미국의 총인구는 393만 명이었다. 이들은 대부분 동부 연안

80km 이내에 살고 있었다. 당시 중국 3억 2000만, 인도 1억 9000만, 유럽 1억 8000만 명에 비하면 그야말로 소국이었다. 그 무렵 뉴욕 시가 인구 3만 3000명으로 미국에서 가장 큰 도시이자 수도였다. 이후 뉴욕은 급속도로 발전해 18세기 말에는 6만 명을 넘어섰다.

미국 제조업은 산업스파이로부터

독립전쟁으로 인해 미국은 영국에서 지원받던 생활필수품을 자체적으로 생산해내는 체제를 구축해야 했다. 미국의 초대 재무장관 알렉산더 해밀턴은 〈제조업에 관한 보고〉라는 의회 보고서를 통해 "미국과 같은 후진적인 나라는 외국의 경쟁으로부터 유치산업을 보호하고 그 산업들이 자기 발로 설 수 있을 때까지 육성해야 한다"고 주장했다. 그리고 이를 위해 강력한 보호주의 정책을 추진했다.

그 뒤 외국 공산품에 대한 평균 관세가 5%에서 12.5%로, 그리고 다시 25%로, 1820년경에는 40%까지 올랐다. 미국은 1920년대까지 세계에서 가장 강력한 보호무역 국가였다. 이러한 보호주의 울타리 안에서 미국의 제조업은 클 수 있었다.

사무엘 슬레이터, 비상한 기억력으로
방적공장을 설립하다

1781년 독립전쟁이 끝난 후 미국은 여러 가지 문제에 봉착했다. 특히 숙련공과 자본 부족이 심각했다. 우선 영국으로부터 경제적으로 독립하기 위해 섬유 생산의 자립이 절실했다. 후발주자가 항상 그렇듯 미국 산업은 선진국 영국을 베끼는 것에서 시작했다. 그런데 영국은 기술 유출을 막았다. 특히 기계와 기술자 유출을 집중적으로 막아 핵심 기술자의 해외여행도 금했다.

영국의 사무엘 슬레이터는 어려서부터 도제수업을 받았다. 그는 아버지 친구이자 아크라이트의 동업자였던 공장주 밑에서 7년 동안 생산기술에서 경영까지 전 과정을 익혔으며 생산 공정을 개선하는 아이디어를 낸 공로로 1년치 봉급을 보너스로 받기도 했다.

도제를 마친 스물한 살의 청년 사무엘은 자기 사업을 하고 싶었으나 돈이 없었다. 그는 '미국에서 직조기 기술자를 우대한다'는 불법 유인물을 떠올리고 미국에 가기로 마음먹었다. 그는 모든 기계의 작동원리와 공정의 전 과정을 상세하게 암기했다. 사무엘 슬레이터는 이름으로 보아 유대인으로 추정된다. 구약성서에 나오는 사무엘은 유대인에게는 흔한 이름이다.

미국에 도착한 그는 당시 직조기를 유일하게 갖고 있었던 모제스 브라운에게 편지를 써서 만났다. 막상 가서 보니 쓸 만한 기계가 아니었다. 그러나 그는 실망을 극복하고 모제스 브라운의 도움으로 당시 유대인들이 가장 많이 살았던 로드아일랜드에서 목수와 기계공들을 모아 공장을 차렸다. 그 무렵 로드아일랜드는 유대인들의 대구잡이 기지일 뿐 아니라 조선 산업기지로 미국에서 제조업이 가장 발달한 곳이었다.

로드아일랜드 포터켓에 있는 슬레이터 공장

그는 비상한 기억력을 되살려 아크라이트의 수력방적기 설계도를 그려냈다. 그리고 필요한 기계들을 하나씩 만들기 시작했다. 이윽고 1년여 만인 1790년 12월 20일, 로드아일랜드 주 프로비던스 강가에 설치된 거대한 수차를 이용한 방적기가 빠르게 작동했다. 미국 최초의 방적공장이 가동되는 순간이었다. 그는 로드아일랜드 주 포터켓에 미국 최초로 수력을 이용하여 실을 뽑아내는 방적공장을 설립한 것이다. 미국의 산업혁명은 이렇게 시작됐다.

모제스 브라운

기업주 브라운은 자신이 수력으로 가동되는 최신 공장을 성공적으로 세웠음을 해밀턴 재무부 장관에게 알렸다. 고무된 해밀턴은 '앞으로 1년 안에 미국 곳곳에 미국 전체의 수요를 충족시킬 수 있는 방적공장들이 세워질 수 있다'는 내용의 〈제조업에 관한 보고〉를 의회에 제출했다.

해밀턴의 전폭적인 지원 아래 슬레이터의 공장은 미국 북동부 전역으로 빠르게 퍼져나갔다. 동력을 얻을 수 있는 유속이 빠른 강이 많다는 지리적 장점 덕이다. 첫 공장이 세워진 지 30년 후 미국은 영

∴ 로드아일랜드의 브라운대학

국에 이어 세계 2위의 섬유 산업국으로 떠올랐다. 그 뒤 막대한 돈을 모은 모제스 브라운은 형과 함께 브라운대학을 세워 육영사업에 진력하였다.

1793년에 슬레이터는 실 제조의 모든 과정이 한 지붕 아래서 이루어질 수 있도록 자신의 공장을 확장했다. 같은 해 휘트니가 목화솜에서 씨앗을 분리해내는 조면기를 개발해 슬레이터와 같은 생산자들에게 풍부한 솜을 공급해 주었다. 그리고 같은 해 사무엘 슬레이터의 부인 하나 윌킨스는 면 바느질실을 개발했다. 장섬유 방적실을 사용해 방적기에 합사하여 바느질실을 만들어낸 것이다.

브라운가에서 총명한 아내까지 얻고 돈을 모은 사무엘 슬레이터는 1803년부터 자기 돈으로 공장을 세웠다. 영국 공장들보다 훨씬 크고 개량된 공장에는 노동자를 위한 기숙사와 학교, 구내 매점도 딸려 있었다. 그 뒤 그는 폭발하는 수요를 감당키 위해 이러한 대규모 공장을 13개나 운영했다. 그의 공장들로 인해 미국 산업혁명이 태동되었다고 평가받고 있다. 앤드류 잭슨 대통령은 1833년 그의 공장을 방문해 그를 '미국 제조업의 아버지'로 칭했다. 그의 최초의 공장은 현재 국립사적지 섬유박물관으로 지정되어 '미국 산업의 발상지'로 보존되고 있다.

∴ 사무엘 슬레이터

로버트 풀턴, 최초로 상업용 증기선을 개발하다

　1807년 뉴욕 허드슨 강에
24마력짜리 증기기관을 장착한
전장 45m 증기선이 움직이기 시
작했다. 세계 최초의 상업용 증
기선 클러몬트호가 시운전하
는 날이었다. 이를 개발한 로버
트 풀턴은 허드슨 강을 거슬러
240km 상류 올버니까지 운행했다. 이 증기선이 미국의 역사를 바꾸
었다. 증기선은 물류혁명을 주도하고 해군력을 증강하여 미국이 바
다를 지배하게 만들었다.

　펜실베이니아에서 태어난 풀턴은 처음엔 그림을 그리다 기계학과
수학에 흥미를 느껴 1793년 저술한 〈운하 항해의 개선에 대해〉를 바
탕으로 기선 제작을 계획했다. 이를 위해 그는 프랑스로 가 당시 미
국 대사이던 로버트 리빙스턴의 후원으로 증기선은 물론 잠수함을
연구했다. 그는 발명에 재주가 있었다. 상업 증기선 외에도 대리석 자
르는 톱, 운하 파는 기계, 아마포 짜는 기계 등을 발명했다.

프란시스 로웰, 카트라이트 직조기
핵심기술을 암기하다

　미국 산업사에 큰 획을 그은 인물은 프란시스 로웰이다. 그는 18세에 하버드대학을 졸업한 천재였다. 로웰은 1810년 35세 때 영국에 여행 가서 직물공장 견학 기회를 얻었다. 일체의 기록이 금지된, 눈으로만 보는 견학이었다. 그는 공장 견학 때 카트라이트 직조기의 핵심기술을 파악했다. 그리고 2년 더 영국에 머물면서 랭커셔와 스코틀랜드 지방의 여러 직물 산업을 연구했다.

영미전쟁이 일어나 직물 수입이 끊어지자 미국의 직물값이 폭등했다. 그는 미국으로 돌아와 자신의 처남 패트릭 트레시 잭슨과 네이선 애플턴과 함께 매사추세츠 월섬에 공장을 세웠다. 영국에서 금융기법도 배워 와 주식회사 제도를 본떠 주식을 팔았다. 그 결과 설립자금 30만 달러를 모았다.

그는 세계 최초로 방적, 직조, 염색을 일관공정으로 생산하는 시스템을 개발해냈다. 그가 세운 보스턴공업사는 '원사에서 옷까지' 모든 공정을 감당하는 세계 최초의 공장이었다. 모델로 한 영국 공장보다 더 나은 공장을 세웠다. 대성공이었다. 그는 영국과의 경쟁에서 이길 수 있다는 자신감을 미국인들에게 심어줬다. 그는 폴 무디와 함께 전동기와 같은 동력을 사용하여 운전하는 직기인 역직기도 개발했다.

로웰은 미국에서 최초로 여직공을 고용했다. 미혼의 처녀들을 채용해 숙식을 제공하며 결혼할 때까지 일하도록 했다. 새로운 기술과

인력구조, 거대한 자본이 결합된 로웰의 섬유사업은 주주들에게 25.7%라는 고율 배당을 할 만큼 처음부터 성적이 좋았다.

영국산 수입 면제품을 대체할 미국산 면제품에 대한 수요가 급증한 덕분이었다. 로웰의 성공은 사람들의 투자 의욕을 자극했다. 미국 각지에 220여 개의 섬유공장이 생겨 제조업의 급성장으로 이어졌다.

그러자 영국이 당황했다. 영국은 잃어버린 미국 시장을 되찾기 위해 면직물을 덤핑 수출했다. 이에 미국 섬유업자들은 로웰을 중심으로 정부에 보호관세를 요청했다. 이에 대해 영국에 면화를 수출하던 남부 면화 농장주들과 해운업자들은 수출 물량이 줄 것을 우려해 극렬히 반대했다. 하지만 섬유 제조업자들이 결국 이겼다.

섬유 제조업자들의 입김은 더욱 강해져 관세율은 계속 올랐다. 남부 농장주들은 이를 '증오의 관세'라 부르며 저항했다. 남북전쟁이 발발한 이유의 하나였던 북부 제조업과 남부 농업 사이의 대결구조는 로웰로부터 심어진 셈이다.

그는 근대 기업금융의 선구자였다. 그뿐만 아니라 의류 제조의 모든 공정을 기계화하고 표준화했다. 이외에도 단일판매대리점, 기숙사 제도를 도입하여 뉴잉글랜드 공장들의 모범이 되었다. 로웰 공장의 근로 조건과 노동자 주택도 당대의 귀감이었다. 로웰의 공장이 있던 도시는 이제 로웰 시市로 불린다. 로웰은 노동운동에도 영향을 미쳐 여성 노동운동 초기 지도자의 대부분이 로웰 공장 출신이었다.

미국도 영국과 마찬가지로 직물이 초기 공업화를 선도했다. 이후 산업 발달 규모 순으로는 면방직, 구두, 남성 피복, 목재 등으로, 나중에 제철, 기계가 가세했다. 면직공장의 성장과 함께 자본시장에서 주식거래가 시작되어 공장의 자금조달 방법은 주로 주식 발행이었다. 보스턴 증권거래소가 뉴욕보다 먼저 성황을 이룬 이유이다. 남북전쟁 이전의 미국 공업이 뉴잉글랜드 지역에 집중되었던 것은 기계 돌

리는 동력을 강가의 물레방아에 의존했기 때문이다. 물레방아는 역사상 최초의 기계식 엔진이었다.[*]

미국 초기 산업의 특징 자동화, 수력 자동제분소

18세기 후반 미국 각지의 수력 제분소는 일이 힘들고 또 밀가루를 운반하는 사람이 더러운 발로 밀가루를 밟는 등 위생 상태가 불결했다. 올리버 에번스는 제분공장을 청결하게 유지하고 위생적인 밀가루를 만들어야 한다고 생각했다. 그래서 공장 안에 사람이 들어가지 않아도 되는 무인 제분공장을 건설했다. 곧 대량생산의 기초가 되는 자동화 생산 공정이 1791년에 선을 보인 것이다.

올리버 에번스가 탄생시킨 수력 자동제분소는 곡물을 투입구에 부으면 탈곡과 제분을 거쳐 포장까지 마친 완제품이 나오는 자동설비였다. 최초의 무인공장 격인 자동제분소 설치를 주문한 농장주 명단에는 조지 워싱턴도 있었다. 자동 제분공장은 19세기에 미국 각지에 세워졌다.

자동제분소는 미국의 농업경쟁력을 배가시켰다. 그뿐만 아니라 헨리 포드에게 영감을 불어넣어 대량생산의 계기가 되었다. 실제로 헨리 포드는 자동제분소를 견학한 다음 초기 포드의 생산 시스템을 만들었다. 4층부터 시작해 1층에서 완성되는 구조는 자동 제분공장과 같은 개념이었다. 20세기 초 포드는 컨베이어벨트를 이용해 자동

❖ 권홍우 지음, 《부의 역사》, 인물과사상사, 2008

차 조립을 매우 능률적으로 하게 되었다. 이러한 방법은 곧 기계공장의 모든 부문에 보급되었다. 그 무렵 포드는 부품의 규격화·단순화를 이룩해 컨베이어 작업을 더욱 쉽게 만들었다.

맥코믹 자동수확기, 거대한 평원을 밀밭으로 만들다

19세기 중반, 미국에서는 현대사에 지대한 영향을 남기게 되는 두 가지 해방이 일어났다. 하나는 에이브러햄 링컨에 의한 노예해방이고, 다른 하나는 사이러스 맥코믹에 의한 농민해방이었다. 맥코믹의 자동수확기가 미국 농업을 획기적으로 발전시킨 일등공신이자 많은 농민을 농업에서 해방시켰기 때문이다. 그는 머리 깎는 바리깡에서 힌트를 얻어 자동수확기를 만들었다.

맥코믹이 1834년 제작한 말이 끄는 자동수확기는 작업 속도를 10배 이상 높여주었다. 당시 미국은 118만 명의 노예를 비롯해 미국 노동력의 70%가 농사일에 매달려 있었다. 2에이커의 밀을 수확하는 데 6명의 일꾼이 온종일 매달려야 했는데 맥코믹의 수확기는 2명의 인원으로 10에이커의 밀을 수확했다. 생산성이 자그마치 15배나 급증한 것이다.

게다가 맥코믹은 할부판매 방식을 고안해내어 농민들의 구매 부담을 줄여주었다. 할부판매는 엄청난

∴ 밀밭 풍경

돌풍을 가져와 고객 중심 서비스의 시초가 됐다. 이로써 농업생산성을 비약적으로 늘려주어 밀이 넘쳐나게 만들었다. 그런데 재미있게도 노예 해방자 링컨과 농민 해방자 맥코믹은 같은 날 태어나서 생일이 같았다.

이전까지 밀을 재배하고도 추수할 일손이 없어 방치한 밀밭에서도 소득이 높아졌다. 중서부의 거대한 평원이 밀밭으로 변했고, 사람들이 몰려들었다. 맥코믹의 성공은 발명 의지를 고취시켜 탈곡기에서 파종기에 이르기까지 수백 종의 농기계를 탄생시켰다. 간단한 것일지라도 수작업을 대치할 수 있는 자동기계는 빠르게 실용화되었다. 영농기계화로 1840년 70%였던 농업인구는 1900년 10%로 떨어졌다. 그럼에도 생산량은 급증했다.

조면기, 남부를 세계의 목화밭으로 만들다

∴ 엘리 휘트니

맥코믹의 자동수확기보다 훨씬 광범위한 영향을 미친 기계가 있었다. 바로 예일대학 출신의 엘리 휘트니가 1793년에 개발한 '목화와 씨를 분리하는' 톱니형 조면기였다. 간단한 기계였지만 면화씨를 일일이 사람의 손으로 발라내야 했던 목화농장 생산성을 1000배나 높여주었다. 미국 남부가 목화밭으로 변하게 된 이유다. 게다가 1815년 이후 증기선이 보편화되자 목화를 값싸게 대량으로 실어 나를 수 있게 되었다. 당연히 미국이 영국에 목화를 수출하는 주요 공급국이 되었다.

∴ 조면기

19세기까지만 해도 미국에서 가장 많이 수출한 작물은 담배였다. 그런데 시간이 가면서 담뱃값이 떨어지자 면화가 그 자리를 차지했다. 목화 산업은 이제 황금알을 낳는 거위가 되어 미국의 최대 수출품이 되었다. 그것이 남부의 '노예제'를 대두시킨 결정적 원인이었다.

∴ 목화밭 풍경

이렇게 되자 남부는 담배농사를 짓는 대신 너도나도 목화를 심었다. 조면기는 남부 면화농장을 살찌우고 흑인 노예를 급증시켰다. 1800년대 들어서는 유대인들이 흑인 노예를 이용해 대규모 면화 플랜테이션들을 조성하기 시작했다. 미국 작가 마크 트웨인은 흑인들을 착취하는 유대인의 이러한 행태를 심하게 비난했다.

하여튼 이렇게 생산량이 늘어나면서 미국은 1820년부터 인도를 제치고 세계 최대 면화 생산국이 되었다. 1830년이 되자 영국 원면 수요량의 4분의 3을 미국이 공급했다. 미국은 원면 세계 최대 공급국 자리를 1971년까지 150년 이상 유지했다.❖

❖ 강철구, "강철구의 '세계사 다시 읽기'", 〈프레시안〉

남부에서 대량생산된 솜은 미국의 풀턴이 발명한 증기선에 실려 영국으로 건너가 의류로 만들어져 전 세계로 뿌려졌다. 이 기계 덕에 영국의 면 생산량이 1790년 3000베일에서 1835년 100만 베일로 증가했다. 휘트니의 조면기가 아니었으면 산업혁명이 더뎌졌을지 모른다.

산업혁명으로 방직업이 크게 활기를 띠면서 면화 수요가 커졌다. 서부 개척과 함께 면화를 재배할 땅도 늘어났다. 1850년 남부는 세계 목화의 80% 이상을 재배했다. 대신 조면기의 생산성을 따라갈 만한 인력이 필요했다. 이 때문에 1808년 노예무역 폐지 이후 사라질 것으로 예상되었던 노예제도가 오히려 확대되었다. 1790년에는 300달러로 살 수 있었던 흑인 노예 가격이 1850년에는 2000달러를 주고도 사기 어려워졌다. 그럼에도 같은 기간 중 노예 숫자는 65만 명에서 320만 명으로 늘어났다. 흑인 노예를 쓰는 대농장이 증가하면서 남부와 북부의 경제 주도권 다툼도 늘어났다.

남부와 북부의 다른 방향의 경제발전은 이해관계가 상충되었다. 결국 노예의 존재를 둘러싼 충돌로 발전했다. 곧 북부 공업지대는 값싼 노동력을 필요로 했다. 북부 자본가들은 흑인 노예들이 사슬에서 풀려나 자유로운 임금노동자가 된다면 노동력 부족을 해결할 수 있을 뿐 아니라 싼값에 노동자를 부릴 수 있었다. 결국 이러한 상충된 이해관계는 사상자 97만 명을 발생시킨 남북전쟁으로 번졌다.

엘리 휘트니는 조면기를 생산하는 경쟁업체들이 늘어나자 무기 제작자로 변신했다. 그는 호환부품을 사용한 머스킷 소총을 제작해 큰돈을 벌었다. 특히 그는 무기부품의 표준화에 큰 공을 세웠다. 이는 후에 사무엘 콜트를 거쳐 공작기계 산업으로 연결되고, 자전거·

자동차·기계 부문에 확산되면서 헨리 포드에 이르러 미국식 생산양식으로 자리 잡았다.❖

　미국 초기 산업의 특징은 자본에 의해 시장이 지배된 것이 아니라 기술력만으로도 시장을 지배할 수 있었다는 점이다. 교역 위주의 자본주의보다 제조업 산업이 먼저 존재함으로써 기술력에 의한 경쟁이 가능했다. 구체적인 예는 특허제도에서 나타났다. 신규 등록 이후 2년 안에 상품화하지 못할 경우 특허권은 자동 폐기되었다. 그리고 새로운 제품이라도 과거의 특허나 발명을 재조합한 것은 인정받지 못했다. 곧 기술혁신과 발명은 시장이 생기기를 기다리기보다 적극적으로 시장을 개척해야 했다. 이는 자본의 논리보다는 기술혁신이 주도하는 산업화의 기틀을 만들었다. 이러한 미국 제조업의 기틀을 닦은 인물이 해밀턴 재무장관이었다.

이름과 성으로 알아보는 유대인 판별법

유대인은 성경에 나오는 이름으로 구별되는 경우가 많다. 기독교도들은 아이들 이름을 지을 때 주로 신약성서에 나오는 12제자 이름을 주로 사용하나, 유대인들은 구약성서만을 인정하는 관계로 아담, 솔로몬, 모세 등 주로 구약에 등장하는 조상의 이름을 쓴다. 특히 15세기 이후 유대인은 조상의 이름을 따 아이들의 이름을 삼는 게 관례였다. 조상의 이름과 같이 훌륭한 하느님의 종이 되라는 뜻이었다. 당시 유대인이 아닌 다른 사람들은 유대인으로 오해받기 싫어 구약성서의 이름을 잘 쓰지 않았다.

원래 유대인에게는 이름만 있고 성이 없었다. '누구의 아들 누구' 또는 '어느 지방의 누구' 이런 식으로 이름만 불렀다. 성경을 보면 쉽게 알 수 있다. 그러다 유럽인들과 섞여 살게 되면서 대체로 19세기 중엽부터 성을 사용하게 되었다. 유럽 사람

❖ 권홍우 지음, 《부의 역사》, 인물과사상사, 2008

들은 대개 조상의 직업에서 유래된 성을 갖는 것이 보통이다. 하지만 유럽에서 마땅한 직업을 가질 수 없었던 유대인은 그들이 살았던 도시나 지형을 성으로 삼은 예가 많았다.

도시 이름에서 비롯된 성의 예로는 아우에르바흐Auerbach, 드레스너Dresner, 긴즈버그Ginzberg 등을 들 수 있다. 그렇게 된 배경에는 19세기까지 어느 국가도 유대인들에게 농업이나 토지 소유를 허용하지 않았기 때문이다. 자연히 그들은 굶어 죽지 않기 위해 도시로 가 당시로선 별 볼일 없던 공업이나 상업에 종사할 수밖에 없었다.

재미있는 것은 1875년 합스부르크가의 오스트리아에서는 유대인들로부터 세금을 거두기 위해 돈을 내고 성을 살 것을 강요하였다는 점이다. 부자들은 로젠(장미), 골드(금), 존넨(햇빛), 탈(골짜기) 등 좋은 단어가 들어가는 성을 샀다. 로젠탈Rosenthal(장미 골짜기), 릴리엔탈Lilienthal(백합 골짜기), 호프만스탈Hofmansthal(농장주 골짜기), 골드스타인Goldstein(황금석) 등이 그것이다. 중산층은 아이젠(철), 호프만Hofman(농장주) 등의 성을, 빈민층은 슈무츠(쓰레기), 에젤코프(나귀 대가리), 카날게르프(시궁창 냄새), 아르멘프로인트(빈민의 벗), 볼게니히트(돈 꾸지 마라), 갈겐슈트리크(교수형 밧줄) 등의 성을 샀다. 지금도 로젠(장미)−, 블루멘(꽃)−, 골드(금)−, 질버(은)−, −하임(집), −슈타인(돌), −베르크(도시) 등의 단어가 성에 들어 있으면 거의 유대인이다. 우리가 잘 아는 로스차일드Rothchild(붉은 방패), 스트라우스Strauss(타조, 깃 장식), 포Poe(공작) 등도 이런 산물이다.

나중에는 유대인도 직업이 분화되면서 유럽인들처럼 직업을 성으로 삼기도 했다. 영어의 Baker에 해당되는 베커Becker, 푸줏간 주인을 의미하는 플라이셔Fleischer, 벽돌공의 뜻을 가진 아인슈타인Einstein, 직조공의 베버Weber, 금세공사인 골드슈미트Goldschmidt, 상인을 의미하는 크레이머Kramer 등이 좋은 예이다. 과거 〈크레이머 대 크레이머〉라는 영화에 유대인인 더스틴 호프만이 주연을 맡았던 것도 어쩌면 이 같은 성의 배경 때문일지도 모른다. 실제로 TV 드라마 〈형사 콜롬보Colombo〉의 예를 보면 그럴 가능성이 있다. 콜롬보는 이탈리아 거주 유대인들이 헤브루어의 Yonah(비둘기)를 번역해 썼던 성인데 콜롬보 역을 맡았던 피터 포크도 유대인이었다.

유대인들은 이 같은 방식 외에 그들의 히브리어 이름을 사는 지역의 언어로 번역해 성으로 삼기도 했다. 웃는 사람을 뜻하는 이삭Isaac은 라흐만Lachman으로, 착한 사람을 의미하는 투비야Tuviah는 거트먼Gutman(미국에서는 Goodman), 힘센 삼손Samson은 슈타크만Starkman으로 바뀌었다. 또 자식을 의미하는 −shon이나 −vith를 붙여 멘델스존(독일), 멘델로비치(동구), 아브람슨(독일), 아브라모비치(동구)라는 성을 만들기도 했고 에스더의 남편을 의미하는 이스트만Estermann을 낳기도 했다. 물론 이러한 것이 다 맞는 것은 아니다. 다만 개연성이 높을 뿐이다.❖

Ⅰ 대서양을 건너간 유대인들 **103**

미국, 전방위로 영토를 넓혀가다

루이 15세Louis XV의 이름에서 유래된 루이지애나Louisiana는 원래 프랑스 영토였으나 1763년 파리 조약에 따라 스페인으로 소유권이 넘어갔다. 그러다 나폴레옹 보나파르트가 1801년에 스페인을 정복하자, 자연히 스페인의 영토였던 루이지애나는 도로 프랑스 영토가 되었다.

그 무렵 농업을 주로 했던 오하이오, 인디애나, 미시간 등 북서부 농민들은 농작물을 열악한 도로 사정과 약탈의 위험을 피해 육로가 아닌 미시시피 강을 이용해 동부의 뉴욕이나 보스턴으로 운반했다.

프랑스 영토였던 강어귀의 뉴올리언스를 통과할 때마다 통행세를 지불해야 했던 농부들의 불만이 높았다. 당시 교통상의 요로였던 미시시피 강 항해와 화물 환적에 위협을 느낀 제퍼슨 대통령은 뉴올리언스 항을 프랑스로부터 사들이기로 했다.

1802년 뉴올리언스 매입에 1000만 달러를 지불해도 좋다는 의회의 승낙을 받아냈다. 원래 미시시피 강 통행권 확보를 위해 추진했던 뉴올리언스 항구 매입계획은 전쟁으로 자금난에 허덕이던 나폴레옹

1918
(영국에서 넘겨 받음)

오리건
1846(병합)

루이지애나
1803
(프랑스에서 사들임)

캘리포니아
1848
(멕시코로부터 넘겨 받음)

독립 당시의 영토
1783

텍사스
1845(병합)

1853
(멕시코에서 사들임)

플로리다
1819
(에스파냐에서 사들임)

⋰ 미국 영토의 확장 과정

으로부터 뜻밖의 제의를 받게 된다. 당시 프랑스 점령 지역을 모두 매입하는 게 어떻겠냐는 것이었다.

당시 나폴레옹은 아이티에서 반란군과 싸우느라 막대한 군비를 지출하고 있었다. 국고에 돈이 없자 나폴레옹은 루이지애나 영토 전체 값으로 1500만 달러를 제시했다. 본래 미국이 뉴올리언스 항구를 사려고 했던 가격이 1000만 달러였다. 그런데 나폴레옹은 뉴올리언스 면적의 수백 배에 해당하는 루이지애나 전체를 미국이 사려고 했던 가격보다 500만 달러만 더 주면 팔겠다는 것이었다. 이렇게 해서 미국은 한반도의 10배에 해당하는 넓이의 루이지애나 주를 1803년 1500만 달러에 나폴레옹으로부터 사들였다.

이 매입으로 미국 영토는 하루아침에 2배로 늘어났다. 불모지로 알려져 있던 이곳은 프랑스인들조차 그 넓이가 어느 정도인지 몰랐다고 한다. 그야말로 떡이 통째로 굴러 들어온 격이었다. 광대한 넓이의 미국 중부 12개 주는 이렇게 탄생해 서부 개척의 발판이 되어 미국이 서해안까지 진출하는 계기가 된다. 제퍼슨은 지금의 광대한 미국을 있게 한 장본인이다.

그 뒤에도 미국은 1819년에 스페인으로부터 500만 달러에 플로리다를 구입하였다. 1845년에는 멕시코 땅이었던 텍사스를 병합한 데이어 멕시코 전쟁에서 승리하여 1848년에는 캘리포니아를 빼앗았다. 그리고 1867년에는 러시아로부터 알래스카를 720만 달러에 매수했다. 1898년 미국과 스페인의 전쟁 결과로 괌과 하와이를 합병하였다. 이로써 지금의 미국 영토가 완성되었다.

미국은 플로리다를 어떻게 손에 넣게 되었을까?

5대 대통령 제임스 먼로는 루이지애나가 미국 영토가 되었으나 국경이 애매하다고 생각했다. 이 문제로 플로리다와 텍사스의 소유권을 놓고 결국 스페인과 논쟁을 한 끝에 애덤스 오니스(미주리) 조약을 체결했다. 스페인은 텍사스에 대한 주권을 인정받는 대가로 1819년 플로리다를 500만 달러에 미국에 양도하고 오리건 지역에 대한 권리를 포기했다. 플로리다는 스페인어로 '꽃들이 많다Full of Flowers'는 뜻이다.

먼로주의 탄생과 몬로비아의 유래

1820년경 중남미에서 독립운동이 일어나자 오스트리아 재상 메테르니히를 중심으로 유럽 여러 나라는 이 독립운동을 억압하려 했다. 이에 먼로 대통령은 1823년 '먼로 독트린'을 발표해 미국이 유럽 문제에 개입하지 않을 것이며 미국에 대한 유럽의 간섭도 받아들이지 않겠다고 선언했다. 이 주장을 '먼로주의'라고 한다. 이로써 중남미는 미국의 뒷마당이 되었다.

미국에서 1800년대 초에 시작되어 격렬하게 벌어진 노예해방 논쟁은 1817년, 해방노예를 위한 나라를 아프리카에 세우기 위한 모임을 만들었다. 이른바 미국식민협회가 그것이다. 이후 식민협회가 서아프리카에 땅을 구입해 해방노예 거주지를 건설하여 1822년 흑인 노예들을 그곳으로 이주시켰다.

현재 라이베리아가 그곳이다. 수도인 몬로비아Monrovia는 당시 먼로 대통령의 이름을 따서 붙였다. 라이베리아는 아프리카에서 첫 번째 미국의 식민지이자 아프리카 최초의 공화국이었다. 라이베리아는

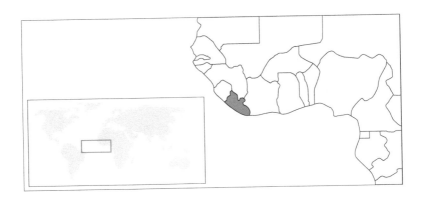

미국을 그대로 모방해 헌법을 제정하고 심지어 성조기를 본떠 라이베리아 국기를 만들었다. 국명 라이베리아는 '자유의 나라'를 뜻한다. 하지만 사실 라이베리아는 말이 공화국이지 실제로는 미국 식민지나 마찬가지였다. 미국은 라이베리아에 미군을 영구 주둔시켜 아프리카 침략의 전초기지로 삼으려 했다.

눈물의 길

미국의 서부 개척은 1803년 루이지애나 주를 구입한 뒤 시작되었다.

루이지애나 구입 이후 미국은 본격적으로 미시시피 강 북쪽을 개척하기 시작했다. 사막을 가로질러 로키 산맥을 넘어 서쪽으로 나아갔다. 7대 대통령 앤드류 잭슨은 인디언을 미시시피 강 서쪽으로 이주시켰는데 인디언과의 전쟁이 10년 동안 200번 정도 있었다. 서부 영화의 배경이 된 인디언 코만치, 아파치, 샤이안 등과의 싸움이 이때 일이다.

잭슨은 서부 개척에 인디언들이 가장 큰 걸림돌이라고 판단했다. 그는 군 시절부터 인디언과의 전쟁에 앞장섰을 뿐 아니라 대통령이

되고 나서는 1830년에 미시시피 강 동쪽에 살던 원주민들을 인디언 보호구역에 강제로 이주시켰다. 이 사건을 '눈물의 길'이라고 한다.

4만 5000명 이상의 인디언들이 이 길을 따라 서쪽으로 이주했다. 조지아 북쪽에 살던 1만 4000명의 체로키족이 길을 떠났으나 질병과 굶주림, 탈진으로 10분의 1도 못 되는 1200명만 살아남았다. 플로리다의 세미놀족이 이주정책을 거부해 전쟁은 8년 동안 계속되었다.

미국 지식인은 멕시코 전쟁을 왜 토지강탈 행위로 보았나?

다음 개척지는 텍사스였다. 1841년 최초의 미국인 이민자가 미주리 주로부터 대규모 마차 행렬로 텍사스에 왔다. 당시 텍사스는 멕시코 영토였다. 그 뒤로도 텍사스를 향한 이민 행렬은 계속되었다.

멕시코 정부는 자국 국교인 가톨릭이 아닌 미국에서 온 개신교 정착자들과 관계가 불편했다. 멕시코가 노예제도를 폐지했을 때 일부 이민자들은 이 법의 이행을 거부했다. 멕시코 중앙정부의 간섭이 심해지자 미국인 정착민들의 주도로 1836년 혁명이 일어나 멕시코로부터 독립해 텍사스 공화국이 되었다. 이후 1845년 텍사스 공화국이 합병을 통해 미국의 28번째 주가 되었다. 그러자 종주국이라고 생각한 멕시코는 이를 인정하지 않았다.

한편 미국의 제임스 포커 대통령은 이를 좋은 기회로 판단하고 이참에 멕시코 영토를 뺏을 계획을 세웠다. 1846년 제커리 테일러가 포크 대통령의 명령으로 멕시코를 일부러 도발시켜 전쟁을 일으켰다.

테일러는 이듬해 5000명의 군대로 2만 명의 멕시코 군대를 무찌르는 큰 공을 세웠다.

그리고 1847년 미국 윈필드 스콧 장군은 해상을 통해 역사상 최초의 수륙양용 군사작전으로 멕시코 베라크루즈에 상륙했다. 이어 내륙으로 진군해 멕시코시티를 점령했다. 이듬해 과달루페 이달고 조약으로 전쟁을 매듭지은 미국은 1825만 달러를 지급하고 멕시코로부터 한반도의 15배에 달하는 영토를 얻었다. 뉴멕시코, 유타, 네바다, 애리조나, 캘리포니아, 텍사스, 콜로라도, 와이오밍이 그것이다. 멕시코 전쟁의 승리로 재커리 테일러는 영웅으로 떠올라 포크의 뒤를 이어 1849년 12대 대통령이 되었다.

전쟁 직전 휘그당과 일부 미국 여론은 전쟁을 반대했다. 지식인 헨리 데이비드 소로는 전쟁세를 내는 대신 감옥에 가는 것으로 항의했다. 랄프 왈도 에머슨은 미국의 폭력을 부끄러워하며 멕시코가 미국에 독이 될 것이라 했다. 또한 남북전쟁의 영웅 율리시스 그랜트 역시

♣ 베라크루즈 전투

이를 두고두고 한탄했다고 한다. 미국의 양심적인 사람들과 대부분의 휘그당원들은 당시 미국 대통령 제임스 포크의 행동을 양심을 저버린 토지강탈 행위라고 보았다. 미국 패권주의의 신호탄이었다.

어리석은 거래?

이어 미국은 1867년에 러시아로부터 720만 달러에 알래스카를 사들였다. 러시아가 미국에 알래스카를 판 이유는 당시 러시아가 재정적으로 어렵기도 했지만 영국이 알래스카를 강제로 빼앗을지도 모른다는 생각 때문이었다. 따라서 러시아의 알렉산드르 2세는 이 영토를 미국에 팔기로 결정했다.

그러나 알래스카를 사라는 제안이 들어왔을 때, 미국 의원들이 투표를 한 결과 대부분 반대였다. 당시 윌리엄 수어드 재무장관이 의원들을 설득했다. "여러분, 나는 눈 덮인 알래스카를 보고 그 땅을 사자고 하는 것이 아닙니다. 그 안에 감추어진 무한한 보고寶庫를 보고 사자는 것입니다"라고 설득했다.

결국 미국은 1867년 3월 30일, 미화 720만 달러에 알래스카를 사들였다. 그것도 현금은 20만 달러만 지급하고 나머지 700만 달러는 러시아가 진 무역 빚에서 탕감하였다. 미국이 러시아로부터 매입한 알래스카는 153만 km²로 한반도 면적의 7배쯤 된다. 그 큰 땅덩어리를 에이커당 3센트씩 쳐서 사들인 것이다.

이를 두고 미국인들은 '지상 최대의 냉장고를 사들였다'고 비아냥거렸다. 알래스카를 사들인 스워드 국무장관의 가장 어리석은 거래라며 '스워드의 어리석은 행위seward folly'라고 불렀다.

그러나 그 뒤 엄청난 금광과 유전이 발견되었다. 삼림과 수산자원도 풍부했다. 지금 알래스카 주정부는 주민들에게 매년 개발이익의 일부를 연금 형식으로 나누어 주고 있다. 그리고 1898년에는 스페인과의 전쟁 결과로 괌과 하와이까지 합병했다.

미국의 분수령, 남북전쟁

주州의 권한, 노예제도

1808년 이후 노예수입이 금지되었다. 그럼에도 남부에서는 면화 농장이 늘어나 여전히 노예매매가 성행해 북부 인도주의자들로부터 강력한 비난을 받았다. 특히 영국 산업혁명으로 목화 수요가 급증하면서 면화는 남부에서 가장 이익이 많은 농산물이 되었다. 이에 따라 노예제도는 사실상 움직일 수 없는 것이 되었다. 노예제도를 인정하느냐, 안 하느냐 하는 권한은 대통령이나 연방의회에 있는 것이 아니라 주州의 권한이었다.

북부는 더 이상 노예제도를 인정하는 노예주州가 늘어나는 걸 저지했다. 그러나 남부는 새로 만들어지는 서부의 주에도 노예제도를 도입하려 했다. 1820년 노예제도를 인정하는 미주리 주가 합중국의 주로 편입하려 하자 노예제도가 비로소 정치 문제로 등장했다. 결국 미주리 주를 노예주로 인정하고 가입시키는 동시에 북부에는 새로운 자유주인 메인 주를 매사추세츠 주에서 분리해 가입시킴으로써 남북의 균형을 맞추었다. 그 뒤 주 편입에 대하여는 미주리 주 남쪽 경계 이북에는 노예주 신설을 인정하지 않기로 했다. 이것을 미주리 협정이라 한다.

그러나 멕시코 전쟁의 결과로 캘리포니아, 뉴멕시코가 새로 합중국 영토가 되자 이 지역에 노예제를 인정할지 여부가 문제였다. 1850년 남·북은 재차 다음과 같이 타협했다. ① 캘리포니아 주를 자유주로 한다. ② 워싱턴에서는 노예매매를 금지한다. ③ 새로운 영토에 대하여는 노예제도의 존폐를 결정하지 않고 준주准州로 한다.

그러나 이 타협은 1854년 캔자스네브래스카법이 제정되면서 사실상 파기되었다. 미주리 협정에 의하면 자유주가 되어야 할 캔자스 주가 주민 의사에 따라 결정하기로 했기 때문이다.

노예 반대론자들이 공화당을 조직해 남부에 대항하자 링컨도 가입했다. 링컨의 입장은 기존의 노예주에는 간섭하지 않으나 준주에 대한 더 이상의 노예제 확대는 반대한다는 것이었다.

남부에서 주는 국가보다 먼저 이루어졌고 연방헌법은 주와 주 사이의 계약에 불과하므로 어떤 주든지 불만이 있으면 합중국에서 탈퇴할 수 있다고 주장했다. 그러나 북부의 공화당은 연방헌법은 인민 상호 간의 계약이므로 주가 탈퇴한다는 것은 위법이라는 해석을 내렸다. 남북전쟁은 이러한 의미에서 근원적으로는 서로 헌법상의 해석을 달리함으로써 비롯된 싸움이었다.

링컨과 남북전쟁

1860년 미국은 영토가 넓어지고 인구도 늘어 주가 33개, 인구 약 3100만 명이 되었다. 그 무렵 각 주정부는 자유롭게 소신대로 행동했다. 이것이 지역감정과 충성심을 유발해 지역 간 불화와 적대감정을 일으켜 남북전쟁의 한 원인이 되었다.

캘리포니아에서 금광이 발견된 것을 계기로 서부 개척이 급진전된 것도 남북전쟁 발발의 한 원인이었다. 서부를 둘러싼 북부와 남부의 다툼이 심했다. 서부가 노예제도 존속 여부의 캐스팅보트 역할을 했기 때문이다.

또한 남북전쟁은 중상주의와 중농주의의 갈등, 보호무역과 자유무역의 대립이었다. 상공업이 발전한 북부는 보호무역을 옹호한 반면, 면화 수출이 주력인 남부는 자유무역을 선호했다. 이러한 갈등과 대립이 남북전쟁으로 분출된 것이다.

노예제 금지를 옹호하는 공화당의 대통령 후보로 링컨이 선출되자, 취임 전에 사우스캐롤라이나 주가 '유니온Union(당시 미합중국의 명칭)'에서 탈퇴했다. 그 뒤 다른 주들도 가세해 이듬해 봄에는 연방을

탈퇴한 남부의 7개 주가 '남부연합'을 구성했다. 결국 1861년 4월 남부연합은 미합중국으로부터의 분리를 선언한 뒤 사우스캐롤라이나 찰스턴 항의 섬터 요새 포격으로 남북전쟁은 시작되었다.

그랜트 장군, 미연방을 분열 없이 하나로 뭉치게 하다

남북전쟁을 승리로 이끈 지휘관이 바로 그랜트 장군이다. 링컨 대통령은 꼬박 3년간 그랜트 장군을 지켜보았다. 그랜트는 웨스트포인트를 하위권으로 겨우 졸업하고 음주로 물의를 일으켜 불명예 제대한 실패한 군인이었다. 그런 그가 남북전쟁 발발 후 탁월한 지휘관으로서의 진면모를 보여줬다. 그랜트는 부하들을 사려 깊게 배려했고 그들의 경험과 기술에 자신의 명령을 조율한 사람이었다. 그랜트는 평소 전장에서 당번병도, 야영 막사도, 담요도 없이 병사들과 함께 땅바닥에서 잠을 자곤 했다. 오직 칫솔 하나만 들고 다녔다.

1862년 그가 이끄는 북군이 헨리 요새와 도넬슨 요새를 잇달아 함락하고 1만 2000명을 포로로 잡는 대승을 거두자 그랜트는 국가적 영웅으로 부상했다. 이듬해 그랜트가 빅스버그와 채터누가 전투에서 대승을 거둔 뒤 링컨은 그의 진가를 제대로 알게 됐다. 링컨은 1864년 3월 10일 그랜트를 북군 총사령관으로 임명

❖ 그랜트 장군

해 남북전쟁의 운명을 그에게 맡겼다. 그때까지
유일하게 조지 워싱턴 초대 대통령에게만 주어
졌던 중장 계급을 그랜트에게 수여했다. 그의
활약으로 마침내 북군이 최종 승리하였다. 그
대통령에 그 장군이었다.

∴ 리 장군

　남북전쟁 말기에 리 장군의 기진맥진한 남
군은 버지니아에서 그랜트 장군의 압도적인 북
군에 포위당했다. 부관 알렉산더 장군이 숲으
로 달아나 게릴라전을 펼 것을 제안했다. 리 장
군은 고개를 저었다. "이제 남부동맹이 실패했다는 사실을 인정해야
하오. 병사들은 하루빨리 고향으로 돌아가 농사를 짓고 전쟁 피해
를 복구해야 합니다." 리 장군은 항복했다. 탁월한 리더십으로 전투
에서 대적할 사람이 없던 그였지만 승리보다 중요한 게 평화와 국민
통합이었다. 5년여에 걸친 이 전쟁은 그랜트 장군과 리 장군의 협상
으로 막을 내리게 되었다. 리 장군은 마지막 협상장에 가면서 그랜트
장군이 자신을 총살시킬 수도 있다고 생각했다. 남군 총사령관으로
떳떳한 최후를 맞이하기 위해 리 장군은 최고의 군복을 갖춰 입었다.

　그러나 그랜트 장군이 내건 협상 조건은 관대했다. 남군들은 모두
그냥 고향으로 돌아가라는
것이었다. 전쟁포로 이야기
는 입에 올리지도 않고 굶
주린 남군 패잔병에게 2만
5000명분의 식량까지 제
공해주었다. 이에 감격한 것

은 리 장군만이 아니었다. 5년이 넘는 내전으로 적개심에 불타던 남부 전체에서 북군에 대한 원한이 스러졌다. 그랜트 장군의 위대한 관용정신 덕분에 남북전쟁의 상처가 빨리 아물 수 있었다.

그랜트 장군은 남북전쟁에서 승리했을 뿐 아니라 미연방을 하나로 뭉치게 했다. 그 덕에 미국은 그 뒤 통일국가로서 노예해방과 민주화·근대화 작업을 통해 오늘의 강대국으로 비약할 수 있었다. 1866년 미국 역사상 최초로 대장 계급을 단 그랜트는 1868년 당시로선 최연소인 46세의 나이로 미국 18대 대통령에 당선되어 8년 동안 미국의 재건을 이끌었다.

한 가지 재미있는 사실은 리 장군과 그랜트가 멕시코 전투에서 장군과 부하 장교로 함께 참전했었다는 사실이다. 이후 리 장군이 군에서 출세가도를 달렸던 반면, 그랜트는 실패한 군인이었다. 그랜트는 육사 졸업 성적이 좋지 않아서 당시 선망의 대상이었던 기병장교로서 좋은 보직을 받지 못하고 변방인 서부 요새에 배치되었다. 인디언 몰이나 하는 보직으로 군에서는 아무런 희망이 없다고 생각해 전역한 예비역 육군 대위 그랜트는, 농사나 사업에 손을 댔지만 모두 실패했다. 그랜트는 영락없이 실패한 인생이었다. 그러던 차에 남북전쟁이 일어났다. 링컨 대통령으로부터 파병 요청을 받은 일리노이 주지사는 그 지역에서 유일하게 육군사관학교를 나온 그랜트에게 지휘권을 맡겼다.

그랜트와 대조적으로 군에서 승승장구하던 리 장군은 남북 전쟁 초기에 링컨 대통령으로부터 북군 총사령관직을 제의받았다. 하지만 사랑하는 고향 버지니아를 택해 남군 총사령관이 된다. 남부가 패배하리란 것을 누구보다 더 잘 알고 있었고, 연방군에 남아서 승리의 영광을 누릴 수도 있었지만 그는 고향 사람들의 고통에 기꺼이 함께하겠다고 결심한 것이다. 전쟁이 끝난 뒤 그는 "모든 것을 다시 선택하라고 해도, 나는 똑같은 선택을 했을 것이다"라고 대답했다고 한다.

협상장에서 두 사람이 만났을 때 그랜트 장군은 리 장군을 알아본 반면, 리 장군은 자신보다 열여섯 살 어린 그랜트 장군을 기억하지 못했다. 그랜트 장군은 리 장군에게 멕시코 전투에 대해 묻는다. "멕시코 전투에서 제가 장군님을 모셨는데 기억나십니까?" "기억나지 않습니다." 그랜트 장군과 리 장군은 멕시코 전투에 대해 서로의 기억을 더듬으며 대화를 이어갔다. 대화를 하는 동안 리 장군의 마음은 치유가 되고 있었다. 항복을 하러 오면서 단단히 마음의 준비를 했던 그의 마음이 눈 녹듯 풀어지고 있었다. 패자가 승자에게 무릎을 꿇는 자리가 아니라, 사실은 '서로 같은 편'임을 확인하는 만남이 된 것이다. 그랜트 장군이 멕시코 전투를 대화의 주제로 삼은 것은 리 장군에 대한 최대한의 예우이며, 남북 갈등을 치유하고자 하는 진심의 표현이었다.

이렇게 서로 총부리를 겨눈 적장이었던 이들의 연대감은 협상장에서 새롭게 피어났다. 그랜트 장군의 너그러운 처사가 남북전쟁 이후의 갈등 치유에 큰 도움이 됐음은 다음의 일화에서도 확인할 수 있다.

남북전쟁이 끝난 지 10여 일 지났을 때, 링컨 대통령이 암살당하자 남부 지역은 부글부글 끓어올랐다. 남군의 패배를 아직 인정하지 못하고 있던 남부 지역에서는 '다시 전쟁을 해야 한다'는 과격한 주장이 힘을 얻고 있었다. 소규모 게릴라전도 일어나고 있었다.

이때 리 장군은 '다시 남군을 이끌어달라'는 요청을 받았으나 거절했다. 그리고 언론과의 인터뷰에서 "남군은 무기를 내려놓고 이길 수 없는 게릴라전을 중단하라"고 호소했다. 리 장군이 그랜트 장군으로부터 씻을 수 없는 수모를 당했더라면, 그의 반응은 달랐을지도 모른다. 리 장군은 전쟁이 끝난 뒤 고향으로 돌아가 평생 남부를 떠나지 않았는데, 딱 한 번 수도인 워싱턴을 찾았다. 바로 그랜트 대통령의 취임을 축하하기 위해서였다.

미국의 산업혁명

규격화와 표준화가 이룬 자동화

규격화와 표준화는 세계 역사를 크게 바꾸어놓을 만큼 위력적이었다. 진시황이 중국을 최초로 통일할 수 있었던 힘도 바로 이 규격화와 표준화였다. 미국을 세계 최대 공업생산국으로 만든 힘도 규격화와 표준화였다.

미국 산업의 성과가 처음 세계에 알려진 계기는 1851년 대영박람회였다. 미국은 운송 비용과 전시비용 때문에 처음에는 참가를 주저했으나, 출품된 여러 기계류와 콜트 연발권총 같은 기계류는 세계적인 주목을 받았다. 유럽인들

❉ 1851년 런던 하이드파크 수정궁에서 열린 대영박람회

이 놀란 미국 기계류의 중요한 점은 '자동화'였다. 이는 제품의 규격화와 부품의 표준화가 이미 도입되었음을 뜻했다.

사무엘 콜트는 1831년 연발권총 리볼버 생산공장을 건설하여 최초로 5000정을 생산했다. 이후 공장에 전문공구와 기계를 공정별로 재설계하여 본격적인 일관 생산체계를 확립했다. 이렇게 하여 부품 호환식으로 일괄 생산된 각종 무기가 대영박람회에 전시되었다.

이후 20세기 초 헨리 포드는 기계를 자동 이송라인으로 재조직하여 공장 자동화를 완벽하게 구현했다. 여기서 현대 산업사회의 주역인 포디즘Fordism을 탄생시킨다. 유대인을 지독히 혐오했던 헨리 포드는 후에 반유대 운동의 선구자가 된다.

미국 산업혁명의 자금줄, 로스차일드

미국이 산업혁명 초기 진입에 수월하게 성공했던 큰 원인 중의 하나가 유럽 자본 덕분이었다. 당시 유럽 자본을 주도했던 게 로스차일드 가문이다. 1815년 나폴레옹 전쟁이 끝났을 때 영국 네이선 로스차일드는 런던 금융계의 절대 강자로 등장했다. 금이 세계 화폐 역사에 등장한 것은 1816년 로스차일드의 영란은행이 금본위제를 채택하면서부터이다. 그 뒤 세계 통화의 가치, 곧 금값은 로스차일드가 정했다.

이때부터 로스차일드 가문은 국제 금융계를 좌지우지하였다. 금융은 근대 세계를 탄생시킨 결정적 요인 가운데 하나이다. 그 글로벌 시스템이 태동한 시기가 1815~1830년 사이의 15년이었다. 로스차일드 가문이 이를 주도했다. 당시 미국 국공채는 물론 중앙은행 주식의 많은 양을 그들이 샀다.

미국, 영국과 동시에 철도가 개통되다

미국은 강력한 보호주의 정책으로 북부를 중심으로 공업이 발전했다. 공업화는 북부와 남부의 경제적 격차를 가져오고 급속한 도시화를 불러왔다. 북부의 자본가들은 연방정부가 연방은행을 운영하여 투자를 지원해줄 것과 도로, 운하, 철도 등을 부설해주기를 원했다.

영국과 미국에서 거의 동시에 철도와 증기기관차가 운행되었다. 뉴저지에 사는 존 스티븐슨은 1825년 자신의 집에 시험용 궤도를 놓고 기관차를 운행했다. 공교롭게도 영국의 철도 개척자 조지 스티븐슨과 이름이 비슷했다. 이들의 아들들 역시 부친 가업을 이어 철도 확장에 큰 기여를 했다. 둘 다 로버트 스티븐슨으로 이름마저 같다.

세계 최초의 철도인 영국의 스톡턴-달링턴 철도(1825)는 1830년 리버풀-맨체스터 노선의 등장으로 본격적인 철도의 시대를 열었다. 한편 미국도 1827년 볼티모어앤오하이오 사를 설립해 1830년부터 이 구간 운행을 시작했다. 영국과 미국에서 철도가 거의 동시에 개통된 것이다.

미국, 대립 속 발전

그러나 이는 남부와 서부에서 거센 반발을 가져왔다. 자신들이 낸 세금으로 북부 자본가들을 지원해준다고 보았기 때문이다. 도망한 노예들을 포함한 남부의 인력이 북부의 도시로 유출되는 상황도 불만이었다. 1816년 매디슨 행정부 시절에 만든 관세법 역시 혐오의 대상이었다. 외국 공산품에 대해 자국 공산품을 보호하는 성격 때문에 남부와 서부에서는 질 낮은 북부 공산품을 싫어도 구입해야 했기 때문이다. 그리하여 연방은행이나 교통망 설치, 관세 문제 등은 연방의회나 주의회에서 항상 논란거리가 되고, 선거의 핵심 쟁점이 되었다.

그러나 모두가 동의하는 국가정책이 하나 있었다. 바로 '서부 개척'이었다. 독립전쟁 이후 서쪽으로 확장을 거듭해온 미국에 광활한 서부는 자본가에게나, 농장 경영자에게나, 광산 업자에게나 기회의 땅이었다. 미국 정치가치고 서부에 땅 투기를 하지 않는 사람이 없다시피 했다. 그래서 그 땅에서 스페인 세력과 인디언을 몰아내는 일이야말로 시대적 과업으로 여겨졌다. 그런 영웅 중 한 사람이 앤드류 잭슨이었다.

또한 초기 미국은 재산에 따라 참정권을 제한했다. 이는 1432년 영국의 헨리 4세가 정한 '40실링 이상의 재산을 가진 자에게만 투표권 부여'라는 참정권 제도를 바탕으로 하는 것이었다. 잭슨은 재산과 상관없이 모든 백인 남성들에게 투표권을 부여해야 한다고 주장했다. 그리하여 1828년의 대통령 선거부터 투표권이 크게 확대되었다. 물론 이 시기에도 여성과 유색인종은 참정권에서 제외되었지만 그래도 이를 최초의 보통선거라 부른다. 이런 선거를 통해 잭슨은 당선되었다.

베세머 제강법의 출현으로 덕 본 미국

세계 기술사에서 큰 획을 그은 기술의 하나가 바로 '베세머Bessemer 제강법'이다. 앤드루 카네기가 철강왕으로 등극할 수 있었던 것도 바로 이 기술 덕분이었다.

1855년 신형 대포를 개발하던 영국의 헨리 베세머는 대형 포탄 발사에 견딜 만한 포신용 강철을 만들던 중 새로운 강철 제련법을 알아냈다. 용해된 선철에 공기를 불어넣어 불순물을 제거해 강철을 만드는 방법이었다. 이는 현대 제강법의 기초가 되는 큰 발견으로 세계의 산업 역사를 새로 쓰게 만들었다.

베세머 제강법은 국가 경쟁력도 갈랐다. 베세머의 조국인 영국에서는 기존 업자들의 견제로 설비 교체가 제대로 이뤄지지 않았다. 반면 오히려 산업화 후발주자였던 미국과 독일은 재빨리 신기술을 받아들여 제조업 중심 국가로 떠올랐다. 이는 미국을 세계 최대 공업국으로 우뚝 세운 일등공신이었다. 자본주의의 상징인 맨해튼의 마천루 역시 베세머 제

∴ 피츠버그역 광장 분수의 베세머 전로

강법의 산물이다.

쇳물(선철)을 주철로 만들고 다시 연철로 녹인 후 탄소를 섞어 며칠 동안 가열해야 소량 얻을 수 있었던 강철이 대량으로 쏟아져 나왔다. 선철에서 바로 강철을 뽑아내 가격도 이전과는 비교할 수 없을 만큼 싸졌다. 코크스로 가열되던 시간이 1/6로 줄어들어 톤당 50~60파운드에 판매되었던 강철이 톤당 7파운드에 생산되었다. 새로운 제강법의 발명으로 유럽의 연간 강철 생산량은 25만 톤에서 1000만 톤으로 급증했다. 1만 톤에 불과했던 미국의 생산량은 700만 톤을 넘어섰다.

미국 산업혁명, 철강과 철도 중심으로 일어나다

그 뒤 미국 산업혁명은 철강과 철도산업을 중심으로 전개되었다. 유럽보다 몇십 년 늦기는 했지만 풍부한 자원과 노동력, 그리고 기술혁명 덕분에 미국의 산업혁명은 보다 규모가 크고 사회 전반에 끼친 영향 또한 지대했다.

가장 중요한 것은 값싼 노동력 유입이었다. 제조업의 흐름은 인건비가 싼 나라로 흐르게 되어 있다. 19세기 초만 해도 미국의 공업 기반은 보잘것없었는데 가장 큰 이유는 노동력 부족 때문이었다. 그런데 1830년을 전후해 흉년에 허덕이던 아일랜드 사람들이 일 년에 수십만 명씩 신대륙으로 건너왔다. 대부분 북부 공장지대로 몰려들어 일자리를 구했다. 공장주들은 이들을 이용해 임금을 낮추고 근로시간을 늘려 상품을 싼값에 대량으로 생산했다.

운송수단의 발전도 중요한 요인이었다. 1807년 풀턴이 증기선을 만들어 내면서 남부 농산물과 북부 공산품을 싼값에 대량으로 수송했다. 허드슨 강과 포토맥 강, 그리고 오대호에는 곳곳에 대
규모 운하가 건설되었다. 1825년에 완성된 500km가 넘는 초대형 이리 운하Erie Canal는 오대호에서 뉴욕까지 물품 운송비용을 1/10로 떨어뜨렸다. 그 결과 운하 주위에는 대규모 공장들이 들어서고 버팔로, 시라큐스, 로체스터 등의 도시들이 생겨나 크게 번성했다.

특히 베세머 제강법의 보급으로 인한 강철의 대량생산은 세상을 바꿨다. 우선 철도산업이 활성화되어 운하를 제치고 주된 운송수단으로 자리 잡았다. 선박과 무기의 발달 속도도 빨라졌다. 그리고 고층건물이 선보였다. 큰 강이나 계곡도 철제 교량으로 넘는 시대가 열렸다. 한마디로 산업혁명을 통해 미국은 농업국가에서 공업국가로 비약했다. 그런데 이 모든 것들은 자본시장이 발달하여 자금조달이 용이했기 때문에 가능했다.

당시 미국은 동부의 공업을 바탕으로 상업이 발전하였다. 특히 철강, 화학 등 분야에서 새로운 기술과 혁신이 이루어져 산업이 크게 발전하자 뉴욕과 필라델피아를 중심으로 상업과 무역업, 그리고 금융업이 발달했다. 그 중심에 유대인이 있었다. 남북전쟁 때까지 뉴욕에는 4만 명의 유대인 사회가 형성되었고, 필라델피아 또한 이에 버금가는 크기였다. 당시 뉴욕과 필라델피아는 금융 중심지를 차지하기 위해 치열하게 경쟁하고 있었다.

대륙횡단철도 노선에 대한 제안들

1849년의 캘리포니아 골드러시는 서부 개척 시대를 여는 계기가 되어 미국 경제사에 많은 영향을 미쳤다. 뒤이은 태평양 연안으로의 대량 이주는 북아메리카 대륙을 가로지르는 더 빠른 교통수단을 필요로 했다. 미시시피 강과 태평양 사이의 광대한 지역은 지나가는 데 몇 달이 걸리는 황무지였다. 이 육로 여정은 너무나 험난해서 많은 사람이 배를 타고 남미의 남단을 돌아 여행하는 길을 택했다. 육로에 비해 거의 8배나 되는 먼 거리였다. 당시 유일한 대안은 철도였고 전쟁이 격화일로에 있던 1862년 링컨 대통령은 역사적인 대륙횡단철도 건설사업에 서명했다. 본격적 공사는 전쟁이 끝난 1865년에 시작되었다.

철도 건설은 1830년대부터 시작은 되었으나 실제 남북전쟁 이전에는 자본조달 문제로 진척이 더뎠다. 연방의회는 철도 건설을 촉진하기 위해 1850~1860년대에 유니온 퍼시픽, 센트럴 퍼시픽, 노던 퍼시픽 같은 철도회사에 뉴잉글랜드 지방과 뉴욕 주, 펜실베이니아 주를 합친 만큼인 1억 5800만 에어커의 땅을 넘겨주었다. 남북전쟁 기간 중인 1862년에는 홈스테드법, 곧 자영농지법이 서부에 도입되어 5년간 서부 개척에 종사했던 사람에게 약 20만 평의 토지를 무상으로 주기로 함으로써 서부 개척을 촉진시켰다.

당시 대륙횡단철도 노선에 대한 많은 제안이 있었다. 시카고에서 퍼겟 사운드로 가는 노선이 고려되었고, 오마하에서 샌 프란시스코로 직접 평원을 가로지르는 중부노선도 제안되었다. 남부 파벌

들은 다른 노선보다 온화한 날씨를 들어 텍사스, 애리조나, 뉴멕시코를 통과하는 남부노선을 주장했다. 이렇듯 대륙횡단철도 노선을 둘러싸고 중부노선과 남부노선 사이에 의견이 팽팽히 대립했다.

포니 익스프레스, 중부노선의 타당성을 입증하다

중부노선을 지지하는 자본가들이 노선의 타당성을 증명하기 위해 일을 꾸몄다. '사람 구함: 깡마르고 죽음의 위험도 불사할 만큼 강인한 18세 이하의 승마 도사. 고아 우대.' 1860년 봄 미국 신문에 실린 살벌한 구인광고에 소년들이 밀려들었다. 이유는 돈이었다. 12시간 노동으로 잘해야 1달러를 받던 시절에 주급 25달러가 걸렸다.

소년 기수들을 고용한 회사는 포니 익스프레스Pony Express 사였다. 미국 동부와 서부를 오가는 특급우편물 운송망을 구축하겠다는 명분 아래 북부와 중부의 자본가들이 공동출자한 회사다. 명분 뒤에는 철도유치 경쟁이 숨어 있었다. 곧 건설될 대륙횡단철도가 겨울철

폭설을 피하려면 남부를 통과해야 한다는 주장에 맞서 중부노선의 타당성을 입증하기 위한 방편으로 내세운 게 포니 익스프레스다.

포니 익스프레스는 분명한 성과를 거두었다. 1860년 4월 3일에 미주리를 출발한 우편물이 3200km 떨어진 캘리포니아에 도달하기까지 소요시간은 열흘 남짓으로, 남부 통과 역마차보다 보름이나 빨랐다. 링컨 대통령의 취임 연설문을 전할 때는 7일 17시간이라는 기록을 세웠다. 소년 기수들이 20km 간격으로 설치된 역마다 말을 갈아타고 밤낮없이 달린 결과다. 이로써 중부노선으로 결정되었다.[*]

그 뒤 우편마차는 동서 개발에 중요한 연결수단이 되었다. 우편마차의 이동로와 안전성 확보를 위해 연방정부가 인디언과 협상을 하여 우편마차는 약탈하지 않는다는 합의를 했다. 인디언은 우편마차와 일반마차를 구분하기 어렵기 때문에 우편마차는 붉은색을 칠해 식별할 수 있도록 했다. 이후 우체통이 붉은색이 되었다.

수많은 희생 위에 건설된 대륙횡단철도

남북전쟁 중인 1862년 7월 1일, 에이브러햄 링컨 대통령은 대륙횡단철도 건설을 위한 '태평양 철도부설령Pacific Railroad Act'에 서명했다. 그 직후 미국 정부는 새로운 철도 건설을 위한 돈과 땅을 확보해 대륙횡단철도를 건설했다. 이때 두 회사가 철도 건설을 맡았다. 서쪽에서는 새크라멘토를 출발지로 한 센트럴 퍼시픽 회사가, 동쪽에서는

---

[*] 권홍우 지음, 《99%의 롤 모델: 오늘의 부족한 1%를 채우는 역사》, 인물과사상사, 2010

오마하 지역에서부터 유니언 퍼시픽 회사가 철도 건설을 맡는다.

미국 산업화 시대의 본격적인 시작은 서부 개척과 철도 건설로부터 시작되었다. 철도의 원활한 운영을 위해 표준화 작업도 전개되었다. 미국은 궤간 규격을 4피트 8.5인치로 통일하고, 전국을 4개 구역으로 나누어 표준 시각을 정했다. 이런 점에 비추어 19세기는 철도의 시대라 할 수 있다.

전쟁이 끝난 뒤 1865년부터 다시 철도 건설이 본격적으로 재개되었다. 그러나 서부에서 출발한 센트럴 퍼시픽 회사는 얼마 가지 않아 철도 건설에 치명적인 상황에 빠진다. 회사가 일하기 위해서는 5000명의 값싼 노동자가 필요했으나, 당시 센트럴 퍼시픽 회사는 600명의 노동자밖에 확보하지 못했다. 엎친 데 덮친 격으로 철도 건설을 50마일 정도 시작하고 나서 닥친 것은 로키 산맥을 뚫는 일이었다. 누군가가 노동자 비용이 적게 드는 중국인 노동자를 고용하면 철도 건설 일을 완수해낼 것이라고 제안했다. 이후 중국인들이 고용되었다. 처음에는 허드렛일만 하던 수준에서 마지막에는 높은 기술력과 위험 부담이 요구되는 일을 맡아 처리하는 철도 건설의 주역이 되었다.

하지만 인디언의 땅을 철도공사용으로 무상 몰수하면서 인디언과 미국 정부의 폭력 충돌이 일어났다. 또한 대륙을 하나로 잇기 위한 건설사업에 수만 명의 이주노동자들이 동원되었다. 서부

✿ 대륙횡단철도 건설에 고용된 중국 노동자들

∴ 1869년 5월 10일 서부와 동부에서 시작된 센트럴 퍼시픽 철도와 유니언 퍼시픽 철도가 만나면서 미국 대륙횡단철도가 완성되었다.

지역에는 일거리를 찾아 미국을 찾은 1만여 명의 중국인들이, 동부 지역에는 이민 후발주자로 들어온 3000여 명의 아일랜드 출신 노동자들이 가혹한 노동조건 속에서 일했다. 두 공사장 모두 흑인 노예 폐지 방침에 따라 흑인들은 고용하지 않았다.

다이너마이트가 발명되기 전이라 니트로글리세린 등을 이용해 폭파작업을 하다 보니 인명 피해가 심했다. 게다가 산사태, 눈사태 등 재해로 많은 사람이 희생되었다. 이 과정에서 남북전쟁에서 희생된 전사자 수와 맞먹는 수의 노동자들이 사막과 얼음산에서 죽었다. 특히 중국과 인도 노동자들의 희생이 컸다.

마침내 1869년 5월 10일, 서부와 동부 양쪽에서 시작한 두 철로의 기관차들이 유타의 프로몬토리에서 만났다. 이렇게 대서양과 태평양을 잇는 첫 대륙횡단철도는 6년의 공사를 거쳐 1869년 완공되었다. 캘리포니아 주 세크라멘토에서 네브래스카 주 오마하를 잇는 길이 2826km의 철도다.

처음 대륙을 횡단한 열차는 장작을 지펴서 증기 터빈을 돌리는 방식으로 움직였다. 그런데 얼마 안 가 장작보다 화력이 좋은 석탄을 동력으로 사용하게 되었다. 철도의 발달은 사람과 물건의 이동을 쉽고 빠르게 해주어서 미국의 공업 발전을 앞당기는 커다란 계기가 되었다. 대륙횡단열차로 도시들이 생겨났다.

그 뒤 철도사업은 각종 부가가치를 낳는 고수익 사업으로 급신장했다. 대륙횡단철도는 미국 경제사에 큰 획을 그은 대역사였다. "미국은 철도의 아들이다"라고 부를 만큼 철도는 광활한 미국 대륙을 하나로 통합하고 황무지를 개척하여 오늘날 미국을 탄생시키는 모태가 되었다. 그간 대륙횡단을 위해서는 배로 남미 남단의 마젤란 해협을 돌아 머나먼 바닷길을 항해하거나, 마차로 몇 달씩 험난한 대륙을 횡단해야 했다. 이것이 며칠로 줄어든 것이다. 이는 철도가 곧 돈방석에 올라앉았음을 뜻했다.

사무엘 모스의 전신 발명, 커뮤니케이션 혁명을 일으키다

1840년대 초반 사무엘 모스가 미국 의회에서 어떻게 정보를 먼 곳으로 보낼 수 있는지 시연한 후 미국 전역은 흥분의 도가니로 빠져들었다. 투자자들은 너 나 할 것 없이 이 신기술에 투자하여 1849년까지 전신 선로는 공급 과잉이 되었다. 전신이 가능한 거리는 1846년 2000마일에서 1852년에는 2만 3000마일로 10배 이상 늘어났다.

당시 전신기는 과도한 경쟁과 기술적 미숙으로 인기가 떨어져 거품은 순식간에

∴ 1840년대의 모스 전신장비. 상대방이 보내는 신호를 받아서 발판에 감아둔 종이 띠 위에 부호로 옮겨 쓰는 기록기다.

꺼졌다. 그러나 전신 버블은 커뮤니케이션 혁명을 불러왔다. 저렴해진 전신기를 활용해 AP 통신사가 설립되었다. AP 통신은 1848년 뉴욕의 6개 신문사가 당시 상업신문 기자였던 데이비드 헤일의 제안에 따라 결성되었다. 전신은 또 웨스턴유니언을 송금사업에 이용해 수익을 올렸다. 이렇듯 전신은 통신사업을 가능하게 만들고 또 전신을 통해 돈을 송금할 수 있게 되어 오늘날 금융시장의 초석을 놓았다. 미국 전역이 정보를 공유했고 정보의 빠른 전달은 또 다른 혁신을 낳았다.

미국의 산업화에 중요한 자금줄, 유럽 자본

19세기 중반에 들어서며 미국의 산업은 크게 성장했다. 1840년 미국 제조업의 매출액은 4억 8000만 달러였지만 1860년에는 20억 달러로 급속히 늘어난다. 뉴잉글랜드와 대서양 연안 중부 지역에 전체 공장의 50%가 집중되었다. 미국은 농업과 공업이 동시에 산업화했으며, 이 과정이 영국과 달리 별도의 혁명적 단계 없이 진행되었다.

독립전쟁에서 남북전쟁으로 이어지는 미국의 격동기에 유럽의 자본은 미국의 산업화에 중요한 자금줄 역할을 했다. 그러한 유럽 은행 가운데서도 자금 지원을 주도한 것이 바로 로스차일드 가문이었다. 이런 의미에서 미국 개척사는 국제 은행가들과 독립을 추구하는 미국 행정부 사이의 줄다리기 과정이었다. 이후 독립 당시 인구가 300만도 되지 않았던 미국은 200년 만에 인구 2억의 대국으로 성장했다.

유대인들, 금광투자 선점으로 큰돈 벌다

1848년 1월 캘리포니아 세크라멘토 근처 강에서 한 노동자가 사금을 발견했다. 그 뉴스가 전해지자 미국 안에서는 물론 세계 각지로부터 일확천금을 노리는 사람들이 서부로 몰려들었다. 이재에 밝은 유대인들이 이런 기회를 놓칠 리 없었다. 남보다 먼저 서부로 말을 몰아 채광권을 선점하였다. 이때 약 1만 명의 유대인이 캘리포니아로 갔다. 이듬해에만 8만 명의 장정이 캘리포니아에 몰려들었다. 이와 함께 캘리포니아의 인구는 10만을 돌파했다. 십중팔구가 다 외지인이었다. 일개 촌에 불과하던 샌프란시스코도 일약 인구 2만의 도시가 되었다. 1852년에는 캘리포니아 인구가 25만 명으로 불어났다.

그 뒤 캘리포니아 금광 산업은 서부 개척의 상징이 되었고, 대륙철도사업을 일으킬 정도로 대호황을 맞았다. 당시 금광 근처에는 신선한 채소와 과일이 부족해 많은 사람이 괴혈병으로 사망했다. 이 때문에 괴혈병에 효과가 있다고 알려진 오렌지 재배가 성행하여 오늘날에도 캘리포니아에는 대규모 오렌지 농장이 많이 있다. 유대인들은 금광 근처 곳곳에 대지주로 자리 잡았다. 지금도 캘리포니아 일대의 토박이 지주나 엘리트 가문에는 유대인들이 많다. 더욱이 금광은 캘리포니아뿐 아니라 콜로라도, 아이다호, 몬타나, 사우스다코타 등 각지에서 잇달아 발견되어 1850년대는 골드러시로 들끓었다.

∴ 캘리포니아에서 금광을 발견한 광부

골드러시의 경제사적 평가

골드러시는 미국 사회를 부강하게 만드는 계기가 되었다. 이 기간 동안 미국은 미개척지인 서부 지역에 대한 개발과 영토 확장을 할 수 있었다. 그리고 인디언 보호구역 설정으로 인디언의 영향력 감소는 운송수단의 발달을 가져와 역마차 우편제도와 전보가 발전하였다. 그 뒤 중국인 노역자들을 중심으로 대륙횡단철도가 개설되어 중요한 경제발전의 토대를 이루었다. 특히 대륙의 동서 간 균형 발전과 태평양 진출을 위한 교두보인 하와이 섬을 영토로 확보하였다.

이 골드러시로 인해 캘리포니아는 20세기 중엽까지 가장 많은 인구가 유입되었고, 급기야 미국에서 가장 크고 가장 많은 인구를 보유한 주가 되었다. 그 뒤 미국은 유럽 지향의 국가에서 벗어나 아시아 지역에 관심을 갖는 외교정책도 수립하였다. 이것이 모두 골드러시의 영향이다.

유대계 자본이 미국의 산업화를 돕다

당시 대규모 철도사업 등의 산업자본은 대부분 유대계 자본이었다. 1820년대부터 1870년대까지는 독일에서 유대인들이 몰려왔다. 독일에서 1848년 일어난 3월 혁명의 패배로 탈출한 사람들이었다. 이들은 새로운 곳을 개척하기 시작했다. 대부분의 가난한 이민자들은 뉴욕의 봉제업에 종사했지만 일부 부유한 금융 자본가들은 면화, 금광, 철도, 토지 등에 투자했고 당시에는 마치 유곽처럼 취급받던 월스트리트에도 본격적으로 진출했다.

독일계 유대인은 모국 독일과 유럽 각지의 유대계 자본과의 연결고리, 즉 중개인으로 활약했다. 철도가 조달수단으로 부각되면서 독일계 유대인들의 위상은 비약적으로 높아졌다. 미국 내의 주요 기업들에 국제적인 자금을 조달하면서 독일계 유대인이 소유하거나 지배한 투자은행은 그 후 오랫동안 미국 내의 투자은행 업계를 양분하는 하나의 세력이 되었다. 독일계 금융 자본가들은 오자마자 유럽의 로스차일드계와 손잡고 거물 금융가 노릇을 한 사람들도 있지만 밑바닥에서 출발해 자수성가한 사람들도 많았다. 일례로 골드만삭스의 창시자인 독일계 유대인 마커스 골드만은 이 시기의 대표적인 성공 표본이었다.

그는 1848년 필라델피아에 도착해 2년간 행상을 한 뒤 의복점을 열어 돈을 모았다. 이후 기업채권 장사를 기반으로 1869년에 만든 골드만삭스는 현재 세계 최대의 자산운용사로 성장했다. 독일계 유대인은 백화점에도 진출했다. 현재 미국의 유명 백화점인 브루밍데일, 니만마커스, 파이런즈 등은 독일계 유대인이 설립한 과거 소매상점에 기원을 두고 있다. 스페인계 유대인 사회에 독일계 유대인이 합류한 결과, 유대인계 인구는 눈에 띄게 증가했다. 유대인의 수는 1848년에는 5만 명이었지만 1860년대 중반에는 20만 명 가까이로 급증했다. 하지만 여전히 미국 인구의 0.5%에 불과한 소수 인종이었다.

⚬ 마커스 골드만(오른쪽)과 사위 새뮤얼 삭스(왼쪽)

청바지로 돈 번 유대인, 리바이

골드러시 덕분에 돈 번 유대인이 또 있다. 1850년의 미국 서부는 골드러시로 법석이었다. 독일계 유대인 청년 리바이 스트라우스도 그들 옆에서 천막 장사를 하고 있었다. 그는 천막을 대량 주문한 사람이 부도가 나 천막을 인수할 수 없게 되자 그 천으로 광산에서 일할 때 입는 바지를 만들었다. 천막 천은 질기고 단단해서 돌에 긁혀도 잘 찢어지지 않아 탄부의 옷으로 적합했다. 그래서 처음 청바지는 천막 색깔인 갈색이었다. 그 뒤 이 튼튼한 바지에 독사들이 싫어하는 인디고라는 청색 자연염료를 사용하여 푸른 물을 들였다. 그것은 광부들이 사막을 다닐 때 독사의 위험이 많았기 때문이다. 이로써 리바이스 청바지가 탄생했다.

그리고 '진'이라는 이름은 청바지 천이 이탈리아 제노바에서 많이 수입되었는데, '제노Genes'의 영어 발음에서 진Jeans이 나왔다. 당시 유럽에서는 여자들이 바지를 입으면 벌금형을 받는데, 청바지를 입은 미국 여성들의 유럽 여행이 많아지면서 자연히 폐지되었다. 1960~1970년대 청바지는 전 세계 젊은이들 사이에서 폭발적인 인기를 끈다. 이때부터 청바지는 옷이기 이전에 하나의 사상이요 주의主義를 대표하게 되었다. 청바지는 5개의 없음(No)을 표현한다. 곧 노 클래스(계급 초월), 노 에이지(연령 초월), 노 시즌(계절 초월), 노 섹스(성별 초월), 그리고 노 보더(국경 초월).

미국 최초의 의류 브랜드인 '리바이스'를 만든 후 결혼도 하지 않고 독신으로 여생을 마친 리바이는 샌프란시스코 유대인 사회의 대부였다. 그는 살아서 자선활동을 많이 펼쳤기에 1902년 그가 죽자 시 정부는 장례식이 열리는 날을 공휴일로 선포해 많은 사람이 그의 마지막 모습을 볼 수 있도록 배려했다. 오늘날에도 가장 많이 팔리는 옷이 청바지다. 대략 연간 세계 의류 판매액 4000억 달러 가운데 550억 달러가 청바지다.

2차 산업혁명, 철강산업을 중심으로 일어나다

2차 산업혁명은 철강산업을 중심으로 전개되었다. 특히 1855년 베세머 제강법의 보급이 기폭제였다. 선철로부터 강철을 생산하는 일관 연속작업 공정이 이루어져 급속한 산업구조의 변화가 있었다. 앞서 언급한 영국인 베세머는 대형 포탄 발사에 견딜 만한 포신 제조용 강철의 필요성으로 실험을 계속하던 중 중요한 사실을 발견하였다. 용해된 선철에 공기를 불어넣어 줌으로써 불순물을 제거하여 더 정제된 강철을 제조할 수 있다는 사실을 알아냈다. 이로써 외부 가열 없이도 주괴, 곧 잉곳ingot을 얻을 수 있었다. 이는 현대 제강법의 기초가 되는 큰 발견이었다. 베세머는 기업화에도 크게 성공하였다.

1860년대 이래 영국과 독일 등지에서 자본투자가 급증하였다. 1866년 선철 생산은 890만 톤에서 1872년 1440만 톤으로 증가하였으며, 증가분의 5분의 2는 영국이 차지하였다. 특히 철도 붐이 일면서 1870년까지 세계 철도 총연장 길이는 6만 2000마일이었으나 그 뒤 급속히 증가하여 1900년에는 26만 2000마일로 4배 이상 급증하였다. 이 가운데 영국이 1/3 이상을 차지하였다.

당시 미국도 동부를 중심으로 공업과 상업이 발전하였다. 특히 철강 화학 등 분야에서 새로운 기술과 혁신이 이루어져 산업이 크게 발전했다. 또 뉴욕과 필라델피아를 중심으로 상업과 무역업 그리고 금융업이 발달했다. 그 중심에 유대인이 있었다. 남북전쟁 때까지 뉴욕에는 4만 명의 유대인 사회가 형성되었고, 필라델피아 또한 이에 버금가는 크기였다.

1861년 링컨이 미국 대통령에 당선되자 남부 7개 주가 미합중국 탈퇴를 선언하고 남부연합국을 설립하였다. 이들은 스스로 헌법을 만들고 토마스 제퍼슨을 대통령으로 내세웠다. 그러자 링컨은 취임식에서 "나는 노예제를 방해할 생각은 없다. 다만 이 문제로 국가 조직이 붕괴하고 조국의 이익과 역사적 사명, 희망이 사라지는 것이 문제다. 나는 미합중국을 보호하고 수호하고 보존할 것이다"라고 선포했다. 이로써 미국은 남북전쟁으로 치달았다. 링컨은 남부 노예주들과 여러 해 동안 걸친 전쟁 끝에 결국 승리했다.

남북전쟁은 미국 경제를 크게 발전시켰다. 새로운 발명과 기술혁신이 이어지면서 대대적인 변화가 일어났다. 이와 함께 영국에서 시작된 산업혁명의 물결이 미국으로 밀려오기 시작했다. 수천 마일의 철도가 군대 수송과 보급을 위해 건설되었다. 군대의 교신을 위해 수천 마일의 전신이 가설되었다. 새로 건설된 큰 공장들은 신기술을 활용해 밤낮을 가리지 않고 대량생산을 계속하고 있었다. 특히 군복, 군화, 통조림, 농기구 등이 그러했다.

남북전쟁이 끝나자 미국은 비로소 한 덩어리가 되어 산업진흥에 매진했다. 기술적으로 산업화의 단초는 전쟁으로 마련되었으나 그동안 지역대결 때문에 지지부진한 일면도 있었다. 그러나 일단 남부가 의회에서 탈퇴하자 공화당만 남은 의회는 친기업적 법을 우후죽순처럼 만들어 경제발전이 눈부시게 일어났다. 예컨대 대륙횡단철도 수립을 위해 철로를 1마일 놓은 회사에 사방 1마일의 땅을 주어 건설 재원으로 쓰도록 한 '철도법', 국유지를 주에 불하해서 주립대학을 세울 재원을 마련한 '모린법', 텅텅 빈 서부 지역에 주민유치를 위해 개척자에게 거의 무상으로 160에이커(약 20만 평)의 땅을 부여한 '홈스테이드법', 노예를 해방한 '수정헌법 13조' 등이다.

미국은 남북전쟁으로 철도와 철강 등 기간산업이 급속도로 발전하였으며, 국민국가의 틀도 급속히 갖추었다. 대통령이 수장이 되어 전쟁을 지휘하는 동안 입법부는 부지런히 국가 건설을 위해 법적 근거를 마련했다. 2차 산업혁명 이후 미국과 독일의 공업생산 증가율이 영국보다 높았다. 미국은 1880년대 들어 최신 설비와 자동화의 힘으로 공업생산량이 영국을 앞서기 시작했다. 세계 최대의 공업국이 된 것이다.

1890년대 들어서는 철강생산량마저 영국을 추월하였다. 독일도 1890년대 후반부터 영국을 추월하였다. 이로써 2차 산업혁명의 진행과 더불어 유일 공업국으로서의 영국의 지위는 사실상 사라졌다. 그 대신 미국과 독일의 공업력이 영국을 능가하는 이른바 경제적 다극 구조가 전개되었다. 이렇게 전쟁이 끝나고 본격적인 산업화와 서부 개척이 진행되면서 미국의 경제규모는 대영제국을 추월하여 세계 경제의 중심축이 대서양을 건넜다. 영국의 역사학자 아놀드 토인비가 이야기한 '문명 서진설'이 본격적으로 시작된 것이다.

1873년 세계 공황: 밀값 폭락으로 유럽 경제 붕괴

19세기 중엽 세계는 철도산업과 철강산업의 과도한 경쟁적 투자로 경기는 과열로 치닫는다. 경기 과열의 종착역은 공황이었다.

1873년 공황의 내용을 살펴보자. 19세기 중후반의 세계 경제는 일명 '팍스 브리타니카' 체제로 불린다. 이는 1830년부터 1870년까지 40년 동안 유일한 공업국인 영국을 중심으로 하는 국제경제체제를 말한다. 영국의 산업혁명과 더불어 세계 공업시장과 원료시장이 급속히 확대되었다.

문제는 1870년 즈음해서 나타났다. 파리, 비엔나, 베를린 등 각국 수도와 큰 도시들에서 황제들은 경쟁적으로 대형 건축물과 주택 건설을 위한 모기지를 발행하는 대출기관들을 지원했다. 모기지가 전보다 더 얻기 쉬워지자 건설 붐이 일어났다. 당연히 땅값이 치솟기 시작했다. 건설업자들은 건설 예정지인 땅이나 건설 중인 집을 담보로 더 많은 돈을 은행에서 빌렸다.

그러나 경제 여건은 그다지 좋지 않았다. 특히 유럽과 러시아의 밀 수출업자들은 그들보다 훨씬 더 낮은 가격으로 판매하는 새로운 경쟁자를 맞이하게 되었다. 바로 미국 중서부의 농산물이었다. 그들은 곡물 엘리베이터와 컨베이어벨트와 엄청나게 큰 증기선을 사용하여 열차 수십 대 분량의 밀을 한꺼번에 수출하였다. 규모의 경제로 수출 가격이 경쟁국보다 쌀 수밖에 없었다. 밀의 최대 수입국이었던 영국은 1871년에 저렴한 미국산 밀로 수입처를 바꿨다. 당시 가장 중요한 곡물인 밀값의 폭락으로 1873년 유럽 대륙의 경제가 붕괴되기 시작했다. 유럽인들은 미국을 상업적 침략자라고 비난했다. 새로운 산업 강국, 미국이 유럽의 무역과 생활방식을 위협하는 초강대국으로 등장한 것이다.

영국 자본의 무차별적 회수가 미국 은행 위기를 부르다

대륙의 은행들이 무너지면서 어느 기관들이 모기지 위기에 연루되어 있는지 불확실했기 때문에 최대 자본 수출국이었던 영국의 은행들은 자본을 무차별적으로 거둬들였다. 그러자 은행 간에 돈 빌리는 비용, 곧 콜금리가 엄청나게 치솟았다. 신용경색이 온 것이다. 예나 제나 모기지 대출로부터 시작되는 신용위기는 패턴이 똑같았다. 불행히도 역사는 반복된다. 신용위기는 그해 가을 미국을 강타했다. 영국 은행들이 미국의 철도산업에 투자했던 11억 달러를 일시에 거둬들였기 때문이었다. 당연히 과열로 치달았던 철도회사들이 맨 먼저 쓰러졌다.

철도 붐이 한창일 때 미국 철도회사들은 고정된 수익을 약속하는 복잡한 금융상품들을 고안했는데, 디폴트가 발생할 경우에도 투자자들에게 기초자산을 보증하는 채권이었다. 채권은 처음에는 잘 팔렸다. 하지만 1871년 이후에 투자자들이 가치를 의심하기 시작하자 가격이 하락하였다. 많은 철도회사는 채권 발행이 여의치 않자 사업을 계속하기 위해 단기대출에 의존했다. 그러다 1873년에 유럽에서 발생한 금융위기로 단기대출 이자율이 치솟자 철도회사들은 곤경에 빠졌다. 유력한 철도 금융가인 제이 굴드가 채무를 변제하지 못하고 부도가 나자, 9월에 주식시장은 붕괴되었다. 그 뒤 3년 동안 수백개의 은행들이 문을 닫았다. 공황은 미국에서는 4년 이상 계속되었고, 유럽에서는 6년 이상 끌었다.

유대인의 본격적인 이주

19세기는 유럽의 세기였다. 산업혁명으로 효율적 생산양식과 철도와 증기선 등 새로운 교통수단이 탄생했다. 각 대륙의 물자는 철도와 증기선을 통해 유럽으로 몰려들었다. 이에 힘입어 유럽 인구는 19세기 한 세기에 1억 9000만 명에서 4억 2000만 명으로 늘어났다. 이렇게 인구가 늘어나고 장기불황이 지속되자 4100만 명이 증기선을 타고 세계 각지로 이주했다. 1820년 이후 100년 동안 3600만 명이 북미로, 360만 명이 남미로, 그리고 200만 명이 호주로 향했다.

당시 유대인 인구도 급격하게 늘어났다. 세계 유대인 인구는 1880년 750만 명이었던 것이 1914년에는 1300만 명, 그리고 1940년대 이후에는 1800만 명으로 늘어났다. 한창 상승기에 있던 미국은 일손이 부족해지자 유럽에서 박해받고 있는 유대인들에게 이민의 문을 활짝 열어주었다. 유대인의 본격적인 이주가 시작된 것은 1840년부터 1885년 사이로, 독일계 유대인 약 30여 만 명이 이주해왔다. 그들은 당시 약 500만 명에 이르는 대규모 독일인 이민행렬에

끼어 자유의 땅 미국을 찾아온 것이다. 독일과 아일랜드 등에 기근이 들어 많은 사람이 미국으로 이주했기 때문이다.

아일랜드 이민의 태반은 주로 대서양 연안 대도시에 정착하여 미숙련 노동자가 되었으며, 독일 이민은 중서부로 들어가 농민이 되었다. 이때 독일인들이 대거 입국해 지금도 미국은 독일계가 가장 많은 인구 비중을 보이고 있다. 2010년 기준 독일계 미국인이 약 5000만 명으로 미국 인구의 17.1%를 차지한다. 이후 러시아와 동부 유럽에서 유대인 박해가 시작되자 대규모 미국행 유대인 이민행렬이 진행되었다.

미국 내 개혁 유대교의 득세

중세 이래로 유럽의 유대인들은 게토 등 유대인 밀집지역에 살면서 장사할 때 외에는 주변과 격리되어 살아왔다. 그런데 18세기 때부터 독일 유대인들 가운데 은행가와 공장주 등으로 성공한 이들이 나오면서 자연스럽게 주변 사회와 접촉이 잦아졌다. 그 결과 멘델스존 같은 유대인 계몽철학자가 나타났다. 그는 조상 전래의 유대교 신앙과 계몽사상의 융합을 시도했다. 그 뒤 독일에서는 유대교를 당시 사회 조류에 적응시키려는 개혁운동이 계속되었다.

1840년대에 독일 유대인들이 대거 미국으로 이주해 와 기존 유대교 개혁자들과 합세하였다. 1880년 미국 유대교 200개 회당 거의 전부가 개혁 유대교로 기울었다. 이때 야곱 쉬프, 쿤 뢰브, 마르쿠스 골드만 등 독일계 유대인들이 미국에 건너와 금융계에 터를 잡았다. 이렇게 유대인들이 본격적으로 유입되자 유대인의 권익 옹호를 위한 활동이 훨씬 적극적으로 전개되었다. '약속받은 자손'이라는 단체가 1843년에 최초로 탄생하여 오늘날 3000개가 넘는 유대인 단체가 있다.

유럽 내 반유대주의 고조

유럽에서는 1873년부터 6년 동안의 끔찍한 경기침체 이후 1890년대까지 장기간 계속된 불황으로 생활고에 시달리는 서민들 사이에서 반유대주의가 극에 달했다. 교황조차 유대인의 경제적 독점을 맹렬히 비난했다. 1898년 교황 레오 13세의 이야기를 들어보자.

"한편에는 재력으로 세력을 키워가는 부류가 있다. 그들은 모든 노동력과 상행위에 대한 권한을 쥐고 있으며, 이익과 목적을 위해 모든 물자의 공급을 조작하고 있다. 그들의 권세는 정부를 능가한다. 다시 말해 정부가 그들의 손아귀에서 움직이고 있다는 뜻이다. 다른 한편에는 도움이 필요하며 고통받고 지친 거대한 무리가 있다. 여러 차례에 걸쳐 교회로부터 저주받은 날강도 같은 고리대금업자들, 그들은 명색만 바꾸어 악착스럽고 극악스럽게 죄스런 행위를 아직도 계속 저지르고 있다. … 그리하여 극소수의 사람들이 대부분의 가난한 인류에게 멍에를 씌워 노예보다 약간 나은 정도의 대우를 하고 있다. 이것이 현실이다."

♣ 교황 레오 13세(1810~1903)

러시아와 동구 학살 피해
유대인 260만 명이 미국으로 탈출하다

그 무렵 경기침체는 단기간에 최대의 인구이동을 유발시켰다. 공황 이후 1880년부터 1914년 사이 35년 동안에만 1500만 명의 유럽인이 미국 이민길에 올랐다. 이는 유럽 대륙 인구의 1/5이었다. 이때 전 세계 저축액의 1/3 이상이 미국으로 옮겨 갔다.

한편 19세기 말 러시아에서는 알렉산더 2세가 유대인이 연루된 과격 비밀조직인 '인민 의지파'의 폭탄테러로 암살당했다. 러시아가 발칵 뒤집혔다. 러시아는 유대인들의 소유재산을 몰수하고 추방했다. 더 나아가 러시아와 동유럽에서 폭도들이 남아 있는 유대인을 학살하기 시작했다. 이를 피해 동유럽권을 포함한 유럽 내 유대인 약 260만 명이 미국으로 탈출했다. 이들이 오늘날 미국 유대인의 주류인 '아슈케나지'들이다. 이베리아 반도 출신 유대인 '세파르디'와 구별된다.

알렉산더 3세는 그의 아버지 알렉산더 2세를 기려 그가 흘린 피의 흔적 위에 '예수 부활 성당'을 지었다. 사람들은 이를 '피의 사원'이라 부른다. 현재에도 사원 내부에는 그의 피로 얼룩져 있는 난간과 도로가 있어 당시를 기억하고 있다.

❖ 상트페테르부르크의 '피의 사원' 외관

이렇게 러시아와 동구권에서의 학살을 피해 유대인들이 미국으로 몰려오자 미국 동북부의 유대인은 1877년에 17만 5000명이던 것이 1900년이 넘어서자 100만 명을 돌파했다. 이전 20년간 미국의 총인구가 1.5배 증가한 데 반해 유대인 인구는 4.4배나 증가했다. 이들은 주로 동유럽에서 넘어왔다. 1910년 미국 내 유대인 인구는 280만 명에 달했으며 1927년에는 동북부 유대인만 400만 명에 이르렀다.

뉴욕을 비약적으로 성장시킨 이리 운하

오늘날의 뉴욕을 만든 힘은 두 가지다. 하나는 이리 운하이고, 다른 하나는 유대인이다. 뉴욕상공회의소를 주도하던 유대인들이 주축이 되어 제안한 것이 여러 개 있었는데 그중 하나가 이리 운하였다. 나이아가라 폭포 인근 이리 호에서 뉴욕 항구를 연결하는 운하였다. 그 이리 운하가 1817년에 착공되어 1825년에 완공되었다. 대규모 유럽 자본의 참여로 공사계획 기간을 2년 단축할 수 있었다.

세간의 반대를 무릅쓰고 당시 뉴욕 주지사였던 다윗 클린턴이 추진한 총연장 580km, 폭 12m 규모의 운하였다. 당시에 변변한 기술도 없이 거의 맨손으로 이러한 운하를 팠다는 것은 실로 대단한 일이었다. 이는 후에 파나마 운하를 건설하는 원동력이 된다.

운하는 이리 호 연안 버펄로에서 모호크 계곡을 거쳐 올버니에 이르러 허드슨 강과 연결되었다. 이로써 오대호와 대서양 사이의 배편을 가능케 했다. 통행 가능한 선박의 배수량은 75톤이었다. 버펄로에서 뉴욕 시까지 운하로 가는 화물의 속도가 마차보다 훨씬 빨랐다.

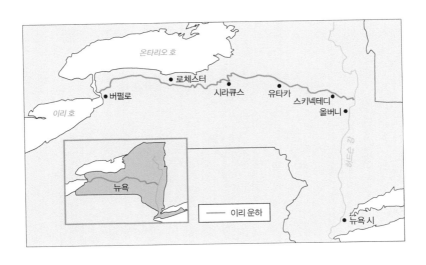

육로로 황무지를 가로지르는 데 32일이 걸리던 버펄로-올버니 간 거리는 운하가 개통되면서 8일로 줄었다. 운임도 육로로 갈 때 톤당 100달러였던 게 운하를 이용하면 10달러에 불과했다. 운송비 부담이 사라지자 중서부 곡물이 동부 해안 지역과 유럽 시장으로 빠르게 진출했다. 반대로 공산품들은 동부에서 서부로 운항되었다. 이를 계기로 물류비용과 시간이 대폭 단축되어 뉴욕이 폭발적으로 성장할 수 있었다.

휴런 호와 이리 호 사이에는 몇 개의 작은 호수와 강으로 연결되어 있어 배가 그대로 다닐 수 있다. 이리 운하가 개통되어 오대호를 통해 서부 여러 주와 연결된 뉴욕 시는 배후에 곡창지대를 갖게 되어 세계적인 곡물수출 항구이자 무역 중심지로 발돋움했다. 오대호 연안의 대도시 시카고도 운하의 덕을 톡톡히 보았다.

이리 운하가 미국 중부와 대서양을 연결하자 운하를 따라 이민자들이 마을을 건설했다. 그래서 뉴욕 주의 큰 도시는 대부분 운하 곁

🔆 미국 오대호

에 있다. 올버니, 스키넥테디, 유티카, 시라큐스, 코닥과 제록스의 도시 로체스터, 미국 10대 도시 안에 들었던 버펄로 등이 모두 운하 때문에 생겨난 도시들이었다.

아래 사진은 그 무렵 이리 운하의 한 장면이다. 고도가 150m 높아지는 곳에는 82개의 수문이 필요했다. 이곳의 운하는 이렇게 노새나

🔆 노새 세 필이 배를 끌고 가는 모습

말이 끌었다. 채찍을 든 마부가 노새 세 필을 끌고 가고 있다. 자세히 보면 노새와 운하에 떠 있는 배가 밧줄로 연결돼 있다. 말 1마리가 최대 4마력의 힘을 낸다고 하니, 당시 운하를 오

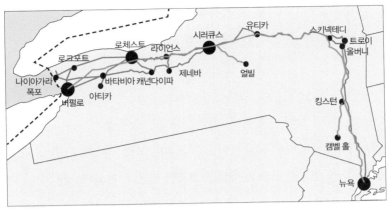

∴ 나란히 달리고 있는 운하와 철도. 붉은색이 철도다.

갔던 바지선들은 12마력 정도의 엔진을 장착한 셈이었다. 그럼에도 운하의 운송 능력은 대단했다.

　이리 운하의 성공에 자극되어 각 주마다 운하 건설 붐이 일었다. 1840년까지 총길이 5000km에 달하는 많은 운하가 건설되었다. 경제는 호황을 맞았고 이는 철도가 등장할 수 있는 발판이 되었다.

　운하 때문에 필라델피아, 볼티모어 같은 항구는 물동량을 빼앗겨 타격을 입었다. 이들은 운하와 철도를 연계하는 복합운송체제를 만들어 뉴욕과 대항했는데 정작 운하의 경쟁은 뉴욕 내부에서부터 시작되었다. 바로 철도다. 지도를 보면 운하와 철도가 나란히 달리고 있다. 1831년부터 건설되기 시작한 철도는 먼저 승객을 빼앗아 갔다. 하지만 20년이 지난 1852년에도 운하는 기차보다 13배나 많은 화물을 운송했다.

운하와 철도 덕분에 북동부가
상공업의 중심지로 떠오르다

운하와 철도 덕분에 북부는 교통망이 전국으로 확대되어 본격적으로 상공업 시대가 열리게 되었다. 대규모 공장들이 지어지고 일자리를 찾아 전국에서 사람들이 몰려들었다. 1820년대에 12만 명 규모였던 뉴욕 인구가 1860년대에는 100만 명을 넘어섰다. 당시 뉴욕의 늘어나는 인구 가운데 1/3은 유대인이었다.

1820년까지만 해도 미국 내 유대인 수는 4000명 정도였으나, 이 기간에 유대인 이민이 홍수를 이루었다. 1840년에는 1만 5000명, 남북전쟁 직전에는 15만 명의 유대인이 살고 있었다. 특히 1840년부터 1885년 사이, 독일에서 30만 명의 유대인이 건너왔다. 독일계 유대인들은 유럽의 산업혁명을 체험한 세대이기 때문에 대부분 농촌으로 가지 않고 뉴욕에 주저앉아 상공업 분야와 무역업에 진출했다.

이들은 무역업과 더불어 금융업에서 두각을 나타냈다. 그 무렵 프랑크푸르트 출신 로스차일드 가문은 이미 유럽 주요 5개국에서 국제금융의 절대 강자가 되어 있었다. 이때 뉴욕으로 이민 온 셀리그먼 가문, 발부르그 가문, 쿤 뢰브 가문, 골드만 가문 등 독일계 유대인들이 미국 금융계의 시조가 된다. 이들 가운데 일부는 로스차일드 가문의 후원으로 유럽에서 미국으로 들어오는 산업자본의 파이프라인 역할을 했다.

그리고 나머지 독일계 유대인들 대부분은 봉제업에 종사했고 일부는 행상으로 시작하여 점차 규모를 늘리고 상품을 다양화하여 백화점 유통업으로 진출했다. 이렇듯 19세기 말까지 미국 내 유대인 대다수는 독일계였다. 이들 대다수가 유대교 분파 가운데서도 현대의 변화를 인정하는 진보 성향의 개혁파에 속했다.

그 무렵 새로 밀려든 독일계 유대인들은 가난했지만 착실하며 근면했다. 대부분 행상으로 시작해 곧 점포를 차리거나 조그마한 상업을 시작했다. 그들은 이리 운하를 따라 올버니, 시러큐스, 버펄로, 로체스터에 진출했다. 그리고 범위를 넓혀 시카고, 디트로이트, 클리블랜드, 밀워키에도 정착했다. 한동안은 신시내티가 뉴욕에 이은 두 번째로 큰 유대인 공동체였다.

이후 세인트루이스, 미니애폴리스, 루이빌, 뉴올리언스도 유대인들의 중심지가 되었다. 1840년대의 골드러시 때에는 약 1만 명의 유대인이 캘리포니아로 갔다. 남북전쟁 때까지 뉴욕에는 4만 명의 유대인 사회가 탄생했고, 필라델피아는 이에 버금가는 크기가 되었다.

그 무렵 뉴욕은 인구 급증보다는 항구로서 뉴욕의 성장이 인상적이었다. 1800년대 미국 해외무역 물동량의 9%를 처리하던 뉴욕이 1860년대에는 62%를 처리하게 되었다. 이 물동량의 대부분을 유대 무역상들이 처리했다. 명실공히 뉴욕은 미국 경제의 중심 도시이자 최대 항구가 되었다.

이 기간에 전 세계에서 가장 규모가 큰 유대 교회 임마누엘 성전이 1845년에 맨해튼 5번가에 건립되었다. 이는 상징적인 의미가 크다. 경제사에서 보면 가장 큰 시너고그가 있는 곳이 언제나 세

계에서 가장 번영했다.

후에 이리 운하는 너비 45m, 깊이 3.6m로 확장되어 2200톤에 달하는 바지선을 수용할 수 있게 되었다. 이렇게 이리 운하를 현대적으로 바꿔 계승한 뉴욕 주 바지 운하_{Barge Canal}는 지금도 미국에서 가장 큰 내륙 수로체계로 화물운송과 함께 유람선 운항으로도 각광을 받고 있다.

유대인 교육의 중심지, 필라델피아

그 무렵 뉴욕 못지않게 유대인 커뮤니티가 발달한 곳이 필라델피아였다. 필라델피아는 1790~1800년 미국의 수도로 19세기 초에는 미국에서 가장 큰 도시였다. 금융산업도 뉴욕과 자웅을 겨루었다. 후에 미국 동부에서 석유 생산량이 가장 많아 정유산업과 더불어 모든 종류의 제조업이 발달했다. 또한 델라웨어 강변에는 80km에 걸친 항만시설이 갖추어져 활발한 무역항이기도 하다.

필라델피아는 유대 교육의 중심지였다. 그곳에는 대단한 랍비 아

이작 리저(1806~1868)가 있었다. 그는 유대인 가운데 처음으로 히브리어 성서를 영어로 번역했다. 이는 히브리어를 모르는 유대인 젊은이들의 신앙생활에 큰 도움이 되었다. 또한 그는 아슈

케나지계와 스파르디계 기도서의 영어 번역도 완성했다. 그뿐만 아니다. 그는 유대계 신문으로서는 처음으로 성공한 〈디 옥시덴트〉를 1843년에 창간했다. 그리고 최초의 아메리카-유대 출판협회를 창설했으며, 미국계 유대인을 위한 학교용 교과서를 대량으로 출판했다.

서부 개척 시대 홈스테이드법과 랜드런

미국 독립이 미국인에게 미친 가장 큰 변화는 토지를 소유하게 된 것이다. 독립 이전에는 영국 정부가 그것을 인정하지 않았다. 모든 토지는 영국 국왕의 소유물이었다. 독립 후 1785년에 공유지 조례를 제정해 서북부의 국유지를 640에이커를 한 단위로 1에이커(1224평)당 1달러에 판매했다.

1862년에는 링컨 대통령이 '자작농 창설법Homestead Act'을 제정해 성인 가장들에게 160에이커의 토지를 무상으로 지급하였다. 개인들이 토지를 사유하게 되자 토지개량 투자가 늘어나 토지를 효율적으로 이용하여 농업생산력이 높아졌다.

그 뒤에도 미국은 서부 개척을 독려하기 위해 개척자들에게 방대한 땅을 싼값에 불하했다. 1889년 3월 22일 정오, 출발 신호인 총성이 울리자 5만 명의 사람들이 출발선을 뛰어나갔다. 사람들이 내달린 이유는 미개척지 땅에 먼저 깃발을 꽂는 사람에게 1인당 160에이커 한도 내에서 공짜나 다름없는 가격으로 땅을 불하해주겠다고 했기 때문이다. 이렇게 신호에 따라 내달린 것을 '랜드런'이라 불렀다. 홈스테이드법 첫 실행 대상 지역은 오클라호마 주 일대 188만여

에이커로 1만 2000여 가구가 땅을 얻었다. 랜드런에 참가한 사람들은 가구당 약 160에이커를 소유하게 된 셈이다.

160에이커는 약 20만 평이다. 우리로 치면 쌀 2400가마를 소출로 얻을 수 있는 농지 규모였다. 누구나 2천석꾼이 될 수 있었다는 이야기다. 이러한 랜드런은 20세기 초까지 이어지며 남한 면적의 33배 규모의 땅을 200만 명에게 나누어 줬다. 말 그대로 미국은 기회의 땅이었다.✤

유대인, 할부판매제도와 통신판매제도를 도입하다

이 과정에서 이주가 빈번해 대장간 같은 시설이 마을에 자리 잡지 못했다. 도구 등 공산품은 떠돌이 행상을 통해 농촌 지역에 공급됐다. 이 과정에서 유대인들에 의해 할부판매제도가 도입되어 대량판매의 길을 열었다. 개척민들이 대량으로 서부로 이동하고 숲을 개간하면서 도끼와 삽 등 단순하지만 필수적인 도구에 대한 대량 수요가 생겨나 비교적 장기간 지속되었다. 먼 거리에 산재한 이 수요를 통신판매제도를 도입하여 판매에 연결시킨 사람들이 유대인들이었다.

✤ 권홍우 지음, 《부의 역사》, 인물과사상사, 2008

19세기 중반에 들어서며 미국의 산업은 크게 성장했다. 1840년 미국 제조업 매출액은 4억 8000만 달러였지만 1860년이 되면 20억 달러로 늘어난다. 대서양 연안 북동부 지역에 전체 공장의 50%가 집중되었다.

그 무렵 유대인 행상들이 만들어낸 통신판매회사가 온 미국에 산재해 있었다. 이 가운데 한 회사가 진일보하여 나중에 '시어스 로벅
Sears Roebuck' 백화점이 된다. 메이시스와 시어스 로벅의 창업주는 유대인이 아니지만 회사를 성장시킨 실질적인 주역은 유대인이었다. 피터 드러커는 "시어스 로벅을 키운 것은 창업자인 시어스가 아니라 로젠월드"라고 단언했다.

유통업의 대부, 시어스 로벅의 로젠월드

리처드 시어스가 광고 물량전으로 흠 있는 물품을 속칭 '땡처리'하여 반짝 재미를 본 뒤 주춤거릴 때였다. 시어스는 재기 넘치는 의류 판매업자였던 줄리어스 로젠월드에 반해 그를 파트너로 영입했다. 1895년에 로젠월드는 시어스와 공동창업자였던 로벅의 지분을 인수하여 경영에 합류하면서 혁신적인 판매·경영관리 기법을 도입했다.

그는 농부 개개인의 구매력은 낮더라도 노동인구의 절반을 차지하는 농부집단의 구매력은 엄청날 것이라는 데 착안했다. 그의 무기는 다섯 가지 혁신으로, '체계적인 상품계획, 우편주문 카탈로그 제작, 무조건 환불, 자체공장 설립, 기능별 조직구성' 등이었다. 이때부터 미국 백화점 업계의 '무조건 환불정책'이 자리 잡았다.

혁신의 결과는 놀라웠다. 75만 달러에 머물던 매출이 5000만 달러로 뛰었다. 시어스의 우편주문 카탈로그는 성경 다음으로 많이 보급된 책자라는 말까지 나왔다. 매주 한 번씩 우편으로 배달되는 카탈로그는 전화번호부 크기에 20만 종에 이르는 상품 정보가 담겨 있었다. 이러한 카탈로그는 일반상점 물품의 무려 1000배에 이르는 것으로서, 가격 또한 상당히 저렴했다. 게다가 산골 벽지까지 무료로 배달되었다.

1905년 시어스 로벅은 또한 '바이러스 마케팅'의 최초 사례 중의 하나인 편지를 발송했다. 아이오와 주에 거주하는 우량고객들을 대상으로 카탈로그를 보내주고 싶은 사람 24명을 추천해줄 수 있는지 물어보는 편지였다. 이를 받은 우량고객들이 24명의 추천자 명단을 알려주면, 그들에게 카탈로그를 보냈다. 새로 카탈로그를 받은 사람이 주문을 할 경우 소개해준 우량고객들은 스토브나 자전거, 재봉틀 등을 선물로 받을 수 있었다.

이 아이디어는 크게 성공했다. 그 뒤 폭주하는 주문량 덕분에 그들은 창고와 사무용 빌딩을 따로 세워야 했다. 1906년에 개장한 빌딩 Sears Tower 은 대지와 건평이 8만 4000평에 이르렀다. 1909년 시어스가 물러나고 로젠월드가 사장이 되었다. 그 뒤 시어스 로벅은 1980년대에 케이마트가 총 매상고에서 앞지를 때까지 오랫동안 미국 최대 유통업체였다. 로젠월드가 '미국 유통업의 아버지'로 기억되는 이유이다.◈

◈ 권홍우 편집위원, "[오늘의 경제소사] 로젠월드", 《서울경제》, 2008년 8월 12일

러시아 박해로 20세기 전후 유대인 이민의 폭발적 증가

　1800년대에 뉴욕의 유대인 이민자들 가운데에는 큰 부자도 많이 나왔지만 대다수가 이스트사이드 저지대 셋방에서 봉제업에 종사했다. 처음 미국에 이민 온 유대인 대부분은 뉴욕에 자리 잡고 하나같이 3D업종 일을 했다. 당시 유대인 봉급 근로자의 2/3가 봉제업 분야에 취직하여 새벽부터 밤늦게까지 일하고 남자는 6달러, 여자는 3~5달러를 받았다. 장사를 하는 사람도 자본이 없다 보니 잡화나 인조보석 등 싸구려 제품 행상이 대부분이었다.

　이 기간에 유대인 이민이 또 한 번 홍수를 이루었다. 남북전쟁이 시작된 1860년대부터 1914년 제1차 세계대전 직전까지 약 50년 동안 미국은 유럽 각국에 대해 이민의 문을 활짝 열어놓았다. 이때 러시아, 동유럽, 중부 유럽에서 600만 명이 미국으로 건너왔다. 당시 이들 이민자의 절반 가까이인 260만 명이 박해를 피해 이민길에 오른 유대인이었다.

　1881년 유대인이 포함되어 있는 한 과격한 단체에 의해 자행된 러

시아 황제 암살사건 이후 유대인 박해로 동구 유대인 다수가 신대륙으로 이주하게 된다. 1881년부터 1892년 사이의 12년 동안에 미국에 도착한 유대인은 연평균 1만 9000명이었다. 이후 갈수록 거세진 박해로 유대인 피난행렬은 기하급수적으로 늘어난다. 1892년부터 1903년의 12년 동안에는 연평균 3만 7000명으로 뛰어오른다. 그리고 1903년부터 제1차 세계대전 직전인 1914년의 12년 동안에는 연평균 7만 6000명이 되었다.

유대인, 뉴욕의 의류산업을 장악하다

이렇게 1880년 이후에만 200만 명의 동유럽 출신 유대인들이 맨해튼의 이스트사이드 남쪽 지역에 집단적으로 정착했다. 독일계 유대인은 교육수준이 높은 중산층이 많았지만, 러시아와 동구 유대인은 못 배우고 가난한 사람들이 대부분이었다. 이들은 범죄에 빠지는 경우도 많았고, 당시 유대계 마피아가 막강해 이탈리아 마피아와 자웅을 겨루었다. 이로써 유대인에 대한 인식이 나빠지게 된다.

한편 그들은 봉제업, 수공업자, 숙련공, 소상인 그리고 가게 점원으로 이민생활을 시작했다. 당시 유대인 노동자의 60% 이상이 의류업계에 종사했는데, 이들은 노동집약산업인 의류업계를 떠받치는 기반이었다.

이들이 점차 성장하여 1888년에는 뉴욕 의류상회 240개를 거의 소유하게 되었다. 1890년 무렵에는 뉴욕 의류공장의 95%를 유대인이 장악했다. 의류산업의 생산과 유통을 모두 장악한 것이다.

당시 이스트사이드 저지대에는 1910년까지 54만 명의 유대인이 몰려 살고 있었다. 특히 유대인 사회의 심장부 격인 텐스워드Tenth Ward 지역은 47개 블록에 약 1200개의 셋집이 있었다. 여기에 살면서 일하는 인구가 7만 5000명이었다. 작은 방 하나에 12명이 모여 일주일에 70시간씩 일했다. 그리고 이들 중 상당수는 스스로 창업하여 공장 주인들이 되었다.

1913년에는 약 1만 7000개 공장에서 31만 명을 고용하는 유대인 의류산업이 뉴욕 최대 산업이었다. 20세기 초까지 철강, 석유와 함께 미국의 3대 산업으로 불리던 의류산업 종사자의 태반이 유대인이었다.

독일계 유대인과 러시아계 유대인의 갈등과 화합

260만여 명의 동구권 유대인 피난민은 기존 30만 명의 독일계 유대인과는 거의 공통점이 없었다. 독일계 유대인은 제대로 배운 데다 개혁파이고 재력이 있으며, 무엇보다 미국인으로서의 마음가짐을 갖고 있었다. 그래서 맞아들이는 측으로서는 새로운 피난민들에게 신경이 쓰였다. 이들은 독일계 유대인들과 달리 정통파 유대교도로 유대교 전통과 음식 규정을 엄격히 지켰다.

독일계 유대인과 러시아계 유대인은 처음에는 갈등을 겪었다. 독일계 유대인은 주로 맨해튼 북부에 살았고, 러시아계는 남부 저지대에 살았다. 하지만 독일계 유대인들은 율법이 가르치는 대로 동족을 보살피려 동유럽 유대인을 환영하고 흡수하기 위해 전력을 다했다.

그들은 같은 아슈케나지이고 같은 언어인 이디시어를 쓰는 같은 뿌리의 민족이었기에 점차 화합한다. 아슈케나지는 스페인계 유대인 스파르디와 대칭되는 개념이다. 이디시어란 아슈케나지 유대인들이 만들어낸 언어로, 히브리어에 독일어·러시아어·폴란드어가 합성된 말이다.

동유럽에서 온 유대인들은 힘들고 비천한 일을 하면서도 존엄성을 잃지 않으려고 노력했다. 유대계 이민이 이스트사이드에 머문 기간은 평균 15년이었다. 그들은 돈을 벌면 맨해튼 북쪽 할렘으로 이사하였다. 당시 할렘은 비교적 유복한 독일계 유대인들이 살고 있는 지역이었다. 그리고 돈을 벌어 다시 브롱크스와 워싱턴 하이츠 등 인근 고급 지역으로 퍼져나갔다. 곧 각종 사업에서 성공하는 인물들이 쏟아져 나왔다. 그들이 오늘날 미국 유대인의 주류층을 이루고 있다.

유대인, 처음으로 기성복 대량생산 시스템을 만들다

유대인들이 의류산업을 주도하면서 새로운 생산 시스템이 선보였다. 이전까지 주문 가내생산home made 위주였던 의류 제품이 상품을 만들어놓고 파는 '기성복ready made' 시스템으로 대체되었다. 이는 대량생산의 기틀을 마련했다. 유대인 윌리엄과 이다 조젠탈 부부가 1923년 최초로 현대식 브래지어를 만들어 대량생산에 들어갔다.

시간이 지남에 따라 유대인들이 다른 분야로 많이 진출하면서 의류산업의 생산 부문에서 유대인들이 차지하는 비중은 점점 낮아졌다. 1920년대에는 50%, 20세기 중반에는 30% 아래로까지 떨어졌다. 그러나 창조적 감각이 탁월한 유대인들은 생산보다 돈 되는 디자인 쪽으로 방향을 바꿔나갔다. 랄프 로렌을 비롯해 그들의 후손들이 훗날 뉴욕 패션계를 주름 잡는다.

패션계를 장악한 유대인들

미국 최대의 패션 브랜드 폴로를 비롯해 캘빈 클라인, 게스, 조다쉬, 앤 클라인, 도나 카란, DKNY, 토미 힐피거, 케네스 콜, 리즈 클레이본, 아베크롬비&피치, 빅토리아 시크릿, 존스뉴욕, 나인웨스트 등 수많은 유명 브랜드들이 유대인들의 손으로 만들어졌다. 유대인들의 성공 비결은 유대인 특유의 고유 정신인 '남과 다름'을 추구하는 역발상이었다.

∴ 랄프 로렌

갭GAP의 창업주인 도널드 피셔도 유대인이고 니만마커스, 삭스피브스 등 주요 백화점들의 패션 디렉터들도 대부분 유대인들이다.❖

❖ 육동인, "육동인 기자의 유대인 이야기, 리바이스에서 랄프 로렌까지", 〈뷰티타임스〉, 2004년 10월 13일

유대인, 백화점을 고안하다

유대인 행상들은 돈이 좀 모이자 다품종 만물상 식으로 여러 물건을 차에 싣고 다니며 팔았다. 당시로선 획기적인 일이었다. 그간 전문품목 행상들만 보아오다가 온갖 종류의 상품을 접하는 고객들 입장에서는 이보다 더 편할 수가 없었다. 유대인들의 소규모 행상사업은 대규모로 커져 갔다.

그리고 규모가 커지자 한 군데에 점포를 열고 여러 종류의 물건을 갖춘 잡화점을 운영하는 사람들이 나타나기 시작하였다. 돌아다니던 만물상을 한곳에 펼쳐놓고 팔기 시작한 것이다.

1850년 무렵부터 근대적인 백화점으로 발전되기 바로 전 단계, 즉 상품의 종류를 칸막이 형태로 구분한 업태departmentized store들이 출현했다. 이들은 원래 직물잡화점dry goods store이었다. 경쟁이 격화되고 고급화 및 품목 다양화를 추구하면서 이들은 백화점으로의 길을 걷게 된다. 그들의 지향은 풀 라인의 상품 구성과 원스톱 쇼핑이었다. 한마디로 고객중심 경영이었다.

미국이 자본주의의 발흥기를 거쳐 성장기로 진입하던 이 시기는 대륙횡단철도나 우편제도 등 각종 사회간접자본이 확충되던 시기였다. 이처럼 도시화가 급속히 진전되어 공공 교통수단과 적극적인 대중광고의 발달은 백화점의 출현을 가능하게 했다. 이때 가장 먼저 생긴 백화점이 1858년에 창업하여 뉴욕에 세계 최대의 점포를 보유한 메이시 백화점R. H. Macy & Co.이다.

1868년 독일계 유대인 카우프만은 오랫동안 행상을 하다가 마침내 피츠버그에 엠포리엄 백화점을 세웠다. 유대인 상인들은 미국의

주요 도시마다 대표적인
백화점을 하나씩 열었다.
매그닌은 샌프란시스코
에, 파일린즈는 보스턴에,
김블즈는 밀워키에, 메이
시스와 알트만스는 뉴욕
에 각각 본점을 두었다.

　그 뒤 뉴욕에서 작은 상점으로 시작하여 거대한 백화점을 이룬 유
대인들이 많이 나왔다. 바이에른 출신의 벤저민 블루밍데일 일가는
1872년에 직물잡화점을 열었는데, 1888년이 되자 이스트사이드의
백화점에서 종업원 1000명을 거느리게 되었다. 알트만 형제의 백화
점 종업원은 1600명이나 되었다.

　백화점의 발달과 번영은 1900년부터 1920년 사이에 이루어졌다.
뱀버거, 니먼 마커스 등 유대인 대형 백화점들은 미국 전역에 걸친
유통망을 갖추었다. 유대인 형제 이지도르와 네이션 스트라우스는
메이시 백화점을 인수하였다. 이 밖에도 스턴 브루클린의 아브라함
앤스트라우스와 짐벨, 슈테른 등 대부분의 백화점들이 유대인 소유
였다. 제조업에서 유통업으로 진화한 것이다.

뉴욕, 미국의 관문이 되다

　1886년 10월 28일, 1년 동안의 조립 끝에 높이 46m의 '자유의 여
신상'이 뉴욕 항 초입 리버티 섬에서 제막되었다. 프랑스는 미국 독립

전쟁 당시 미국 편에 서서 전쟁을 치렀다. 프랑스의 도움을 얻은 미국은 영국과의 힘겨운 전쟁을 승리로 이끌고 독립을 맞이하게 되었다.

미국이 독립선언 100주년을 맞자 프랑스는 이를 축하하기 위해 민간 차원에서 선물을 준비했다. 그것이 바로 '자유의 여신상'이다. 유럽 대륙에서 미국으로 건너오는 유대인에게 뉴욕은 자유의 여신이 반겨주는, 말 그대로 자유의 땅이었다.

1900년대 뉴욕에는 이디시어를 사용하는 유대인만 100만 명이 살았다. 이들을 위해 이디시어로 발행되는 신문만 해도 4종에 60만 부나 되었다. 얼마 지나지 않아 유대인들은 영문으로 발행되는 신문들도 장악해버렸다. 아서 옥스는 뉴욕 타임스를 경영했으며, 도로시 쉬프와 데이비드 슈테른은 뉴욕포스트를 운영했다. 때맞추어 대형 유대인 출판사들이 많이 나타났다.

뉴욕의 유대인 인구는 1908년에 맨해튼과 브루클린에만 각각 60만 명이었다. 당시 브롱스 인구의 38%가 유대인이었고 뉴욕은 29%였다. 거의 세 명 가운데 한 명이 유대인인 셈이다. 뉴욕 유대인들은 1915년 140만 명으로 늘어났다. 1880년에 25만 명 정도였던 미국 전체의 유대인 수는 40년 뒤인 1920년에는 450만 명으로 18배나 증가했다. 같은 해 뉴욕의 유대인은 164만 명으로 늘어나 뉴욕은 이미 세계 최대의 유대인 도시가 되었다. 불어난 뉴욕의 유대인들은 유럽 각국에 퍼져 있는 유대인 커뮤니티와의 무역을 크게 늘렸다. 교역 물동량이 증가하면서 뉴욕은 미국의 관문이 되었다.

마천루의 등장

뉴욕의 인구가 늘어나자 점차 공간이 협소해졌다. 이를 해결하기 위해 나온 것이 고층건물이었다. 고층건물의 역사를 살펴보면 19세기 중반까지는 4층 건물이 최고였다. 그러다 19세기 말에 이르러 산업노동자들이 도시로 몰려들자 도시 공간은 급속하게 모자랐다.

마천루 탄생의 일등공신은 엘리베이터였다. 1853년 엘리사 오티스는 뉴욕에서 열린 국제박람회에 안전장치가 설치된 엘리베이터를 출품했다. 1861년에 그는 오티스엘리베이터 회사를 설립하지만 아쉽게도 엘리베이터가 세상을 바꾸는 모습을 보지 못하고 빚만 진 채 세상을 뜨고 만다. 하지만 그의 사후 오티스 사의 엘리베이터는 발전

을 거듭하여 1873년에는 미국 전역의 호텔과 백화점 등에 2000여 대가 설치되어 이용된다.

이후 맨해튼에 높은 건물이 하나둘 들어서기 시작하였다. 상업이 발달하고 무역

이 늘어나면서 유대인이 세운 은행과 보험회사 건물들이었다. 이것이 오늘날 마천루의 효시다. 당시 건축된 맨해튼 대형 빌딩의 대부분이 유대인 소유였다. 이렇듯 뉴욕은 한마디로 유대인들이 주축이 되어 만든 도시다. 미국 동북부의 유대인은 1877년에 17만 5000명이던 것이 50년 뒤인 1927년에는 400만 명에 이른다. 유대인 인구 증가에 비례하여 마천루의 높이는 더 커져 갔다.

1930년에 준공된 77층 크라이슬러 빌딩을 필두로, 이듬해에는 102층 엠파이어 스테이트 빌딩이 들어섰다. 한 가지 놀라운 것은, 102층짜리 빌딩을 1년 45일 만에 완공했다는 사실이다. 요즈음도 10층짜리 건물을 지으려면 2년은 족히 걸린다는데, 일주일에 평균 4~5층씩 올렸다는 이야기다. 1931년 4월 30일 저녁, 엠파이어 스테이트 빌딩의 6400개 창문이 환하게 불을 밝혔다. 그리하여 수용인원 1만 8000명, 분당 360m 속도로 오르내리는 엘리베이터 65대를 가진 초고층 빌딩이 태어났다.

유대인 부동산 재벌의 탄생

이 틈에 유대인 건설업체와 부동산 재벌들이 탄생했다. 루이스 호로비츠는 뉴욕 맨해튼에 울워스 빌딩, 크라이슬러 빌딩, 월도프 아스토리아 호텔 등 여러 개의 초고층 빌딩을 건설하여 부동산업계의 거물로 두각을 나타냈다.

실제로 유대인 거부들 절반 이상이 재산을 부동산이나 건설업을 통해 모은 것으로 알려졌다. 1980년대까지 〈포브스〉가 발표하는 부자들의 재산 순위에 들어 있는 유대인 자산가 상위 15명 가운데 절반가량이 늘 부동산 사업가들이었다. 하얏트 호텔 체인 등 전 세계에 100개 이상의 호텔을 소유하고 있는 시카고의 마몬 그룹을 소유한 로버트 프리츠커와 토머스 프리츠커 형제도 유대인이다. 이외에 주택건설회사 카프만앤브로드의 엘리 브로드, 캘리포니아 부동산 재벌인 도날드 브렌 등도 언제나 상위에 포진되어 있었다. 어바인 컴퍼니의 소유주 도널드 블랜은 2013년 기준으로도 재산 140억 달러로 미국의 27대 부호이다.

사무엘 프레이크 일가는 6층짜리 서민용 아파트를 뉴욕 시에 5만 7000가구, 뉴욕 이외의 지역에 3만 가구 등 모두 8만 7000가구를 갖고 있는 것으로 유명하다. 이 정도라면 우리나라 신도시 일산의 가구 수와 비슷하다. 그는 아파트뿐 아니라 대형 상업용 빌딩, 대학 건물, 콘서트홀, 미술관 등 다양한 건물들을 지었다.

특유의 창의력을 부동산시장에 접목시킨 유대인이 또 있다. 윌리엄 레빗은 도시 인근에 대규모 주택단지를 만들어 '근교 suburbia'라는 단어를 처음으로 만들어냈다. 그는 1947년에서 1951년 사이에 뉴욕 롱아일랜드와 펜실베이니아에 수만 가구의 타운하우스 형태의 똑같은 집을 선보이며 '레빗타운 Levittown'이라 이름 붙였다. 이 밖에도 유대인 부동산 재벌은 너무 많아 일일이 거론할 수 없을 정도다. 에드워드 사피로라는 작가는 미국 사회의 유대인을 '부동산 귀족들'이라고 불렀다.

그러다 보니 이제 미국 부동산시장은 유대인의 텃밭이 되어버렸다. 미국에서 상업용이나 주거용 부동산이 가장 많은 뉴욕 매트로 지역의 경우, 1만여 명에 이르는 부동산 개발업자 가운데 유대인이 무려 40%에 달한다. 더욱 놀랄 만한 것으로 맨해튼 등 뉴욕 지역의 값비싼 대형 빌딩의 소유자 가운데에서 유대인이 무려 80%를 차지한다는 비공식 통계까지 있다. 맨해튼 마천루는 대부분 유대인 소유인 셈이다.

아슈케나지에 대한 일설

유대인은 크게 세파라디계와 아슈케나지계로 분류된다. 이슬람 지배 시 이베리아 반도, 곧 스페인 왕국 지역에 살고 있었던 유대인들을 세파라디라 부르고 라인 강변에 살았던 유대인들을 아슈케나지라 칭한다.

독일과 동유럽 출신 유대인을 일컫는 아슈케나지에 대한 일설을 소개한다. 아슈케나지 유대인들은 옛날 카자르 왕국의 자손이라는 설이다. 당시 훈족의 아틸라가 이끄는 부족 가운데 하나였던 카자르인들이 550년 흑해와 카스피 해 사이 캅카스 주변에 정착하게 된다. 흑해와 카스피 해 사이의 땅, 일명 코카서스라고 불리는 곳이다. 지금은 그루지아, 아르메니아, 아제르바이잔이 있다.

∴ 아슈케나지 유대인들은 북동 유럽계 유대인으로 옛날 카자르(Khazar) 왕국을 세웠던 터키(돌궐족)계 카자르인의 후손이다.

카자르족은 중국 북부로부터 흑해까지 펼쳐진 광대한 초원을 방랑했던 유목민족으로, 7세기에서 10세기 사이에는 러시아 남부와 우크라이나, 카프카스 산맥, 중앙아시아를 망라하는 대제국을 건설했다. 이 광대한 초원에서 카자르족은 상인, 직인, 무사로 구성된 유목민족으로 살았다. 카자르족은 원주민인 슬라브 인구와 섞이게 되었다. 그들은 지리적인 여건을 이용해 페르시아와 슬라브족 사이의 중계무역을 주로 했던 상업국이었다. 유대인과 무슬림과 기독교도 상인들이 이 왕국을 찾아오면서 문화적인 열매를 맺게 되었다. 당시 카자르 왕은 자기 조상이 성경에 나오는 노아이고 이스라엘 12지파 가운데 하나인 시므온의 자손이라고 주장했다.

이들은 740년부터 비잔틴과 무슬림 제국 양쪽으로부터 종교적 압력에 시달리게 된다. 보통 나라가 혼란에 빠지면 어느 강한 쪽의 세력을 선택하지만, 카자르 왕 불란은 용케도 어느 한쪽에 치우치지 않고 양쪽 종교의 근본이라 할 수 있는 유대교를 택했다. 740년 무렵에 유대교에 심취한 불란 왕이 먼저 스스로 유대교로 개종하자 이어서 신하들과 국민들이 대부분 뒤따랐다. 만약 이슬람교를 받아들인다면 그리스도교가 증오하게 될 것이며, 반대로 그리스도교를 받아들인다면 이슬람교도가 적대시할 게 뻔했다. 그러나 두 파가 다 같이 예언자 모세를 위대한 인물로 받아들이고 있었다. 따라서 인종이 아니라 종교적으로 유대인이 된다면 이슬람교나 그리스도교 양쪽으로부터의 극단적인 증오를 어느 정도 누그러뜨릴 수 있다고 판단했다. 그래서 강제적으로 전 국민을 유대교로 개종시켰다. 유대교를 국교로 삼은 결과 수십 년 안에 민족 전체가 유대교도가 되었다.

카자르 왕국은 9세기부터 국세가 기울기 시작하여 슬라브족의 침략을 받게 되었다. 급기야 965년 우크라이나의 침략을 받고 몰락하였다. 그 뒤 아시아로부터 온 몽골군이 유럽으로 원정하자 그들은 몽골군을 피해 북쪽으로 이동하였다. 그들은 러시아, 에스토니아, 라트비아, 리투아니아, 폴란드, 독일 등 인근 지역으로 흩어졌다. 그리고 그곳에서 공동체를 구성하여 카자르인이 아니라 유대인으로서 생활하게 되었다. 사실 그들은 유대교를 믿는 종교집단이지 순수 유대민족은 아니었다. 그들은 가나안 땅이 아니라 아리안족의 발상지인 코카서스에서 왔다. 유전학적으로는 아브라함, 이삭, 야곱의 자손인 셈족이 아니고 백인계를 주축으로 하는 혼혈인종이다. 셈족 계열은 스페인계 세파라디 유대인들이다. 그렇지만 아슈케나지 유대인이 오늘날 전 유대 인구의 70%를 차지한다. 현재 아슈케나지는 미국, 이스라엘, 유럽, 남아공에 약 1200만 명, 세파라딤은 이스라엘, 아시아, 중동, 아프리카 지역에 약 450만 명, 팔라샤는 이스라엘, 에티오피아, 예멘 지역을 합쳐 약 2만 명 정도 분포되어 있는 것으로 추산되고 있다.

아슈케나지 유대인들은 북이스라엘의 멸망으로 분산과 혼혈화 정책을 거쳐 역사에서 잊히거나 핏줄이 뒤섞인 이스라엘 족속 10개 지파의 후손일지 모른다. 아니면 남유다의 멸망 이후 아시리아의 포로생활을 하다가 귀환한 뒤 다시 동유럽으로 흩어진 2개 지파 후손들 가운데, 억압 속에서 마지막까지 살아남아 가장 번성한 족속일지도 모른다. 뿌리는 확실하지 않지만 하여튼 동구권 출신인 이들은 20세기 들어 '아슈케나지' 유대인으로 불리고 있다.

학자들의 견해

이스라엘 역사를 연구하는 학자들은 아슈케나지의 뿌리를 중세 이탈리아와 프랑스의 유대인으로 보고 있다. 이후 이들 중 일부가 당시의 교역로인 라인 강변의 라인란트 지역에 상업 공동체 마을을 이루며 살았는데, 십자군 전쟁 때 길목에 있는 바람에 가장 큰 피해를 보았다. 이들은 박해를 피해 14세기에서 16세기 사이에 대거 동구권으로 피난했다. 이렇게 아슈케나지도 오랜 세월 게르만과 슬라브 민족들 속에 살다 보니 그들과 피가 섞여 백인화되었지만 그들의 뿌리는 셈족이다. 셈어와 게르만어의 혼용에 뿌리를 둔 그들의 언어, 이디시어가 이를 증명하고 있다. 언어가 그들의 삶의 발자취를 반영하고 있는 것이다. 그리고 15~16세기에는 스페인의 유대인 학살 및 추방으로 많은 세파라디계 유대인들도 동구권으로 피난해 와 합류한 것으로 보고 있다. 또한 17세기 30년 전쟁 때에도 독일 지역의 많은 유대인이 동구권으로 피난 갔다. 그 무렵 폴란드 등 동구권에서는 유대인들을 적극 유치할 때였다. 이렇게 많은 유대인이 동구권으로 몰려들었다.

앞서 살펴본 바와 같이 아슈케나지는 코카서스 산맥 북단에 있는 카자르 왕국의 후예라는 주장도 있지만, 이스라엘 정부가 귀환 유대인들에게 국적을 주기 위해 조사할 때, 유대교 종교 못지않게 중요하게 여긴 것이 귀환인의 유대인 핏줄 확인이었다. 이를 위해 유전자DNA 검사까지 한 마당인데, 단순하게 '아슈케나지는 카자르 후손'으로 보기에는 다소 무리가 있다.

2010년에는 더욱 정확한 자료가 나왔다. 유전학자 해리 오스트러Harry Ostrer는 미국과 이스라엘 그리고 세계 각지에 거주하는 유대인들의 DNA를 추출해 혈통을 분석했다. 그 결과 아슈케나지 유대인은 유럽인들보다 중동 유대인들 및 세파라딕 유대인들과 더욱 가까운 근연관계에 있는 것으로 확인되었다. 카자르족 가설은 사실이 아닌 것이다.

아슈케나지 인구 폭발

19세기 유대인 사회에서 스파라디 유대인 비율은 20%에서 10%로 줄어들었다. 이는 위생환경이 그리 좋지 않은 지중해 연안 아시아·아프리카에 거주하던 스파라디계 유대인들의 숫자는 정체되어 있는데 동유럽의 아슈케나지 유대인 인구는 폭발적으로 늘었기 때문이다. 1880년에서 1914년 사이에 유대인 수는 유럽 평균을 웃도는 매년 2%씩 성장해 750만에서 1300만 명으로 증가하였다.

유대인들은 보통 15세 전후의 매우 어린 나이에 결혼했을 뿐 아니라, 그들의 평균수명이 유럽인들보다 훨씬 길었다. 1855년 프랑크푸르트에서 한 조사에 따르면, 유대인들 평균수명이 48세 9개월인 데 비해 일반 유럽인들의 평균수명은 36세 8개월이었다. 이는 유대인들이 율법에 따라 위생 상태를 잘 지켰고, 커뮤니티 내 복지제도가 좋았기 때문으로 풀이된다. 이렇게 늘어난 유대인들 대다수는 대도시에 거주하고 있었다. 현재 이스라엘에서는 예외적으로 세파라디 유대인과 아슈케나지 유대인의 숫자가 비슷하다. 아마 셈족의 세파라디들이 고향에 대한 동경심이 더 컸던 모양이다. 그리고 현재 이스라엘에는 흑인 유대인들이 많이 있는데 바로 에티오피아계의 팔라샤 유대인이다.

II

미국 근대 산업사는
재벌의 역사

JEWISH ECONOMIC HISTORY

미국의 산업사는 재벌의 역사다. 또한 제조업의 부흥과 동시에 금융자본주의가 태동한 역사이기도 하다. 뉴욕을 중심으로 미국 동부에 정착한 유대인들은 세계 각국의 유대인 커뮤니티를 파트너로 하여 대규모 무역업을 주도하여 큰 자본을 축적할 수 있었다. 이러한 자본 축적은 곧 금융산업을 태동시켰다. 이로써 맨해튼에는 제조업과 무역업을 지원하기 위한 금융산업이 월스트리트를 중심으로 빠르게 자리 잡아갔다.

흔히 "JP 모건의 지난 170년사를 알면 미국 금융과 경제의 모든 것을 알 수 있다"고 한다. JP 모건이야말로 미국 금융계를 지배해온 최대 실력자였다. 금융 이외에도 철도·철강·통신·영화 산업 등 실물경제에서도 패권적 지위를 행사해온 실세였다. 한마디로 그는 미국 근대 산업사 그 자체였다. 이어 등장한 록펠러는 당시 최대 상품인 석유시장을 장악하며 강력한 트러스트를 선보였다. JP 모건과 록펠러가 양분하다시피 한 미국의 근대 산업사를 들여다보자.

JP 모건의 등장

산업혁명은 철도와 철강산업 중심으로 전개되었다. 특히 1855년 영국의 베세머 제강법의 보급이 기폭제였다. 선철로부터 강철을 생산하는 일관 연속작업 공정이 이루어져 급속한 산업구조 변화가 있었다. 1860년대 이래 세계 철강산업 자본투자가 급증해 철도 붐이 일면서 1870년까지 세계 철도 총연장 길이는 6만 2000마일이었으나 그 뒤 급속히 증가해 1900년에는 26만 2000마일로 4배 이상 늘어났다.

당시 미국도 동부를 중심으로 발전했다. 특히 철강·화학 등 분야에서 새로운 기술혁신이 이루어져 산업이 크게 발전했다. 또 뉴욕과 필라델피아를 중심으로 상업과 무역업 그리고 금융업이 발달했다. 그 중심에 유대인이 있었다.

미국의 산업과 자본주의의 태동

뉴욕을 중심으로 동부에 정착한 유대인들은 세계 각국의 유대인 커뮤니티를 파트너로 하여 대규모 무역업을 주도하여 큰 자본을 축적했다. 이러한 자본 축적은 곧 금융산업을 태동시켰다. 이로써 맨해튼에 제조업과 무역업을 지원하는 금융산업이 월스트리트를 중심으로 빠르게 자리 잡아갔다. 흔히 "JP 모건의 지난 170년사를 알면 미국 금융과 경제의 모든 것을 알 수 있다"고 한다. JP 모건이야말로 미국 금융계를 지배해온 최고 실력자였다. 금융뿐 아니라 철도·철강·통신·영화 산업 등 실물경제도 장악한 실세였다. 한마디로 그는 미국 근대 산업사 그 자체였다.

JP 모건은 창업주 존 피어폰트 모건John Pierpont Morgan의 약자다. 그는 코네티컷 주에서 1837년에 태어났다. 자신의 선조 몰젠스턴이 유대인이지만 그는 개신교를 믿었다. '이스라엘 귀환법'에서는 조부모 중 유대인이 있거나 유대교로 개종한 사람은 모두 유대인으로 간주된다. 이 법에 의하면 JP 모건은 유대인이다. 하지만 유대인의 혈통일지라도 유대교를 믿지 않으면 유대인으로 분류하지 않기도 한다.

그러나 많은 사람들은 모건을 유대인 범주에 넣는다. 유대인이란 말은 대체로 종교적인 의미에서는 유대교를 신봉하는 사람, 민족적인 의미에서는 유대 민족의 피를 타고 태어난 사람을 가리킨다. 근대 유럽에서부터 유대인의 정의는 종종 그들 자신이 아니라 반유대주의자에 의해

∴ JP 모건

내려지곤 했다. 이러니 현실적으로 누가 유대인인가를 결정하기는 쉽지 않다.

그의 할아버지와 아버지는 직물공장과 면화 브로커를 하며 '애트나생명'이라는 보험업과 부동산투자로 상당한 부를 축적했다. JP 모건의 할아버지 조지프 모건은 600여 채의 건물을 잿더미로 만든 1835년의 월스트리트 대화재 덕분에 오히려 성장의 계기를 잡았다. 당시 조지프는 애트나Aetna라는 작은 보험회사의 대주주였다. 그런데 이때 대화재가 발생했다.

약관에 따라 배상금을 모두 지불하면 보험회사는 망할 판이었다. 놀란 다른 주주들은 하나둘씩 주식을 빼달라고 요구했다. 심사숙고한 모건은 자신의 신용과 명예가 돈보다 더 중요하다고 생각하고 자신의 집까지 팔아 다른 주주들이 내놓은 주식들을 저가에 인수했다. 그리고 화재배상금 전액도 지불했다. 약속, 곧 계약을 목숨보다도 중히 여기는 유대인다운 행동이었다. 그러자 애트나의 명성이 높아졌고 월스트리트에서 신뢰받는 보험회사로 성장했다. 더구나 이때 확보한 지분의 가치는 3배 이상 높아졌다. 그의 아들 주니어스 스펜서 모건은 보스턴에서 가장 큰 무역회사를 운영하며 유럽에 직물을 수출했다.

♣ 조지 피바디와 주니어스 스펜서 모건

1838년 미국인 조지 피바디는 런던에 한 상업은행을 열었다. 1854년에 JP 모건의 아버지인 주니어스 스펜스 모건은 직물 수출보다는 금융업이 수익성이 더 좋다는 걸 깨닫고 금융업으로 눈길을 돌렸다. 때마침 후계자를 찾던 피바디를 만나 런던에 본점을 둔 피바디 은행의 동업자가 되었다. 따라서 JP 모건이 국제 금융업자로 성장한 역사는 조지 피바디가 주니어스 모건을 공동경영자로 영입한 1854년부터 시작된다.

당시 세계 금융의 중심지는 '더 시티The City'라고 불리는 런던의 금융특구였다. 스펜스 모건은 영국인들의 금융제국에 파고든 것이다. 그리고 피바디 은행은 영국 내 유일한 미국 은행이라는 이점을 이용해 당시 후진적이었던 미국 금융시장에 영국의 선진 금융문화를 적용해 금융계를 장악하기 시작한다. 그 무렵 미국의 주정부들은 더 시티에서 자금을 조달해 철도, 운하, 도로 등을 건설했다. 당시 피바디 은행은 미국 주정부 채권을 영국 투자가들에게 판매하기 위해 설립한 상업은행이었다.

피바디 은행은 당시 유행하던 대로 큰 고객을 상대로 한 고급 금융을 다루었다. 이것이 오늘날 투자은행의 전신이다. 한편 조지 피바디는 로스차일드 은행의 홍보대리인이기도 했다. 피바디가 10년 뒤 약속과 달리 자본금을 빼고 철수하는 바람에 주니어스 스펜서 모건은 피바디 은행을 인수해 주니어스 스펜서 모건(JS 모건) 상사로 이름을 바꾸었다. 그리고 당시 세계 최대의 은행인 로스차일드의 파트너가 되었다.

피바디는 은퇴 후 미국 최초의 음악대학인 피바디를 세워 미국 굴지의 학교로 키웠다. 현재는 존스홉킨스대학에 병합되어 존스홉킨스 음악대

∴ 미국 최초의 음악대학 피바디

학이 되었다.

영국으로 떠나기 전 모건은 아들을 얻었다. 어린 존 피어폰트 모건은 보스턴 하트포트, 스위스의 베베이, 독일 괴팅겐대학을 거치며 글로벌한 인재로 자라났다. 특히 괴팅겐대학 시절에 수학적 재능이 탁월했다. 교수가 수학 전공을 권할 정도였다. 학업을 마친 뒤 뉴욕으로 돌아와 아버지 회사의 대리법인에서 회계원으로 일했다. 주니어스 모건은 아들 존 피어폰트 모건이 미국 금융계에서 일하는 데 필요한 이론 교육과 실습을 시켰다. 그리고 나중에는 무엇보다도 중요한 자본을 대주었다.

JP 모건은 외동아들로 자라면서 두 가지 가르침을 얻었다. 국제적 금융 감각과 아버지에게서 물려받은 경제적 도덕성이었다. 아버지는 두 가지를 강조했다. 첫 번째 가르침은 '투기적 거래는 피하라'였다. 사업성이 불확실한 선박회사 주식 5주를 샀다는 이유로 눈물이 쏙 빠지게 혼을 냈다. 두 번째 가르침은 '신뢰를 쌓아라'였다. 그는 평생 아버지의 가르침을 잊지 않았다. 그는 측근들에게 "신뢰는 돈이 아니라 평소의 태도와 명성을 바탕으로 형성된다"며 "투기적 성격의 소유자에게는 다른 사람들이 돈을 맡기지 않는다"고 강조했다.

JP 모건, 뉴욕에 투자은행 설립하다

금융계에 진출한 JP 모건은 1861년 남북전쟁이 일어나자 본능적으로 돈 냄새를 맡았다. 그는 이듬해 자기 회사를 만들어 독립했다. 투자은행 JP 모건 상사_{J.P. Morgan & Co.}를 독자적으로 설립한 것이다. 그리고 런던에 있는 부친 은행인 주니어스스펜스모건 상사JS Morgan & Co.에서 인수한 유럽 채권과 증권을 뉴욕에서 팔았다. 그 뒤 모건은 30년 넘게 은행을 경영하면서 영국과 미국 사이의 중요한 연결고리 역할을 했다.

그는 독일 유학 당시 배웠던 수학적 지식을 금융에 접목시켰다. 그는 남북전쟁으로 촉발된 초호황 국면을 활용해 순식간에 엄청난 성공을 이루었다. 1864년에 겨우 27세였던 모건은 당시로선 천문학적인 금액인 5만 3286달러에 이르는 세전소득을 올려 월스트리트의 영파워로 컸다.

JP 모건, 남북전쟁 중 최고 재력가로 부상하다

남북전쟁이 발발한 때가 모건의 나이 24세였다. JP 모건은 전쟁 동안 북군이 폐기처분하는 낡은 카빈 소총 5000정을 뉴욕에서 한 정에 3.5달러에 사 약간의 손을 본 다음 달 세인트루이스의 남군에 22달러에 파는 거래에 뒷돈을 댔다. 1만 7500달러의 헐값으로 사서 그다음 달 고스란히 11만 달러로 되판 것이다.

게티스버그 전투 이후 영장을 받았지만 당시 여느 부자들처럼 300달러를 주고 사람을 사서 대신 보냈다. 그리고 금을 매집해 가격을 끌어올리는 수법으로 16만 달러를 순식간에 벌기도 했다. 지금 우리 돈으로 2000억 원이 넘는 액수다. 전쟁 기간 동안 이런 종류의 사업은 계속되었다. 전쟁이 계속되고 가속화될수록 군사물자의 수요는 기하급수적으로 늘어났다. 모건은 전세에 따라 남군과 북군에 번

갈아가며 투자하여 하룻밤 사이에도 수십만 달러씩 돈을 긁어모았다. 군수산업과 금융산업이 융합한 위력이었다. 이런 의미에서 그는 미국 군산복합체의 원조인 셈이다.

주니어스 모건은 자신의 은행인 주니어스스펜스모건 상사를 남북전쟁 기간 중인 1864년에 27세인 아들 JP 모건에게 물려주었다. JP 모건은 전쟁 과정에서 축적한 엄청난 부를 밑천으로 하고 아버지한테 물려받은 은행까지 JP 모건 상사에 합병시켜 오늘날과 같은 대형 투자은행의 토대를 구축했다.

남북전쟁에서 북군의 승리는 북부 공업 지역 신흥 부르주아지의 승리이자 자본주의의 승리이기도 했다. 남북전쟁을 거치면서 통합국가와 시장체제를 갖추게 된 미국의 자본주의는 본격적인 발전의 길로 들어섰다. 4년간의 전쟁이 끝나자 모건은 미국 최고의 재력가로 떠올랐다. 이로써 미국의 자본주의를 주도하는 JP 모건 시대가 본격 개막했다.

미국 최초의 군산복합체: 모건-듀폰 공조

그러나 모건은 남북전쟁 중 격발사고가 잦은 불량 총기류와 새로 배급받아 반나절도 행군하지 않아 밑창이 떨어지는 불량 군화 등을 비싼 값에 납품해 장관이 경질되는 등 커다란 사회적 물의를 빚었다. 이 때문에 전쟁이 끝난 뒤에는 국회의 진상조사까지 받았다. 의회가 "충성을 가장해 국가의 불행을 치부와 향락의 기회로 삼는 자는 반역자보다 더 나쁘다"며 모건과 몇 사람의 횡령자를 수사했지만 그는 개의치 않았다.

당시 모건이 군수사업을 하면서 만난 사람이 듀폰 대령이었다. 이 인연이 훗날 군수산업 복합체인 '모건-록펠러-듀폰' 군수재벌의 시작이었다. 미국 역사상 최초로 등장한 '군산복합체'였다. 듀폰은 프랑스계 유대인이었다. 훗날 듀폰 대령은 모건의 지원으로 세계적인 군수 화학업체인 '듀폰'의 창업주가 되었다. 듀폰은 그 뒤 모건과 함께 제너럴모터스ᴳᴹ의 주식을 공유하는가 하면, 제1차 세계대전과 제2차 세계대전 때 모건과 손잡고 대량의 무기를 공급하는 등 모건과 충실한 동반자 관계를 이어갔다. 이들의 인연은 이렇게 시작되어 아들 잭 모건으로 이어지면서 후대에도 더욱 활발하게 지속되었다.

주니어스 모건, 전쟁채권에 승부를 걸다

그 무렵 주니어스 모건은 런던에 본거지를 두고, 미국의 대륙 간 횡단철도 건설에 필요한 자금을 유럽 시장에서 조달하는 채권 중개 사업을 하며 돈을 많이 벌었다. 그 뒤 주니어스 모건은 로스차일드와 베어링이 차지하고 있던 유럽 채권시장에 중개업이 아닌 자기 자본을 직접 투자하여 뛰어들었으나 보잘것없는 자본의 한계를 절감하게 된다.

1870년 프로이센-프랑스 전쟁이 발발하자 그는 큰 리스크에도 불구하고 신디케이트를 구성해 프랑스가 발행한 채권을 1000만 파운드, 즉 5000만 달러어치를 공동으로 사들였다. 그리고 이들 채권을 시장에 대량으로 유통시켰다. 지금이야 정부가 발행한 국채는 부도 위험이 없는 안전자산으로 인식되지만, 당시 전시 국채는 매우 위험한 투자수단이었다. 러시아의 경우, 볼셰비키 혁명정부가 이전 정부의 국채에 대해 갚을 의무가 없음을 선언함으로써 휴지로 만들어버린 적이 있었다.

강력한 비스마르크의 프로이센에 프랑스가 패배하여 채권 가격이 급락했다. 위기가 현실화되었다. 그가 산 채권 가격이 폭락한 것이다. 그러자 그는 오히려 전쟁채권에 승부를 걸었다. 이번에는 시장에서 폭락한 채권을 사들였다. 그 뒤 모두의 예상과 달리 프랑스가 채무를 이행했다. 이렇게 프랑스인의 자존심을 믿고 막대한 프랑스 국채를 인수한 주니어스 모건의 모험이 성공함으로써 그는 150만 파운드라는 큰돈을 벌었다. 그리고 채권 전문가로 인정받으며 더 시티의 큰손으로 떠올라 모건 제국의 시작을 연다.

JP 모건, 로스차일드와 손잡고 1869년 노던증권을 설립하다

1866년 대서양 해저 케이블이 완성되었다. 이로써 월스트리트와 런던 간의 거리는 더욱 좁아졌다. 특히 로이터통신 등 통신사의 발달은 월스트리트의 성장에 큰 기여를 했다. 당시 미국은 만성적인 자본 부족에 시달리고 있었다. 통신의 발달로 영국 자본이 미국으로 몰려들 수 있는 계기가 마련되었다. 월스트리트 금융인들은 자신들의 신용으로 정부 채권을 인수해 런던에서 유통시키는 등 해외 진출이 활발해졌다.

JP 모건도 영국 자본이 절실했다. 그는 32세 때인 1869년 필라델피아의 금융업자 드렉셀과 같이 런던에 건너가 로스차일드 가문과 협력 방안을 논의했다. 모건가는 피바디와 로스차일드 가문의 그간 관계를 그대로 물려받았을 뿐 아니라 협력관계를 더욱 강화했다. 합의 결과 모건은

∴ 네이선 로스차일드

로스차일드 상사의 미국 지부회사인 노던증권을 설립했다.

이로써 모건은 세계 최대 금융재벌인 로스차일드 가문의 자금을 대규모로 활용할 수 있는 기반을 구축했다. 모건으로서는 대단한 기회를 잡은 것이다. 실제 모건은 거대한 자본력을 바탕으로 공격적인 인수합병에 돌입하게 된다. 로스차일드 입장에서는 벨몬트와 셸리그먼 등 대리인을 통하지 않고도 공식적으로 미국 산업과 금융에 투자하는 길이 열린 것이다.

1869년은 미국의 대륙횡단철도가 완성되는 해이기도 했다. 당시 남북전쟁 이후 미국은 철도 건설 붐이 지나쳐 무분별한 철도 확장과 투기가 일어났고, 이는 언제 터져버릴지 모를 거품경제를 가져왔다. 같은 해 모건은 철도분쟁에 본격적으로 뛰어들었다. 이때를 기점으로 노던증권은 로스차일드의 자금력을 활용해 이들 철도회사의 주식을 사들여 지주회사가 된다.

로스차일드가는 프랑크푸르트 시절 자기 집에 살았던 랍비의 손자 제이콥 시프를 뉴욕으로 보내 미국 총책을 맡겼다. 그 뒤 제이콥 시프의 지휘 아래 JP 모건이 철강업의 앤드류 카네기, 철도산업의 해리먼, 석유산업의 록펠러에게 자금을 대

∴ 제이콥 시프

주었다. 이후 로스차일드 가문과 모건 가문은 서로 상대방 은행에 파견 근무하면서 상대국 금융시장에 관해 배우는 것을 관례화했다. 훗날 네이선 로스차일드의 손자 빅터 로스차일드는 가문의 관례에 따라 미국 JP 모건 은행에서 한동안 일하면서 월스트리트를 익혔다.

JP 모건, 해외 금융에 눈 돌려 네트워크를 구축하다

모건은 해외 채권에 눈을 돌렸다. 1868년 파리 증권사인 드렉셀아르제 상사Drexel, Harjes & Co.가 필라델피아에 설립되자 1871년에 동업자가 되었다. 그리고 같은 해 뉴욕 시에 드렉셀모건 사를 세우고 파리에 드렉셀하제스 사를 개설했다. 이로써 글로벌 네트워크를 넓혀갔다. 드렉셀은 국공채 사업 이외에도 업무 영역을 넓혀 철도 건설, 광산 개발, 도시 부동산까지 취급했다.

사실 여기에는 아버지 주니어스 모건의 배려가 있었다. 그는 지나치게 모험적인 아들의 성향을 고려해 아들을 제어해줄 파트너로 경험 많은 노장 드렉셀을 주선해 합작회사를 설립하도록 한 것이다. 그 뒤 드렉셀모건은 채권시장에 공격적으로 진입하고 그 바닥의 최강자로 등극하게 된다. 1870년대 공황 시기임에도 수익이 매년 50만 달러 선을 유지할 정도였다.

이 시기 세계 금융의 중심지였던 런던과의 커넥션이 월스트리트와 모건에게 중요한 의미를 가지고 있었다. 그리고 드렉셀 가문과의 파트너십 합작으로 필라델피아, 파리, 스위스 등지로 비즈니스를 확장할 수 있었다. 이로써 금융제국 모건의 기본 네트워크인 뉴욕(JP 모

∴ 1867년 브로드웨이 코너에서 바라본 월스트리트

건)-런던(JS모건)-필라델피아(드렉셀은행)-파리(모건하예스) 구도가 확립되어 한 세기 이상 유지된다. 모건에게는 세계적 금융가로서의 명성을 가져다주었다.

이 은행은 1873년 월스트리트와 브로드웨이가 만나는 모퉁이로 이사하는데 이 자리는 '더 코너The Corner'라 불리면서 금융시장의 명소로 떠오른다. 월스트리트 23번지 더 코너는 전 세계가 접근해 자본을 조달하고 싶어 하는 월스트리트 수문장이었다.

같은 해 검은 목요일로 기록되는 9월 18일 제이쿡은행이 파산하면서 공황이 발생했다. 이때 피어폰트는 100만 달러를 번다. 이후 자선사업가이기도 한 드렉셀은 1891년 펜실베이니아에 드렉셀연구소와 드렉셀대학을 세운다. 그리고 드렉셀모건은행은 1893년 JP 모건은행이 된다. 드렉셀이 유럽 휴양지에서 죽고 같은 해 드렉셀 2세마저 인생을 즐기며 살기로 결심했기 때문이다.

1차 철도 버블과 1873년 공황

대륙횡단철도는 빠른 시간에 큰 변화를 가져왔다. 전쟁이 끝나자 산업이 번창했다. 특히 군수품 생산이 북부 산업을 한 단계 끌어올렸다. 북부에 강한 경제력과 정치력이 형성되었다. 땅에 매장된 철, 석탄, 석유, 금, 은 등 방대한 천연자원 또한 활발히 채굴되었다. 1869년 대륙횡단철도 이후 전신주가 철길을 따라 세워졌는데, 2년 만인 1871년부터 대륙 내 전신이 실용화되었다. 이제 산업계는 원료, 시장, 통신에 쉽게 접근할 수 있었다. 또한 밀려드는 이민자들로 값싼 노동력이 계속 제공되었다.

이러한 급격한 변화에는 명암이 있는 법이다. 남북전쟁 후 미국은 철도산업에서 첫 번째 버블을 경험한다. 1868년부터 1873년 사이에 영국을 중심으로 한 유럽 자본이 대거 들어와 철도 건설에만 11억 달러가 투자되었다. 그 뒤 과잉건설로 경쟁이 치열해지면서 철도회사들의 수익성이 악화되었다. 더구나 유럽에서 1873년 초에 불황이 엄습했다.

제이 쿡의 파산

남북전쟁 때 전시채권 중개 수수료로 2000만 달러를 벌어들인 제이 쿡은 대륙횡단철도인 노던퍼시픽철도에 과다한 투자를 해 1873년 파산하고 만다. 그해 9월 18일 제이쿡은행의 파산은 유럽의 은행 부도와 맞물려 심각한 경제위기를 불러왔다. 제이 쿡과 같은 거부가 채권이자를 지급하지 못하고 디폴트를 선언하자 놀란 유럽 자본은 삽시간에 빠져나갔다. 19세기에 벌써 핫머니가 있었던 셈이다. 이를 계기로 세계는 대불황에 돌입하게 되는데, 이를 1873년 공황이라 부른다.

연말까지 5000여 개의 기업이 문을 닫았다. 뉴욕증권거래소 출범 이후 처음으로 열흘 동안 휴장한 가운데 증권사 57곳이 망했다. 유럽에도 영향을 미쳐 전 세계가 동시에 수렁에 빠져들었다. 붐boom 뒤에는 파열burst이 따르기 마련이다.

로스차일드, 미국을 돕다

이때 미국을 도운 사람이 영국의 로스차일드였다. 로스차일드는 1874년 가을, 뉴욕의 유대계 은행 가문인 요셉 셀리그먼과 손잡고 5500만 달러의 미국 국채를 인수했다. 꽉 막힌 미국의 금융경색을 풀어주기 위해서였다. 이후 모건 그룹과 뉴욕 제1국민은행과 함께 2500만 달러의 국채를 인수했다. 이렇게 로스차일드가는 뉴욕 월스트리트 은행 가문들과 함께 총 2억 6700만 달러의 미국 국채를 인수하여 미국 금융시장이 안정을 찾게 도와주었다. 당시로선 시중 유동성의 절반에 가까운 대단한 금액이었다.

하지만 여기에는 이유가 있었다. 당시 세계의 금은 로스차일드의 영향력 아래 있었다. 로스차일드가 금 시세를 정할 때였다. 로스차일드는 금광 개발에 열을 올리며 금으로 많은 수익을 올리고 있었다. 로스차일드는 미국 내 대리인 벨몬트와 셀리그먼을 앞세워 남북전쟁이 끝난 후 미국이 그린백 지폐를 폐지하고 금본위제로 회귀하도록 영향력을 행사했다. 1866년 미국은 '긴축법안'을 통과시키고 유통 중인 모든 달러를 회수해 금화로 환전해주고 금본위제를 부활하려고 시도했다. 이로써 통화 유통량은 1866년 18억 달러에서 10년 후 6억 달러로 줄어들었다. 이렇게 시중에 유동성이 크게 줄어든 것은 기실 공황의 주요 원인이었다. 이러한 그로서는 금본위제를 시도하려는 미국이 유동성 부족으로 심하게 흔들리는 것을 두고 볼 수만은 없었다.

공황의 두 얼굴, 기업들 체질이 강화되다

그럼에도 19세기 마지막 25년 동안 미국 철도회사의 절반인 700개 사가 문을 닫았다. 극심한 공황에서도 미국 자본주의는 두 가지 반사이익을 누렸다. 첫째는 체질 강화다. 한계기업이 정리되면서 기업들의 경쟁력이 강해졌다. 둘째는 산업자본의 자국화였다. 유럽 투자자들이 보유 주식을 헐값에 내던지는 바람에 35%에 이르던 외국 자본의 철도산업 지분이 10%로 줄었다. 유럽인들은 수익도 못 건진 채 광대한 미국 철도망만 건설해준 꼴이 돼버렸다. 공황이 마무리되던 1880년대부터 유럽 자본이 다시 들어와 미국이 세계 최대 공업국이 되는 데 크게 일조한다.

이후 1893년, 1907년, 1929년 공황 때마다 주가 조작이 판쳤다. 공매도도 기승을 부렸다. 공매도公賣渡란 말 그대로 '없는 걸 판다'란 뜻이다. 주가가 떨어질 걸 예상해 주식을 빌려다 팔고 떨어지면 다시 사서 갚는 방식이다. 이미 1830년대에 월스트리트 최초로 공매도를 도입한 투기꾼 제이콥 리틀 덕분이었다.

이 과정에서 금융자본이나 대형 기업들이 불황에 견디다 못해 쓰러지는 기업들을 헐값에 사들였다. 이로써 문어발식 기업 운영과 자본 집중이 심화되어 재벌이 생겨났다. 그들에게 공황은 또 한 번의 축복이었다(현대에는 주식을 빌려다 파는 것은 대주제도라 하며 없는 주식을 파는 걸 공매도라 함. 우리나라에서는 대주제도는 인정하나 개인에게 공매도는 허용치 않고 있다).

모건, 최초로 금융공학을 개발해 큰돈을 거머쥐다

그 무렵 모건은 철도회사의 부실을 철저히 분석한 후 독일 유학 당시 습득한 수학적 지식을 활용해 일명 모건화Morganization 기법을 창안했다. 그는 이를 금융업에 적용해 큰돈을 벌었다. 월스트리트 최초의 금융공학인 셈이다. 모건이 처음으로 자신의 역량을 발휘한 분야는 철도다. 모건은 철도 건설자금을 대기 위해 유럽 투자자들을 대상으로 채권을 발행했다. 그리고 이를 통해 철도산업에 대한 영향력도 확대했다.

버블이 꺼지면서 철도 주가가 폭락하자 그는 1875년에 앨라배마와 조지아 주에 있던 여러 철도 노선을 사들였다. 그는 인수와 동시에 새로운 경영진을 투입해 구조조정을 단행했다. 당시 철도왕은 뉴욕 주변 철도의 대부분을 소유하고 있던 밴더빌트였다.

선박왕 밴더빌트

밴더빌트가의 사람들은 모두 성과 같은 대저택을 소유하며 부자 가문으로 군림해왔다. 윌리엄 밴더빌트의 경우, 저택에 100대의 차고를 짓고 20명의 운전사와 정비사를 둔 것으로 유명하다. 일가가 대부호가 된 초석을 마련한 인물은 그의 아버지 코넬리어스 밴더빌트다. 그는 미국 근대 경제사를 연 첫 번째 거물이었다. 그의 통찰력은 물류혁명을 일으킨 선박의 가치를 알아보는 혜안으로부터 시작되었다.

코넬리어스 밴더빌트는 1794년 뉴욕의 가난한 유대인 농가에서 태어났다. 그의 4대조 할아버지는 스페인에서 네덜란드를 거쳐 뉴욕으로 이민 온 세파라디계 1세대 유대인이었다. 그러나 가난은 밴더빌트에게까지 이어졌다. 11세 때부터 일당 25센트를 받으며 연락선에서 일을 시작한 그는, 16세 때 그간의 저축과 부모에게서 빌린 돈을 합쳐 100달러짜리 자기 배를 마련해 선주가 되었다. 결정적인 기회를 잡은 것은 1821년 영국과의 전쟁이었다. 영국 해군의 봉쇄선을 뚫고 미국군에게 군수물자를 보급해 부를 쌓았다.

⁂ 코넬리어스 밴더빌트

허드슨 강 최대의 범선업자로 성장한 23세 무렵, 그는 해운업의 미래는 범선이 아니라 증기선에 있다고 보았다. 그래서 범선을 처분하고 남의 밑으로 들어갔다. 증기선 운영을 익히기 위해 증기선 고용 선장을 자처한 것이다. 그는 경쟁업체들을 이기려면 가격 경쟁력이 탁월해야 된다고 생각해 초저가 운임으로 승객을 싹쓸이했다. 뉴욕과 필라델피아 간의 운임을 경쟁자보다

75%나 싸게 받아 해운사업을 독점한 것이다. 증기선을 개발한 로버트 풀턴도 이때 밴더빌트에게 밀려 망한 뒤 재기하지 못했다.

그는 독립하여 40대 중반에 자신의 회사를 증기선 100척을 소유한 최대 선박회사로 성장시키고 미국에서 종업원을 가장 많이 고용했다. 1849년에는 캘리포니아 '골드러시'로 남미에서 동부로 몰려드는 노동자들을 값싸게 운송하기 위해 남들이 생각하기 어려운 특별노선을 개발했다. 니카라과 육로와 샌프란시스코를 연결해 파나마 운하를 통과하는 경쟁자들보다 600마일의 여행거리와 이틀간의 여행기간을 단축시켰다. 경쟁자들을 제압한 결과, 이때는 연간 100만 달러씩 벌어들였다. 그는 대양 항해용 대형 증기선 66척도 소유하여 해운업계를 지배했다.

∴ 니카라과 지도

밴더빌트, 68세에 선박왕에서 철도왕으로 변신하다

제독으로 불렸던 선박왕 밴더빌트는 68세 때 또 한 번 대용단을 내린다. 사업을 전면 바꾸기로 한 것이다. 그는 배를 모두 처분하고 철도 주식을 사들였다. 이제 배의 시대는 가고 속도 빠른 철도의 시대가 오고 있다고 판단한 것이다. 그는 철도선을 신설하는 것보다 기존 철도회사를 구입하는 사업전략을 택했다.

그가 사들인 뉴욕 철도에는 다리가 하나 있었다. 그는 다른 철도업체는 이 다리를 사용치 못하게 함으로써 뉴욕 향발 철도를 독점했다. 이렇게 하여 주식을 사들인 지 10년 만에 뉴욕 주변 철도는 대부분 그의 소유가 되었다. 결국 미국 전체 철도의 40%를 사들여 철도왕이 되었다.

물타기 등장과 외부감사

밴더빌트가 철도 주식을 대거 매집하자 철도 주식 붐이 일면서 버블로 연결된다. 그 과정에 미국 철도가 증권판에 남긴 또 다른 흔적이 물타기다. 물타기Watering란 경영자들이 추가로 자본금을 거둬들이지 않고 주식 수를 늘려 한 주당 자산이나 장부 가치를 떨어뜨리는 행위를 말한다. 미국 이리철도 재무책임자인 대니얼 드루는 1860년대 밴더빌트의 주식 매집에 대응하기 위해 판사들을 매수해 신주 10만 주를 발행해 시장에 풀었다. 추가 자본금 납입은 없었다. 이게 물타기의 시초였다. 이 통에 이리철도를 적대적 M&A 하려고 700만 달러, 곧 오늘날 가치로 10억 달러를 투자해 매집에 나섰던 밴더빌트는 낭패를 보아야 했다.

요즘 규모가 일정 수준 되는 모든 회사는 외부감사를 받아야 한다. 이 외부감사는 미국 철도회사의 방만한 경영 때문에 비롯됐다. 미국 철도 투자자들은 1870년 이후 철도회사들이 줄줄이 파산하는 바람에 돈을 날리기 일쑤였다. 철도 자체가 거대한 네트워크여서 외부 투자자가 경영 상황을 점검하기도 사실상 불가능했다. 투자자들의 불만이 채권과 주식을 중개한 투자은행과 증권사에 집중됐다. 결국 그들은 1890년대 철도회사들에 외부 회계사의 감사를 받도록 요구했다.

막대한 자금을 조달해야 했던 철도회사 경영진으로선 거역할 수 없는 요구였다. 하지만 회계사가 경영진과 짜고 엉터리 감사를 하는 경우가 발생하자 뉴욕 주가 1896년 법을 제정해 시험에 합격한 사람에게 면허를 주기 시작했다. 공인회계사$_{CPA}$의 시작이다.✤

모건, 철도업계 경영에 참여하다

이때 모건은 투자은행가로서 세계적 명성을 얻는다. 직접적인 계기는 1877년의 철도왕 밴더빌트의 사망이다. 당시로선 최고 액수인 유산 1억 500만 달러를 아들인 윌리엄 밴더빌트에게 남기고 세상을 떠난 것이다. 1880년 미국 전체 국립은행의 총 예금액이 8억 3400만

✤ 강남규, "다우지수·워크아웃·물타기…철도산업서 등장", 〈중앙일보〉, 2009년 11월 8일

달러였다. 그 10% 이상을 밴더빌트가 보유한 셈이었다.

뉴욕 센트럴철도 주식의 87%를 소유하게 된 아들은 자산구조 다양화를 시도한다. 하지만 엄청난 주식을 한꺼번에 처분하면 주가 하락은 물론 시장이 붕괴할 것이 분명했다. 그 때문에 월스트리트 금융인에게는 버거운 과업이었다. 하지만 모건은 그 일을 맡아 아주 좋은 가격인 주당 120달러에 당시로선 천문학적인 물량인 15만 주를 월스트리트가 아닌 런던 시장에서 성공적으로 팔았다. 이로써 모건은 1879년 밴더빌트에게 1800만 달러나 되는 막대한 자금을 조달해주었다. 이후 모건과 밴더빌트는 긴밀한 관계를 유지하며 주요 사업의 파트너가 되곤 한다.

모건은 매각에만 성공한 게 아니라 우호적인 영국 투자가들에게 주식을 넘겨 자신이 뉴욕 센트럴철도 이사로 선임되는 수완을 발휘했다. 그는 1870년대 기업 이사회에 참여하여 자신이 단순히 자금을 지원하는 은행가 이상의 존재임을 세상에 알렸다. 이는 미국 은행가들이 기업의 이사회에 진입하는 효시가 된다.

이는 특정 기업에 대한 영향력 증대와 타 은행들의 개입을 사전에 방지하는 효과를 가져왔다. 이를 '관계금융relationship banking'이라 불렀다. 이 관계금융은 20세기에 일반적인 관행으로 자리 잡게 된다.

그는 되살린 철도회사들이 자산을 탕진하는 일을 더 이상 하지 못하도록 또 다른 장치를 강구했다. 기존 주주들의 의결권을 자신이 지명한 사람들에게 위임하도록 하는 '의결권 신탁voting trust'을 강제한 것이다. 은행가가 필요한 자금을 지원한 대가로 의결권을 일정 기간 동안 빼앗아 오는 이러한 거래는 철도산업이 위기를 맞으면서 광범위하게 이루어진다. 의결권 신탁이 본격화되면서 투자은행은 회사

경영에 직접 관여하는 막강한 실체로 바뀐다.

모건, 철도산업 혁신에 뛰어들다

　철도산업과 관계를 구축한 모건은 밴더빌트가 실패했던 필생의 과업, 곧 뒤죽박죽인 철도산업의 혁신과 투명화에 착수했다. 철도산업은 50년간 무계획적으로 발전하여 혼돈 그 자체였다. 잡동사니처럼 널려 있는 지선망들을 연결해 간선망을 구축하는 바람에 철도의 구조가 난삽하기 이를 데 없었다. 상당수 회사가 경쟁사와 중복된 철로를 갖고 요금경쟁, 중복투자에 시달리며 부실경영을 하고 있었다. 사정이 이렇다 보니 미국 경제가 호황을 누리고 있던 1880년대조차 철도회사 수익은 급감하는 추세였다.

　그나마 덩치가 큰 회사인 뉴욕 센트럴과 펜실베이니아 철도마저도 상대 지역에 철로를 보유하고 있어 치열한 요금경쟁을 벌여야 했다. 모건은 두 회사 경영진을 자신의 요트에 초대하여 합의안을 도출해낸다. 구역을 정리해준 것이다.

　극적인 합의로 모건의 명성은 월스트리트뿐 아니라 철도업계에까지 자자해졌다. 그는 거물 플레이어로 급성장해 기업의 M&A 등 수익성 높은 사업들이 모건은행에 집중되었다. 당시 철도산업은 곧 미국 산업 전체를 의미하다시피 했다.

모건, 200개 철도회사를 9개로 정리하다

그러다 다시 1880년대에 철도 건설 붐이 일었다. 대륙횡단철도를 완성한 유니온 퍼시픽과 센트럴 퍼시픽 두 회사는 철도를 1마일씩 놓을 때마다 무려 20제곱마일의 땅을 무상으로 받았다. 정부는 1억 8000만 에이커, 곧 프랑스와 네덜란드를 합한 것보다도 더 큰 땅을 철도회사에 무상으로 주었다. 게다가 저리 대출로 특혜 융자가 이루어져 미국의 철도 길이는 1880년 이후 10년 동안에 15만 km에서 26만 km로 늘어났다.

모건은 200여 개나 난립하던 철도회사들을 상대로 끊임없이 인수합병을 단행했다. 철도사업은 대규모 투자가 필요해 모건은 유럽으로부터 자금을 받아 투자했다. 모건은 정계와의 인맥을 활용해 당시의 철도왕 에드워드 헤리슨으로부터 철도 운영권을 헐값에 인수했다. 그가 철도로 큰돈을 벌자 많은 사람이 철도 건설에 투자했다. 많은 노선의 철도가 추가로 건설되었다. 철도 연장의 급격한 증가는 철과 석탄의 생산을 부추겼고, 이것은 다시 제철·제강 산업을 발전시켰다.

모건은 자신이 인수해 유통시킨 철도회사 채권과 주식이 부실화되자 투자자의 의결권을 위임받아 직접 철도회사 경영에 뛰어들었다. 위임받은 의결권으로 이사회를 장악한 그는 자산과 부실을 실사하고, 경영진의 능력을 평가했다. 그 결과를 바탕으로 살아날 가능성이 있는 철도회사 채권의 만기를 연장해주거나 이자를 깎아줬다. 여차하면 채권을 주식으로 바꾸는 출자전환도 단행해 이자비용을 줄여 철도회사 소생을 도왔다. 워크아웃을 단행한 것이다. 당시 사람들은 이를 모거니제이션Morganization이라 불렀다. 결과적으로 그는 치열한 경쟁 속에 난립했던 철도산업의 파국을 면하게 했다. 모건은 1880년대 당초 200여 개가 넘게 난립했던 철도회사들을 9개 대기업으로 합병하는 데 주도적 역할을 했다.

철도 주식을 토대로 다우지수를 선보이다

〈월스트리트저널〉을 창간한 찰스 다우가 1884년 다우존스지수를 개발했다. 뉴욕 증시를 한눈에 보여주기 위해서였다. 다우지수 출범 당시 처음 선보인 것은 9개 철도회사를 포함해 11개 기업의 주가를 평균한 것이었다. 이는 사실상 철도주 평균 주가나 다름없었다. 이렇듯 미국 산업의 주축은 철도로부터 시작되었다.

19세기의 마지막 20년 동안 모건은 볼티모어철도, 오하이오철도, 체사피크철도, 이리철도의 구조조정을 전담했다. 그리고 그는 철도업계에서 가장 영향력 있는 인물로 부상했다. 1890년에 미국의 철도회사가 벌어들인 돈은 연방정부 세입의 2.5배에 해당하는 10억 달러에 달했다. 그 결과 1890년에 이르러 모건의 철도 재산은 30억 달러로 부풀어 미국 4대 철도업자 가운데 하나로 급부상했다.

모건, 정보를 장악하다

모건은 이를 기반으로 윌리엄 밴더빌트와 힘을 합쳐 미국 굴지의

전신회사 웨스턴유니언 사를 집어삼키는 데 성공했다. 당시 이 회사는 전보와 송금 업무를 독점적으로 운영하고 있었다. 각 역을 따라 설치된 전신소는 정보를 주고받는 중심지였다.

철도 주변에 세워진 전신주를 통해 전해 온 정보의 판매나 이용은 곧 돈을 의미했다. 이를 간파한 모건은 철도업체에 이어 웨스턴유니언까지 손에 넣은 것이다. 전신을 장악하여 누구보다도 빠른 정보를 접함으로써 철도사업에 뛰어든 본래의 목적을 달성했다.

당시 미국을 급속도로 발전시킨 건 철도와 더불어 전보였다. 광활한 미 대륙에서 철도는 상품과 인력과 자본을 싸고 빠르게 이동하게 해주어 물류를 발달시켰고, 전보의 발명은 정보 전달을 빠르게 해주었다. 지금의 인터넷에 비견될 만한 정보통신산업의 효시인 것이다.

글로벌 금융위기 와중인 2009년 11월 투자의 귀재 워런 버핏은 벌링턴노던산타페 철도회사를 거금 440억 달러를 들여 전격 인수했다. 아직도 미국 철도는 큰 잠재 가능성을 갖고 있다고 본 것이다.

유럽 자금이 미국을 번창시키다

과거 한 세기 동안 강력한 소비의 본거지이자 투자 대상국이 미국이었다. 이 기간 동안 유럽 자본의 투자 핵심은 미국이었다. 1890년대 이미 유럽계 투자자들은 미국의 철도 주식을 대거 보유했다. 예를 들면 뉴욕중앙철도 주식 1/3, 펜실베이니아철도 주식 절반 이상, 그리고 일리노이즈중앙철도 주식 2/3를 보유하고 있었다.

이렇듯 영농국가였던 미국을 산업국가로 변화시켰던 가장 큰 힘은 유럽 자금이었다. 특히 산업혁명에 공헌했던 엄청난 자금이 회수되어 미국에 투자되었다. 이 자금이 운하를 건설하고 공장을 짓고 철도를 건설하면서 미국 대륙을 단일경제권으로 끌어올린 것이다.

이러한 발전과 맞물려 도시들도 번창했다. 1700년대 후반 100만 명이 안 되던 도시인구가 1840년에는 1100만 명으로 늘어났다. 1860년에는 뉴욕 인구만 100만 명으로 증가했다. 대륙 각지에 공업도시가 건설되어 힘차게 자본주의를 발전시켜 나갔다.

1893년 2차 철도 버블

철도 건설이 과잉공급된 탓에 철도산업은 1893년 버블 붕괴를 맞는다. 1894년 결국 철로 사업자의 1/4이 도산했다. 그렇다고 이미 건설된 철로들을 걷을 수도 없는 노릇이었다. 하지만 지난 자본주의 역사를 되돌아보면 버블이 형성되지 않은 때는 거의 없었다. 버블이 생기고 터지는 과정을 거치면서 경제는 발전해왔다.

이러한 거품도 산업계에는 효자 노릇을 했다. 화물 운송비용이 저렴해져 철로는 가장 중요한 사회간접자본이 되었다. 유통업체 시어스리벅, 프록터앤드갬블P&G, 코카콜라 같은 기업들이 철로를 활용해 전국적으로 기업망을 확대할 수 있던 것도 철도 거품 덕이었다.

코카콜라 이야기

19세기 말 미국의 철도투기로 덕을 본 것은 물류산업이었다. 그 가운데서도 대표적인 기업이 코카콜라였다. 코카콜라는 1886년 애틀랜타의 약제사 존 펨버턴이

발명했다. 그는 코카나무 잎에서 추출한 코카인과 콜라나무 열매에서 추출한 카페인을 섞어 새로운 음료를 만들었다. 원료가 코카와 콜라라 이름을 '코카콜라'라 했다. 카페인에 기초한 이 음료를 자양강장제로 광고해 큰 성공을 거두었다.

▲ 콜라나무 열매

존 펨버튼은 생전에 이 음료의 성장 가능성을 제대로 알지 못했다. 그는 1888년 세상을 떠날 때까지 여러 파트너들에게 사업지분을 쪼개 팔았는데, 그 중 한 사람이 아사 캔들러였다. 탁월한 사업 감각을 갖고 있던 캔들러는 1892년, 2300달러에 코카콜라 소유권을 획득해 코카콜라사를 설립했다. 장부계원인 프랭크 로빈슨이 음료의 이름을 필기체로 날려 쓴 것이 오늘날 코카콜라 상표가 되었다.

그 뒤 코카나무 잎이 마약으로 분류되면서 1905년부터 코카인은 넣지 않았다. 대신 소비자들을 붙잡을 대안이 필요했다. 같은 해 이 회사는 콜라를 담을 새로운 병을 현상 모집했다. 조건은 ① 모양이 예쁠 것, ② 물에 젖어도 미끄러지지 않을 것, ③ 보기보다 양이 적게 들어갈 것, 상금은 최하 100만 달러, 최고 1000만 달러였다.

병 공장 직원인 '루드'라는 18세 청년이 조건에 맞는 병을 만들려고 노력했다. 어느 날 '주디'라는 여자 친구가 찾아왔다. 루드는 엉덩이 곡선이 아름답게 드러난 통이 좁고 긴 주름치마에 눈이 멈추었다. '잠깐! 주디, 그대로 서 있어!' 루드는 재빨리 스케치했다. 그 결과 3가지 조건을 다 갖춘 여체 모양의 주름 잡힌 병이 탄생했으며, 이는 코카콜라의 트레이드마크가 되었다. 물론 그의 손에는 600만 달러가 주어졌다. 당시의 요리사가 받는 주급이 5달러, 가정부는 하루 1달러였다고 하니 대충 2000억 원쯤 된다.

1946년 청량음료 '환타' 인수를 시작으로 1960년 감귤류 음료분야로도 진출했고, 1982년에는 컬럼비아 영화사를 매입했다. 1985년 '펩시콜라'의 등장으로 매출이 부진해지자 시장점유율 회복을 위해 코카콜라 성분의 비밀제조법을 약간 변경시켰는데 100년 전통의 맛이 변하자 항의가 빗발쳤다. 이에 옛 제조법으로 만든 콜라를 '코카콜라 클래식'이라는 상표로 다시 시장에 내놓았다.

현재 코카콜라 비밀을 아는 사람은 단 2명뿐이다. 원래는 7명이었으나 5명은 죽고 2명만 남았다. 설탕, 탄산수, 캐러멜, 인산, 카페인과 콜라콩을 혼합한 것이나 나머지 1%가 비밀이다. 수많은 화학자가 그 비밀을 알아내려고 80년 이상 노력했으나 헛수고였다. 이 두 사람도 죽게 되면 조지아 신탁은행에 있는 비밀문서를 개봉한다. 그러나 미 약물관리국에 특정한 주원료 제품은 밝히지 않아도 된다는 규정이 있어 앞으로도 대중은 결코 알지 못하게 될 것이란다.

모건, 유대인 에디슨과 손잡고 GE를 탄생시키다

포경선으로 힘들게 잡아 만든 고래기름에 이어 록펠러의 등유와 가스등이 세상의 밤을 밝힐 때였다. 이 등유와 가스등을 대체할 새로운 에너지인 전기가 탄생을 준비하며 꿈틀대고 있었다.

에디슨은 1878년 여름에 가스등을 대체할 전기등에 대한 연구에 몰두하고 있었다. 강렬한 아크 불빛을 등으로 사용할 수 있는지의 실행 가능성을 실험하고 있었는데, 기본적인 문제는 등이 지나치게 가열되어 깨지지 않도록 하는 것이었다. 에디슨은 이 문제를 해결할 수 있다고 생각했다. 그는 안전하고 값싼 전등을 발명하겠다고 공식적으로 발표했다.

모건이 이런 기회를 놓칠 리 만무했다. 그는 본능적으로 사업 가능성을 직감했다. 그는 에디슨에게 합작회사 설립을 제의했다. 사실 백열등 문제는 50년 이상 많은 발명가를 절망시켰다. 그러나 에디슨의 과거 경력을 본 모건과 밴더빌트 등 투자가들은 에디슨에게 회사를 차려주고 3만 달러를 연구개발비로 지불했다. 당시로선 큰돈이었다. 오늘날 세계 최대 기업의 하나인 제너럴일렉트릭GE은 모건과 에디슨이 1878년에 설립한 '에디슨 전기회사'가 모태다.

그 이전에 파리 콩코드 광장의 가로등으로 실험적으로 설치된 것은 아크등이었다. 그러나 아크등은 너무 빨리 타버렸기 때문에 비실용적이었다. 이 문제는 필라멘트가 타지 않도록 용기나 유리구 안에 산소 없이 집어넣는 방법을 고안하여 해결되었다.

이 문제를 해결한 사람이 바로 에디슨이었다. 1879년 10월 21일, 그는 40시간 동안 빛나는 탄소 필라멘트 전등의 연구 결과를 직접 실험해 보였다. 약속대로 그는 백열등을 발명한 것이다. 에디슨이 전구를 발명하자 전기의 가치가 날로 높아갔다.

∴ 토머스 에디슨

모건이 추가로 30만 달러를 투자하여 이 가운데 25만 달러 상당의 주식으로 에디슨의 백열전구 특허권을 샀다. 1880년 말에는 1500시간을 견디는 16와트 전등을 시장에 내놓았다. 세기적 발명품 전등 덕분에 미리 대주주의 자리를 차지하고 있던 모건은 돈방석 위에 앉게 되었다.

모건과 에디슨, 세계 최초의 발전소를 뉴욕에 세우다

에디슨은 전구뿐 아니라 소형 발전기까지 만들어 모건의 집을 세계 최초로 전등으로 밝혀주었다. 모건은 이러한 전기를 세상 사람 모두가 혜택을 받게끔 대형 발전소를 만들도록 에디슨을 독려했다. 먼저 뉴욕 전체 가정에 전기의 놀라운 혜택을 알려주고자 했다. 이러한 모건의 의지와 자금력으로 에디슨은 뉴욕 펄스트리트에 헌 건물을 사들여 발전소를 만들기 시작했다. 마침내 1882년 9월 4일 석탄을 이용한 증기기관으로 운전되는 '중앙화력발전소'를 세웠다. 이 발전소는 200마력 발전기 6대와 증기기관 6기를 갖추고 있었다. 이것이 세계 최초의 상업발전소이다.

석탄을 이용한 최초의 화력발전소는 인류사에 또 하나의 획기적인 전환점이었다. 전기의 대량생산이 시작된 것이다. 이로써 1882년 9월 4일 오후 3시, 모건은행 사무실에 중앙화력발전소에서 송전되어 온 전기로 전등을 밝혔다. 그 뒤 전기는 거의 빛과 같은 속도로 전 세계로 퍼져나갔다.

우리나라의 경우에도 1887년 봄, 경복궁 향원정 옆에 설치된 동력 발전기에 의해 최초의 전등불이 밝혀지면서 이 땅에 전기의 사용이 시작되었다. 에디슨 밑에서 일했던 니콜라 테슬라에 의해 1891년에 송전력이 뛰어난 교류발전기가 개발되어 우리나라에도 1899년 5월 동대문에 화력발전소가 세워졌다.

GE의 탄생

모건은 벨이 발명하고 에디슨이 실용화시킨 전화사업에도 재빨리 손을 대 에디슨 전기회사를 1889년에 종합 전기회사인 '에디슨 제너럴일렉트릭 회사'로 이름을 바꾸었다. 에디슨 GE는 국내 기업들의 잇따른 주문으로 사업을 확장했다. 하지만 과다한 투자로 1890년 350만 달러의 빚을 지게 됐다.

모건은 경쟁 전구회사인 탐슨-휴스턴 사와 협상을 벌여 두 회사의 자산가치 3300만 달러보다 훨씬 많은 5000만 달러를 투자해 두 회사를 합병했다. 세계 최대 전기회사인 GE General Electric는 이렇게 탄생했다. GE는 다우지수의 초창기 멤버 중 현재까지 유일하게 남아 있는 회사다. 모건은 평생 동안 1000여 개의 발명품을 쏟아낸 에디슨을 활용해 부를 불려나갔다. 모건은 세계 최초의 벤처 캐피털리스트였던 셈이다.

인류는 전기에 관한 한 유대인의 덕을 보다

인류는 전기에 관한 한 유대인의 덕을 톡톡히 보고 있다. 낮을 밝히는 빛은 하느님이 창조했지만, 밤을 밝히는 빛은 유대인들이 만든 것이다. 전등과 발전소가 에디슨에 의해 발명되었다면 이를 실용화하여 전기를 대량 공급하기 시작한 것은 모건의 자본력이었다.

수력발전소는 화력보다 조금 늦은 1892년에 선보였다. 나이아가라 폭포에 세계 최초의 수력발전소가 건설되어 19세기 말부터 미국

의 주요 도시들은 조명의 혜택을 누렸다. 이로써 도시는 한결 안전한
곳이 되었다.

JP 모건, 미국 원탁회의그룹 설립

1891년 2월 로스차일드 가문과 영국의 은행가들이 모여 '원탁회
의그룹Roundtable Group'을 설립했다. 미국에서도 금융 자본가들이 이에
상응하는 조직을 만들었다. 이때 앞장선 장본인이 모건이었다. 미국
의 원탁회의그룹은 1921년 '외교협회Council on Foreign Relations'로 이름을
바꿨다. 외교협회 초대회장 존 데이비스는 모건의 개인 변호사였다.
영국의 원탁회의그룹도 그 전해에 이름을 '왕립국제문제연구소'로
개명했다.❖

❖ 쑹훙빙 지음, 차혜정 옮김,《화폐전쟁 1》, 알에이치코리아, 2008

나중에 왕립국제문제연구소는 금융 자본가를 주축으로 빌더버그 비밀회의를 발족시킨다. 첫 회의가 1954년 네덜란드 오스터비크 마을에 있는 빌더버그 호텔에서 개최되어 이후에도 이 비밀회의는 빌더버그 회의라 불렸다. 빌더버그 회의는 세계 유수의 금융가, 기업인, 정치인 그리고 주요 왕실이 함께하는 비밀모임이다. 초청된 인사들은 매년 한 차례 주말을 끼고 유럽이나 미국의 최고급 호텔에서 비공개로 모여 국제정세와 경제문제를 논의한다. 이미 공공연하게 알려져 있는 이 회의의 참가자 면면을 보면 유대계가 주도하고 있다는 인상을 강하게 받는다. 빌더버그 회의는 약 140명이 참가한 가운데 런던 북서부 와포드 그로브 호텔에서 2013년 6월에 열렸다.

우리가 잘 아는 다보스포럼도 유대인이 만들었다. 빌더버그 회의가 베일에 싸인 비공개적인 회의라면 다보스포럼(세계경제포럼)은 공개적인 경제포럼이다. 1981년부터 매년 스위스의 휴양도시 다보스에서 시대적 조류에 대한 토론을 통해 시대 여론을 주도하고 있다. 1938년 독일 태생의 유대인 클라우스 슈바브 하버드대학 교수가 1971년 비영리재단으로 창설했다.

모건, 〈뉴욕타임스〉를 통해 언론을 지배하다

19세기 중엽에 이르자 비대해진 산업자본은 여론을 의식하게 되었다. 따라서 언론의 산업 기구화가 나타나기 시작하였다. 1896년 당시 파산 지경에 빠졌던 〈뉴욕타임스〉를 독일계 유대인 아돌프 옥스가 모건의 자금지원으로 인수한 것이 유대인의 대형 언론사 접수의 첫걸음이다.

옥스는 이른바 황색언론에 혐오감을 갖고 〈뉴욕타임스〉를 정통 정론지로 키운다. 1898년에 그가 모건의 자금력을 바탕으로 신문가격을 내리자 판매부수는 3배로 늘어났다. 이로써 〈뉴욕타임스〉는 일약 권위 있는 신문으로 성장한다.

또 금융가의 지원을 받아 윤전기 등 시설을 최고 수준으로 바꾸는가 하면 신문을 찍고 난 시설을 교양서적의 출판에도 활용하였다. 그는 AP통신사에도 관여했고, 세상을 떠날 때까지 신문의 고급화에만 전력하였다. 이로써 〈뉴욕타임스〉는 오늘날 자타가 공인하는 세계 최대의 신문이 되었다. 오늘날에도 〈뉴욕타임스〉에는 모건스탠리가 대주주로 참여하고 있다.

카네기 철강

미국에서 억만장자 자본가가 나타난 것은 19세기 후반이다. 대표적인 사람이 철강왕이라고 불렸던 앤드루 카네기였다. 카네기는 스코틀랜드에서 태어나 미국으로 건너온 이민자였다. 그는 전보 배달원 등을 하면서 돈을 모았다. 1853년에는 펜실베이니아 철도회사에 취직하였다. 1865년까지 이곳에서 창업주 토머스 스콧의 비서 겸 전신기사 자격으로 근무하는 동안 장거리 여행자를 위한 장거리 기차 침대차에 투자하면서 큰돈을 벌었다. 얼마 후 구입한 농장에서 막대한 석유가 터져 벼락부자가 된다.

그에게는 미래를 내다보는 눈이 있었다. 스콧의 제의로 미시시피

강에 거대한 다리 건설 프로젝트를 진행하면서 철강의 중요성에 눈을 뜨게 된다. 그는 철강이 산업의 씨앗임을 간파했다. 그리고 효과적으로 투자자를 모으는 재능도 있어서 부자들을 설득해서 돈을 모아 제철공장을 세웠다. 그는 당시 영국에서 개발된 베세머 철강 제련기술을 도입해 오히려 영국보다 먼저 대량생산에 성공한다.

카네기가 세운 제철공장은 빠르게 성장했다. 그의 철강은 다리 건설, 철로 건설, 마천루 건설 등 다방면에 쓰이며 미국 산업을 한 단계 업그레이드했다. 회사를 세운 지 20년 만에 카네기는 미국의 제철산업을 지배하는 기업가로 성장했다. 그는 대담한 기업가였다. 자신의 공장에서 만든 철제품을 빨리 운송하기 위해 카네기 공장 전용철도를 건설했다.

당시 다른 거부들, 특히 록펠러의 수법과 마찬가지로 카네기의 축재 방법도 독점과 노동탄압이었다. 석탄 채광부터 운송과 생산까지 수직계열화하여 독점을 통해 산업 지배력을 높였다. 거기에 노동자들의 임금을 무자비하게 깎아버리고 이에 항의하는 노동자들을 수단과 방법을 가리지 않고 탄압하며 철강 가격을 제멋대로 정하는 등 횡포가 엄청났다.

일일 12시간 노동을 6일 동안 계속해서 철강 생산을 해온 노동자들의 피로와 부당한 대우, 열악한 환경, 동료들의 산재와 죽음 등이 화근이 되어 1892년 노동자들은 공장 주위에 바리케이드를 치고 농성을 시작했다. 이를 전복하려는 사측 단체와 총격전이 벌어져 9명이 사망하는 참극도 일어났다. 당시 미국 산업계의 전체적인 분위기가 그러했듯이 그가 부를 축적하는 과정에도 문제가 있었다. 훗날 이를 사회에 환원하며 아름답게 마무리하긴 했지만 말이다.

JP 모건, 카네기 철강을 거저 손에 넣다

1901년 매켄지 대통령이 암살당한 후 부통령이던 42세의 시어도어 루스벨트가 최연소 대통령으로 취임했다. 젊은 강성 대통령이 등장한 것이다.

그 무렵 금융, 철도, 전신, 전기산업 등 주요 산업들을 차례로 장악한 모건은 산업계를 계속 주도하기 위해서는 철강산업에 뛰어들어야한다고 판단했다. 그는 환갑이 넘은 나이에 페더럴제철 등 철강회사들을 설립했지만 성에 차지 않았다. 그는 미국 최대의 '카네기철강'에 눈독을 들였다. 당시 월스트리트에서는 아무도 가능하리라 생각지 않았던 회사들 사이의 합병이 엄청난 가격에 성사되었다.

카네기 사무실에 불쑥 나타난 모건은 말없이 수표를 한 장 내밀었다. 당시 철도화차 20대 분량의 금괴 값에 해당하는 천문학적인 금액인 5억 달러를 카네기에게 제시한 것이다. 담력 큰 카네기도 자기 눈과 귀를 의심했다. 결국 카네기 철강의 주인이 바뀌었다.

1901년 이를 인수하자 철도산업에서 인수합병을 주도했던 모건의 주특기가 나타났다. 그는 자신이 소유하고 있던 3개의 철강회사 페더럴 제강, 내셔널 제강, 아메리카 제강 등과 카네기 철강을 합병시켜 'US 스틸'이라는 미국 최대의 철강 공룡을 만들어 순식간에 철강업계를 장악했다. US 스틸의 경우 공장 800개에 자본금 7억 2000만 달러였다. 한마디로 거대한 독과점 트러스트였다.

　그 뒤 기업을 공개하여 주식을 공모했다. 카네기로부터 1주당 38달러로 계산하여 산 주가가 무려 55달러에 불티나게 팔려나갔다. 게다가 4개 회사의 합병으로 주식 수가 많이 불어나 있었다. 모건은 기업공개를 통해 미국 연간 예산보다도 더 많은 6억 8000만 달러를 며칠 만에 벌었다. 이는 전무후무한 수익이었다.

　결론적으로 자기 돈 한 푼 들이지 않고 미국 최대의 철강회사를 거저 손에 넣은 것은 물론, 가외로 1억 8000만 달러를 더 번 것이다. 이는 모건이 당시 제조업과 금융업을 같이 영위하면서 터득한 비즈니스와 금융을 연계할 줄 아는 감각의 결과였다. 그는 자본주의의 금융기법, 곧 돈의 논리를 꿰뚫고 있었다.

US 스틸 기업공개로
뉴욕 증시가 런던 증시를 앞지르다

　당시 US 스틸은 자본금 14억 달러로, 그 무렵 미국의 1년 예산 5억 2500만 달러보다 2.7배나 더 컸다. 이러한 공룡기업의 대규모 기업공개를 계기로 단박에 뉴욕 증시가 규모 면에서 런던 증시를 앞서나가기 시작했다.

　1920년대에는 US 스틸이 뉴욕증권거래소 시가총액의 60%를 차지했다. 당시 다우지수가 20개 기업으로 구성되어 있었는데, US 스틸이 나머지 모두를 합한 것보다 더 컸다. 이는 미국의 주력산업이 철도산업에서 철강산업으로 이동했음을 뜻했다.

모건은 시대의 흐름을 꿰뚫어보는 통찰력이 있었다. 게다가 이를 동시에 돈과 연결시키는 추진력이 탁월하였다. 모건은 인수합병의 귀재였다. 월스트리트의 자산가로서 모건의 명성은 더 높아졌다.

카네기의 제2인생, 자선사업

철강회사를 판 앤드류 카네기는 그 뒤 자기의 전 재산을 사회에 환원하며 사회사업가의 길을 걸었다. 특히 교육과 문화사업에 전념했다. 그는 사람이란 일생을 2기로 나누어, 전기에는 부를 축적하고 후기에는 그 부를 사회복지를 위해 써야 한다는 신념을 갖고 있었다. 1902년 1월 29일 당시로선 천문학적 액수인 2500만 달러를 기부하여 공공도서관 건립을 지원하는 워싱턴카네기협회를 설립했다.

카네기는 사회를 위한 부의 환원을 숭고한 이상이라고 하며, 미국 전역에 2500여 곳의 도서관을 지어 헌납했다. 카네기가 설립한 도서관에서 많은 이민자들이 책을 읽으며 아메리칸 드림을 꿈꾸었고, 실제로 그 꿈을 이루었다. 그 밖에도 카네기는 카네기회관, 카네기공과대학, 카네기교육진흥재단 등 교육·문화 분야에 3억 달러 이상을 기증했다. 그는 12개 종합대학, 12개 단과대학과 연구소를 지어 사회에 기증했으며, 교회도 5000개 가까이 지었다.

그는 은퇴 후 카네기공과대학을 현재의 카네기멜론대학으로 키워냈다. 돈 자체에 목적을 둔 삶이 아닌, 돈은 사회 발전을 위한 수단이라는 나눔의 가치관을 실천을 통해 보여주었다. 곧 그에게 돈은 목적이 아닌 수단이었다.

카네기는 신념을 잊어버리지 않으려고 33세이던 추운 겨울 어느 날 스스로에게 각서를 썼다. 그가 썼던 각서의 일부분을 소개하면 이렇다.

"인간은 우상을 갖고 있음에 틀림없다. 부의 축적은 가장 나쁜 종류의 우상숭배 가운데 하나다. 그 어떤 우상도 돈에 대한 숭배만큼 인간을 타락시키는 것은 없다. 나는 내가 관계하고 있는 일이면 그 무엇이든 전력투구해야 하며, 그 과정에서 특히 나의 정신적 삶을 고양시키는 일에 주의를 기울여야 한다. 사업에 대한 생각에만 지나치게 집착하면, 이는 영원히 회복이 불가능할 정도로 나 스스로를 타락시킬 것임에 틀림없다."

이것은 여느 기업가에게서는 볼 수 없는 특이한 행동으로, 부를 축적하는 과정에서 생기는 인간적인 갈등과 양심을 잃지 않으려는 고뇌를 엿볼 수 있다.

그의 명언 가운데 "부자가 되어서 부자로 죽는 것은 불명예다"라는 말이 있다. 실제 그는 자신의 재산 5억 달러를 후손들에게 물려주지 않고 모두 사회에 환원했다. 당시 미국 1년 예산에 버금가는 돈이었다. 이를 입증하듯 피츠버그에 있는 명문 카네기멜론대학을 비롯해 미국 곳곳에 있는 카네기박물관과 도서관, 예술관 등은 모두 그가 기증한 기금으로 세워진 것들이다. 현재 국제사법재판소의 건물인 평화궁도 지어 기증했다. 그는 지금도 미국의 살아 있는 신화이며 영웅이다.

시어도어, 모건의 노던증권을 독점금지법으로 기소

　미국은 급격한 산업화로 노동 문제, 도시 문제, 농민 문제가 불거졌다. 그러나 이전의 농촌 사회의 잣대로서는 풀기 어려운 숙제여서 미국에는 '혁신주의'라는 개혁의 바람이 분다. 또한 지나친 자유방임은 부의 편중을 심화해서 개인이 자유경쟁 시장에서 불리하게 만들었다. 오히려 미국의 국시라고 할 자유경쟁과 기회균등의 논리를 저해했다. 시어도어 루스벨트는 정부가 국민들 편에 서서 경제에 개입해야 한다고 믿었다.

　그는 독점기업 규제에 나서 개혁의 포문을 열었다. 대통령에 취임한 뒤 당시 모건이 몇몇 철도 재벌들과 함께 노던증권을 중심으로 강력한 철도 트러스트를 조직하려 한다는 정보를 입수했다. 노던증권은 모건이 1869년에 로스차일드 가문과 손잡고 만든 금융회사로 모건의 기업 인수합병의 자금원이었다. 한마디로 노던증권은 20세기 들어 무대 뒤로 얼굴을 감춘 로스차일드 가문의 미국 내 파이프라인의 하나였다. 이 정보는 당시 2대 핵심적 독과점 산업군이었던 철도산업과 금융산업의 융합으로 초대형 트러스트가 탄생될 것을 의미했다. 모건은 당시 무자비하게 문어발식 기업합병을 추진하고 있던 터였다. 국민과 언론은 노던증권의 공룡화를 우려하는 목소리를 내었다.

　이에 루스벨트는 이 문제를 모건과 논의해보려고 그를 백악관으로 불렀다. 그러나 모건은 대통령의 호출에 응하지 않았다. 루스벨트는 화가 났다. 그는 법무장관을 시켜 10여 년 전에 제정되었지만 유명무실하게 된 셔먼독점금지법으로 모건을 기소했다. 1902년 2월 모건의 노던증권은 독점금지법 위반으로 제소되었다.

국민들은 환호했다. 이런 일을 대통령이 하리라고는 상상을 못 했었다. 국민들은 드디어 정부와 대통령이 국민의 편에 서서 대기업을 규제하려 한다는 의지를 보았다. 노던증권은 셔먼독점금지법에 따라 강제 해산당해 분리되었다. 그 뒤 7년 동안 43개 독점기업을 제소했던 시어도어 루스벨트는 '트러스트 파괴자'라는 별명을 얻게 된다.

한편 루스벨트는 트러스트 파괴자라는 별명을 얻었어도, 독점기업을 모조리 파괴한 것은 아니었다. 그는 공익을 위해 정부가 기업의 중재자가 되어야 한다고 믿었을 뿐 현대사회에서 독점은 피할 수 없다는 것을 인식하고 있었다. 단지 사회에 해악이 되는 나쁜 독점을 분쇄하려 한 것이었다.

모건의 왕성한 식욕, 1907년 AT&T도 인수하다

그러나 이러한 사회적 환경과 독점금지법도 모건의 왕성한 식욕을 막을 수는 없었다. 1902년 모건은 매케믹 농작기계사와 디어링 농작기계사 등을 합병해 인터내셔널하베스터를 출범시켜 미국 농작기계 시장의 80%를 장악했다.

당시 세계에서 가장 큰 전신회사였던 모건의 웨스턴유니언은 그레이엄 벨의 '벨텔레폰'이 제안한 전화 기술이전 계약을 거부한다. 전화가 처음 발명됐을 때만 해도 처음에는 별로 인정을 받지 못했다. 그러다 나중에 웨스턴유니언은 에디슨이 한층 개량시킨 탄소 전화기로 전화사업을 시작한다. 당시 웨스턴유니언은 이미 40만 km에 달하는 전신망이 있어 이를 기반으로 전화사업을 독점해가기 시작했다.

웨스턴유니언의 독점적인 시장점유율과 우후죽순처럼 생겨난 경쟁 전화회사들로 인해 벨텔레폰은 큰 위협을 느껴 특허권 침해소송을 냈다. 1879년 벨텔레폰이 승소해 웨스턴유니언은 전화 특허기술을 잃고 전화기 사업에 막대한 타격을 입었다. 반면 벨텔레폰은 미국 최대 전화 사업체로 부상한다. 이후 벨텔레폰이 발전한 게 바로 AT&T American Telephone & Telegraph 였다.

1900년 들어 AT&T의 특허권이 대부분 만료되자 6000여 개의 지역 전화회사들이 우후죽순처럼 생겨났다. 이때 JP 모건이 등장해 1907년 AT&T 지분을 사들여 자신의 웨스턴유니언과 합병했다. 이때 벨과 에디슨은 제외되었다. 발명가들은 흔적도 없이 사라지고 비정하지만 자본가가 득세한 것이다.

이후 모건은 지방 전화회사들을 인수합병해 전국적인 독점체제를 이루었다. 당시 전화는 여성 교환원들이 연결시켜 주었다. 전화 통화량이 폭발적으로 늘어가자 이대로 가다가는 미국 여성 전원이 교환원으로 일해도 모자랄 지경이었다. 이때 발명된 것이 AT&T의 자동교환 시스템이었다. 이로써 AT&T는 통신시장의 80% 이상을 독점했다.

모건, 미국과 유럽 아우르는 금융제국을 건설하다

미국이 1900년대 초 파나마 운하를 건설할 수 있게 돈을 융통시켜 준 것도 JP 모건이었다. 운하는 1914년 완성되었는데 당시 그의 연봉은 500만 달러에 달했다. 이는 오늘날의 가치로 환산하면 30억 달러가 넘는다.

1910년 모건 나이 73세 때 런던에 투자은행 모건그렌펠을 설립했다. 이 은행은 모건 조직의 영국 본부가 되었다. 이로써 종갓집 'JP 모건' 은행과 1935년 JP 모건의 증권 부문이 독립한 '모건스탠리', 그리고 런던 법인 '모건그렌펠' 세 회사를 아우르는 모건 금융제국이 완성되었다.

이 3개 회사를 지칭하는 통칭 '모건 하우스'의 역사는 20세기 금융의 역사를 집약하고 있다고 해도 과언이 아니다. 모건 가문은 피바디 은행이 런던에 세워졌던 1838년부터 지금까지 세계 금융시장의 양대 축인 뉴욕 '월스트리트'와 런던 '더 시티'의 현장 한가운데 있었다.

은행과 증권업을 분리하는 금융 독점규제법 등장

레닌에 의하면 1904년 미국에서는 전체의 1%인 100만 달러 이상의 생산고를 가진 대기업들이 전체 노동자의 25% 이상을 고용해 총생산량의 38%를 생산했다. 5년밖에 지나지 않은 1909년의 숫자를 보면 이들의 지배력은 노동자들의 30%를 차지하고 생산량의 44%를 차지할 만큼 급속하게 증가했다. 그 뒤에도 재벌의 공룡화는 가속화되어 1929년 대공황이 끝난 후에는 미국 산업계를 JP 모건과 록펠러가 양분하다시피 했다. 이러한 분위기에서 싹튼 게 반독점 규제이다.

모건 가문은 금융계는 물론 당시 미국의 최대 산업이었던 철강산업의 70%, 철도산업의 1/3을 장악했다. 그러던 모건가도 경제사범으로 몰려 고생했다. 월스트리트의 금융황제 모건은 1912년 의회가 개최한 푸조 청문회에 불려 나가 독점 폐해의 주범임을 인정해야 했다. 그의 아들 잭 모건도 대공황 직후 페코라 청문회에 불려가 주가 조작에 개입한 혐의로 곤욕을 치렀다. 은행을 규제해야 한다는 여론이 들끓었다.

그 뒤 만들어진 '글래스-스티걸 법안'은 은행의 과도한 증권투자를 규제하기 위해 은행과 증권업을 분리하는 법안이다. 사실상 JP 모건을 분할하기 위한 법안이라고 해도 과언이 아니었다. 이 법에 따라 JP 모건 은행은 증권업을 전문으로 하는 투자은행인 '모건스탠리'를 새로 설립해야 했다.

1913년, JP 모건 잠들다: 의문의 재산들

모건은 말년에 램브란트, 다빈치의 작품 등 고가 미술품을 수집하며 중동과 유럽 여행을 즐겼다. 100년 전 이미 모건가는 정기적으로 이집트와 케냐로 이어지는 아프리카 루트를 통해 사파리 여행을 하면서 신성장 동력을 찾아 아이디어 개발시간을 가졌다. 미 연준이 설립되던 해인 1913년, 미국의 금융사와 산업사와 궤적을 같이했던 전설적인 인물 존 피어스톤 모건이 이집트 여행 중 얻은 병이 악화되어, 요양 중이던 로마에서 76세의 나이로 사망했다. 그의 사후 소장 미술품의 대부분은 뉴욕의 메트로폴리탄미술관에 기증되었다.

당시 다우 산업주 30종 가운데 9종이 모건 주였다. "기원전 4004년에 신이 세상을 창조하셨다. 그러나 서기 1901년이 되어 존 피어폰트 모건과 존 록펠러가 지구를 바꾸어버렸다"는 말이 나올 정도였다.

그러나 당시 그가 보유한 기업군에 비해 남긴 유산이 너무 적었다. 세간에는 분분한 이야기들이 많이 돌았다. 그의 소유로 알려진 재산 가운데 19%만 그의 것이었다. 그가 실제 오너가 아니고 결국 로스차일드 가문의 대리인이 아니었느냐는 이야기다. 나머지 재산의 실제 소유주는 장막에 가려 보이지 않는 로스차일드 가문의 것으로 추정되었다.

잭 모건의 등장, 아버지의 우울증을 애정으로 감싸다

하버드대학 졸업 후 세계의 금융센터였던 런던 모건 상사에서 금융수업을 받고 있던 존 피어폰트 모건 주니어, 곧 잭 모건이 급거 귀국해 JP 모건의 새 주인이 되었다. 그 외의 사업체들도 아들 잭 모건이 인수하였다.

원래 잭은 은행가보다는 의사가 되고 싶어 했다. 하지만 아버지가 모건 하우스를 가문의 명예로 여기기 때문에 25세 때 은행가의 길로 들어섰다. 이후 20년 동안 아버지를 도와 옆에서 일하면서 이익을 위해서라면 남을 희생시키는 일도 서슴지 않았던 아버지가 심한 우울증에 시달리는 것을 목도했다. 돈이 많다고 행복한 것은 아닌 모양이다. 그 후 다혈질의 아버지와 조용한 아들의 성격은 대조적이었다.

하지만 그는 자신이 아버지로부터 받은 것보다 더 많은 애정을 아버지에게 쏟았다.

존 피어폰트 모건 1세(왼쪽)와 2세(오른쪽)

존 피어폰트 모건이 사망한 반년 뒤에 개인소득세가 도입되었다. 그러나 그 시점에는 이미 부동산왕 애스터, 철도왕 밴더빌트, 죽음의 상인 듀폰, 곡물왕 카길, 철도왕 해리먼, 담배왕 듀크, 광산왕 구겐하임, 석유왕 멜런 등의 재벌이 모두 완성되어 있었다. 대부분 유대인들이었다.

1914년 제1차 세계대전, 자본가에게 전쟁은 기회다

JP 모건은 카리스마가 강한 인물로 번잡한 사교생활을 싫어했다. 생활도 검소한 편이었다. 그러나 아들 잭 모건은 그렇지 않았다. 그는 사려 깊었지만 되도록 낙천적인 성향을 가지려고 본인 스스로 노력했다. 아버지의 우울증을 지켜보면서 굳어진 생각이었다. 그는 연일 파티를 즐기는 등 사교생활을 좋아했다. 그리고 자기의 사교친구들 가운데 아이비리그 출신을 파트너로 끌어들여 경영에 참여시켰다. 잭 모건은 또 담보를 중시했던 선친과는 달리 대출해줄 때 신용과 성격을 중시했다.

잭 모건이 선친의 사업을 물려받은 다음 해인 1914년, 그에게 도약의 계기가 왔다. 제1차 세계대전이 일어난 것이다. 자본가에게 위기는 곧 기회였다. 잭 모건도 선친 못지않은 동물적 후각의 소유자였다. 그의 선친이 남북전쟁 과정에서 떼돈을 벌었듯 잭 모건도 제1차 세계대전을 최대한 활용했다.

미국은 전쟁 초기에 직접 참전하지 않았다. 대신 후방기지로서 무기 공급을 맡았다. 영국 정부는 1915년 초 월스트리트에서 가장 영향력 있는 JP 모건 상사를 전시자금 조달 및 무기매입 대리인으로 지정했다.

때마침 미국의 연방준비은행이 정식으로 출범한 직후였다. 1915년 1월 15일 연준을 대신해 모건 상사와 영국 정부는 대규모 신용대출에 대해 협의했다. 대출협약 금액은 놀랍게도 30억 달러였다. 이 건으로 모건 상사는 1%의 수수료를 받아 3000만 달러를 챙겼다. 5월에는 프랑스가 그 뒤를 따랐다. 프랑스와도 5억 달러의 대출협약이 이루어졌다.

잭 모건은 남북전쟁 때부터 무기 공급 사업을 같이했던 화학 독점 기업 듀폰과 손잡고, 미국 전역에 다이너마이트 공장을 세웠다. 그리고 화약류를 대량생산해 유럽에 공급했다. 유럽연합군이 대부분의 탄약을 미국에서 공급받은 까닭에 듀폰의 화약 생산량은 자그마치 전쟁 전의 26배로 늘어났다. 모건은 미국에서 이들 나라를 대신해 군수품과 기타 필요물품을 구매했다.

모건의 힘, 월스트리트 패권시대가 도래하다

당시 영국과 프랑스 등 연합국은 전쟁을 치르고 있었기 때문에 자체적으로 전쟁비용을 조달할 길이 없었다. 전시자금 조달을 책임진 잭 모건은 61개 채권 위탁판매상과 1500개 이상의 은행을 동원하였다.

그는 15억 달러 이상의 '자유채권'이라 이름 붙여진 전시공채를 개발하여 할리우드의 찰리 채플린 등 유명 배우들을 선전요원으로 동원해 국내외에 매각했다. 모건이 평소 영화제작비를 공급해주던 까닭에 자신의 영향권 아래 놓여 있던 사람들이었다.

제1차 세계대전 5년 동안 모건이 이런 식으로 조성해 연합군에 빌려준 돈은 그리 많지 않았다. 그러나 모건은 영국 정부가 가지고 있었던 미국 채권을 들여와 월스트리트에서 팔아주었다. 30억 달러가 넘는 거금이었다. 이 과정에서 모건은 엄청난 수익을 올렸다. 이를 계기로 미국과 영국은 채무국 관계가 역전되었다. 연합국의 무기매입 대리인이기도 했던 모건은 이 기간 중에 듀폰 등에서 사들인 군수물자 30억 달러어치를 연합국에 공급했다.

전쟁 과정에서 큰 수익을 올린 JP 모건 상사는 전후 유럽 재건사업을 위해 총 100억 달러 이상을 대출해주었다. 그 뒤 전 세계를 상대로 미국을 대표하는 최고 공신력 있는 은행으로서 전시공채 등 위험성이 큰 정크본드(투자적격 신용등급 이하의 채권) 판매중개에 적극 나섰다. 그러는 과정에 개발도상국이던 일본, 이탈리아, 벨기에 등에도 커다란 영향력을 행사할 수 있었다.

제1차 세계대전으로 미국은 기록적으로 발전했다. 무역흑자 규모도 천문학적으로 늘어났다. 반면 유럽은 전쟁의 참화로 폐허가 되었다. 화급하게 재건에 필요한 자금을 빌려야 했다. 유럽 각국 정부와 지방정부 그리고 기업들이 월스트리트로 몰렸다. 반면 영국은 전후 자본 부족으로 자본 유출을 못 하도록 규제했다. 이로써 런던의 더 시티는 그 위상을 뉴욕에 넘겨주었다.

모건 상사, 15개 철도회사로 1000개가 넘는 기업을 지배하다

1920년대에 들어서자 연방대법원이 정부가 제소한 US 스틸의 해체를 기각했다. 그러자 다우지수는 1906년 이후 세 번째로 100선을 돌파하였다. 1925년 무렵 모건 상사가 지배한 주요 15개 철도회사의 자산만도 85억 달러였다. 이 금액은 요즘 시가로 1조 달러가 넘는 엄청난 금액이었다. 하나의 철도회사 산하에 각기 수십 개의 회사가 문어발처럼 달려 있었다. 미국 내 발행 주식 가운데 47%가 철도회사 소유였고, 총 1000개가 넘는 기업들이 모건 상사의 지배를 받고 있었다. 따라서 실질적인 모건 상사의 자산총액은 여러 역사가들이 계산을 시도했지만 그 누구도 밝힐 수 없었다.

1923년 9월 24일자 〈타임〉지의 모건 주니어

모건이 이룩한 가장 중요한 업적은 뉴욕을 세계 금융 중심지로 확고하게 자리 잡도록 했다는 점이다. 그는 같은 유대계인 함부르크의 와버커 가문과 런던의 로스차일드 가문에 이어 뉴욕의 월스트리트에 모건 가문을 창설함으로써 세계 금융의 3대 축을 완성시켰다.

"그 분야의 1위나 적어도 2위가 되지 않으면 이익을 얻을 수 없다. 3위 이하는 소용없다." 잭 웰치의 이 말은 실상은 20세기 초에 JP 모건이 한 말이었다.

록펠러의 등장

소년 가장, 록펠러

존 데이비슨 록펠러는 존 피어폰트 모건보다 두 살 아래다. 1839년 뉴욕에서 태어난 록펠러는 1853년 오하이오로 이사해 거기서 자랐다. 록펠러는 집안이 어려워 어렸을 때부터 장사를 해야 했다. 그는 칠면조를 키워 팔거나 사탕을 대량으로 사서 낱개로 팔아 이윤을 남기면서부터 돈에 눈을 뜨기 시작했다. 그는 어려서부터 일기 대신 장부를 썼다. 돈을 벌거나 쓰는 숫자가 하루하루의 반성이었던 셈이다.

∴ 존 데이비슨 록펠러

1855년 15세 때 록펠러는 고등학교를 중퇴했다. 그리고 6개월짜리 비즈니스 코스에 들어간 그는 과정을 3개월 만에 마치고 곡물 위탁판매회사의 경리사원 보조로 취직했다. 처음 3개월 동안 일하고 받은 돈은 50달러였으나 회사 측은 일 잘하는 그를 정식 사원으로 채용하면서 임금을 한 달에 25달러로 올려주었다.

록펠러는 그렇게 해서 번 돈 1000달러와 아버지한테서 빌린 1000달러를 합해 19세 때 친구와 함께 아예 곡물 중개회사를 하나 차렸다. 1961년 남북전쟁이 터지면서 이 회사는 대박을 치게 된다. 그는 북군에 소금과 돼지고기를 팔아 막대한 이득을 얻었다. 같은 해 조지 비셀이 펜실베이니아에서 석유 시추에 성공한다.

원래 석유石油라는 이름은 바위틈에서 흘러나온 기름이라고 해서 붙여진 것이다. 영어 petroleum도 petra(돌)란 말과 oleum(기름)이란 라틴어 단어를 묶어 만든 말로 '돌에서 얻은 기름'이란 뜻이다. 이렇듯 예전에는 석유는 바위틈에서 흘러나오거나 지표면에 간혹 자연 분출된 것들이 소량 시중에 나왔다. 그러나 처음에는 용도가 없어 간혹 약국에서 상처를 치료하는 데 바르는 연고 정도로 쓰였다.

석유는 기원전부터 오랫동안 '역청'으로 불리며 액체, 고체 또는 기체로 변장하며 사람을 현혹시키는 마법의 물질이었다. 성서에 보면 역청이 노아의 방주에 방수용으로 쓰였다고 기록되어 있으며, 기원 전 3000년경 메소포타미아 지방의 수메르인은 이미 아 스팔트를 재료로 조각상을 만들었고, 바빌로니아인도 아스팔트를 건축에 접착제 로 사용한 기록이 남아 있다.

조지 비셀, 유전 개발에 성공하다

월스트리트 변호사인 조지 비셀은 휴가차 내려온 고향에서 석유 샘플을 본 순간 직감적으로 연료로서의 가능성을 알아차렸다. 그는 '약국에서 의약품으로 팔리는 석유를 파내 조명용으로 쓰면 돈을 벌 수 있지 않을까' 하는 아이디어가 떠올랐다.

그리고 예일대학 벤저민 실리먼 교수에게 석유 성분 분석 및 용도 조사를 의뢰했다. 그는 지하의 소금 광맥을 찾아내 뽑아 올리는 중국의 염정 굴착기술을 동원하면 석유도 찾을 수 있다고 믿었다. 1855년 4월, 보고서는 '석유는 다양한 물질로 분류될 수 있으며, 값싼 공정으로 램프에 사용할 수 있는 양질의 기름도 얻어낼 수 있다'고 결론 내렸다.

그 뒤 비셀은 보고서를 들고 투자자들을 모집했다. 마침내 펜실베이니아 석유회사를 세우는 데 성공해 석유 시추 현장 책임자로 에드윈 드레이크를 고용했다. 그리고 소금 광산 주변부터 찾아보도록 시켰다. 보통 석유가 솟아나는 곳은 염정 부근이었기 때문이다.

드디어 1년간의 노력 끝에 1859년 펜실베이니아 주 타이터스빌에서 처음으로 석유가 나왔다. 드레이크가 기계 굴착 방법으로 암반 밑 21m까지 뚫어 유전 개발에 성공한 것이다. 그가 타이터스빌에서 최초로 유전 개발에 성공한 것은 그 지역이 전부터 오일크리크Oil Creek(석유가 흐르는 강)라고 불리는 데에서 착안한 것이다. 유정 발견에 성공한 드레이크는 곧 펌프를 설치해 그날부터 매일 30배럴씩 원유를 퍼 올렸다. 비록 소량이었지만 당시 시장수요로 보아서는 충분한 양이었다. 석유는 배럴당 20달러로 날개 돋친 듯이 팔려나갔다. 이것이 근대 석유산업의 시작이다.

록펠러, 석유의 가능성을 보다

이후 석유로 인해 세상의 많은 부분이 변한다. 우선 비싼 양초와 고래기름에 의존하던 조명이 등유로 바뀌었다. 당연히 경제사에도 일대 전환점이 되었다. 드레이크의 성공을 계기로 석유에 대한 관심은 급속도로 확산되었다. 곧 석유 발견 소식을 듣고 몰려든 투기꾼들은 드레이크의 유정 근처에 굴착 탑들을 설치하고 구멍을 뚫기 시작했다. 타이터스빌은 노다지판으로 둔갑해 벼락부자들이 속출했다. 드레이크가 석유를 발견한 지 15개월 뒤인 1860년 말에는 약 75개의 유정이 원유를 뿜어냈다. 원유를 등유로 바꾸는 정제시설도 15개나 들어섰다.

사용처도 불분명한 석유 개발에 수많은 사람이 몰렸던 이유는, 마침 꺼져 가는 골드러시 열풍을 대신할 황금의 기회가 석유라는 인식 때문이었다. 오일크리크 계곡의 산유량은 최초 연간 2000배럴에서

∴ 석유회사의 기사인 E.L. 드레이크(오른쪽)와 최초의 유정 (1866년경). 우물 파기로 21m 지하에서 석유 퍼내기에 성공했다.

10년 동안에 500만 배럴로 크게 늘어났다. 19세기 말 텍사스가 등장하기까지 펜실베이니아 유전지대는 미국은 물론 전 세계에서 가장 큰 산유지역이었다. 이후 록펠러가 살던 오하이오 주를 비롯한 인근 주들이 석유산업 지대가 되었다. 록펠러는 남북전쟁 (1861~1865) 중에 석유 수요가 급증하는 것을 보고 석유업계에 관심을 갖게 된다.

수십 미터의 지하 암반 속에서 솟구쳐 오르는 검은 액체가 수많은 백만장자를 탄생시켰다. 당연히 석유탐사와 채굴 붐이 불었다. 그 무렵 채굴업자들은 석유 시추기술을 당시 철도 건설 현장에서 일하던 중국인들한테 배웠다. 옛날부터 중국인들은 소금을 얻기 위해 땅을 팠던 기술이 당시 석유 시추기술보다 훨씬 앞서 있었다.

중국의 시추기술이 석유시대를 열다

중국은 고대로부터 땅에서 소금을 파내 썼다. 그들이 쓴 방법은 지하수를 이용하는 것이었다. 땅속을 깊이 파면 지하수가 나오고 더 깊이 파면 염수층이 나온다. 소금기 있는 지하수인 염수鹽水를 끌어내기 위해서는 지하로 1km 이상을 파고 들어가야 했다. 지하 1km를 파 내려가는 것은 우물 파듯 할 수 있는 게 아니라 간단하지 않았다. 고도의 시추술이 필요한 것이다. 더구나 1.5km까지 파 내려가는 것도 예사였다고 한다. 사람이 내려갈 수 없으니 정교한 기술이 필요했고 마침 제철업의 발달로 다양한 도구가 있어 가능했다.

이미 중국은 기원전 4세기경부터 이런 시추술로 염수를 끌어올린 뒤 이를 큰 솥에 끓여 소금을 만들었다. 더구나 중국인들은 그 과정에서 석유와 천연가스도 발견했다. 보통 염수층 밑에 가스층과 유전이 있었다. 그래서 연료로 사용하고 대나무 파이프로 수십 킬로미터 떨어진 곳까지 이동시키기도 했다.

1800년대 초까지만 해도 미국에서 제염업자들이 염수를 찾다가 석유를 발견하기도 했는데 석유를 쓸데없는 방해물로 여겼다. 염수와 함께 갈색의 기름이 분출되면 기름이 수면에 뜨는 원리를 이용해 저수조의 상부에 모아두었다가 근처의 강으로 흘려보냈다.

당시 중국에서는 석유가 나오는 우물을 화정火井이라 하고 석유를 석칠石漆이라 불렀다. 요즘으로 치면 유전과 석유이며, 대나무 파이프는 송유관이다. 중국은 이 기술로 기원전부터 지하에서 소금과 석유를 파내 쓰고 있었다. 미국은 철도 건설에 동원된 중국인 노동자들에게 이 시추기술을 배웠다.

등유, 가정의 밤을 밝히다

록펠러는 석유를 찾아내는 일보다 앞으로 석유가 가져올 파급효과에 관심을 쏟았다. 석유는 채취한 그대로 등화에 사용했을 경우 메케한 연기와 함께 냄새가 나고 그다지 밝지도 않았다. 그러나 이를 증류 정제해 등유를 만들면 고래기름 못지않게 밝은 빛을 냈다.

그 뒤 텍사스 등 각 주에서 석유 생산이 이루어져 종래 석탄을 원료로 쓰던 정유공장들도 석유로 원료를 바꾸었다. 그리고 신규 정유공장들도 속속 건립되었다. 클리블랜드, 피츠버그, 필라델피아, 뉴욕 및 텍사스 산유지가 정유산업의 5대 밀집지역으로 떠올랐다.

처음에는 석유에서 램프용 등유가 제조되고 그 부산물로 양초를 만들 수 있는 파라핀납이 나왔다. 등유는 재래의 등화연료였던 고래기름, 식물유, 목랍(옻나무 열매 기름) 등에 비해 연기와 냄새가 적을 뿐 아니라 불빛이 밝아 바로 인기를 끌었다. 그 이전까지만 해도 거리의 가로등에 고래기름이 대량으로 사용되었다. 그래서 포경이 미국의 대표산업이 된 것이었다. 한 번 출항하면 2년 동안은 돌아오지 않는 포경선에 물, 채소, 석탄 등을 공급하는 보급기지가 필요했다. 미국의 페리 제독이 일본에 개국을 요청한 것도 포경선에 물품을 보급하기 위해서였다.

하지만 고래기름은 가격이 비쌌다. 게다가 고래의 남획으로 공급도 점차 줄어들었다. 그러는 동안 석탄을 증류해 조명용 가스를 생산해냈으나 이의 주 용도는 거리 조명등이었다. 가정용으로는 거의 사용되지 못했다. 가스관을 통해 공급되어 고정된 장소에서만 사용해야 할 뿐 아니라 연소 시 소음과 열이 많이 발생해 폭발 위험성이 있었다.

하지만 등유는 달랐다. 가스와 달리 폭발 위험도 없고, 소음도 없을 뿐 아니라 파이프를 설치할 필요도 없었다. 원하는 장소 어디든 이동할 수 있었다. 등유 램프는 당시 센세이션을 일으켰다. 이후 정유회사들은 검은 액체를 정제해 주로 램프용 등유를 만들었다. 이로써 본격적인 '정유시대'를 가져왔다.

석유는 미국인들의 생활양식까지 바꾸었다. 해가 지면 잠자리에 들던 사람들이 등유 램프 덕에 밤늦게까지 책을 읽거나 다른 일을 할 수 있었다. 초기 사업자들은 원유에서 등유만 추출하고 남은 액체를 찌꺼기라고 생각해 청소업체에 돈을 주고 치우거나 몰래 내다 버렸다. 중유나 휘발유의 가치를 깨닫게 된 것은 19세기 후반이다.

록펠러의 선택, 정유산업

록펠러는 당시 열병처럼 번지던 석유탐사 흥분에 휩싸이는 대신 다른 미래를 그렸다. 그는 '진짜 돈'은 석유 채굴이 아니라 운송과 정유를 담당하는 중간상인임을 간파했다. 록펠러의 선택은 정유사업이었다. 그는 친구와 함께 차린 곡물 중개회사를 계속하면서 1863년 오하이오주 클리블랜드에 정유소를 설립했다. 당시 정제시설이란, 뒷마당에 설치된 과학실험실 정도의 규모였다. 그런데 이게 돈이 되었다. 이후 이것이 번창해 주업이 되었다. 그 무렵 클리블랜드에만 20개의 정유회사들이 있었는데 모두 대박을 쳤다.

석유가 산업용으로 다양하게 쓰일 가능성을 보이자 그는 유전 개발에 뛰어들기보다 한

∴ 석유 정제(왼쪽)와 연료 공급(오른쪽). 석유는 1859년경부터 등유로 이용되기 시작했다.

수 앞을 내다보고 부가가치가 더 높은 정제공장을 차렸다. 그의 예상은 적중했다. 솟구쳐 오르는 검은 액체도 정제하지 않으면 끈적끈적한 구정물에 지나지 않았기 때문이다. 그는 정유사업이 돈이 되자 남동생들 윌리엄과 프랭클린 그리고 새뮤얼 엔드루스와 헨리 플래글러 같은 경험 많은 기업가들을 끌어들였다. 1867년에 이루어진 이들의 동업은 승승장구했다. 훗날 막냇동생 프랭클린은 중도에 목장 경영자가 되어 두 형과 다른 길을 걸었다.

윌리엄 록펠러, 뉴욕에서 중요한 인맥을 쌓다

존 록펠러는 1866년 동생 윌리엄 록펠러를 뉴욕에 파견하여 록펠러상회를 설립하도록 했다. 이는 석유 수출 업무를 하면서 중요한 은행 일을 전담토록 한 것이다.

∴ 윌리엄 록펠러

이때 윌리엄은 뉴욕에서 중요한 인맥을 쌓게 된다. 그는 뉴욕에서 JP 모건, 훗날 씨티은행이 되는 뉴욕내셔널씨티은행장 제임스 스틸먼, 철도왕 밴더빌트 등과 교류하며 금융가들과 인맥을 쌓았다. 이들이 록펠러가 석유왕으로 크는 데 결정적 도움을 주게 된다.

물류비용이 관건: 철도회사와 승부 보다

경쟁적인 유전 개발로 석유 가격이 폭락을 거듭했다. 유전을 갖고 있는 사람들은 무작정 석유를 캐내지 말고 생산량을 할당해 가격 폭락을 막자는 데 동의했다. 하지만 그 누구도 약속을 지키지 않았다. 유전을 갖고 있는 사람들이 난립해 있어 서로 힘을 모으기 어려운 데다 조금이라도 석유값이 오르는 기미가 보이면 너나없이 채굴량을 늘렸기 때문이다.

철도회사들은 석유 수송이 일정하게 이루어지기를 바랐지만 석유 생산량이 들쑥날쑥해 유통량을 조절하기 어려웠다. 석유 채굴업자들의 치열한 경쟁 때문에 생산이 비조직적으로 이루어졌기 때문이다. 그래서 한 주는 정신없이 물량이 쏟아지다가, 다음 주에는 파리가 날리는 상황이 되풀이됐다. 수요가 불규칙한 이런 상황은 철도회사에 그만큼 비용이 많이 드는 것을 뜻했다.

록펠러는 정유사업에서의 관건을 물류비용이라고 보았다. 경쟁자보다 물류비용에서 우위를 점하는 것이 사업 성공의 열쇠라고 확신했다. 록펠러는 밴더빌트가 경영하는 철도회사에 일정한 원유 수송량을 보장해주는 대신 운송료를 깎아달라는 협상을 벌인다. 운송료를 할인해준다면 운하를 통한 석유 수송을 중단하고 레이크쇼어 철도회사에 매일 유조차량 60대 분량의 운송을 보장하겠다고 제의했다. 철도회사는 제안을 받아들인다.

하지만 당시 록펠러의 정유 생산량은 30대 분량이었다. 그는 밴더빌트와의 약속을 지키기 위해 대출을 받아 주변 정유공장들을 사들이기 시작한다. 이를 통해 60대 분량의 정유를 수송시킬 수 있었다.

이 과정에서 그는 취급 물량이 커야 수송단가를 낮추어 가격 경쟁력이 생긴다는 것을 절감하게 된다. 경쟁업체보다 운송비가 적게 드니 판매량도 늘어나기 시작했다.

스탠더드오일 설립으로 정유업계를 장악하다

록펠러는 거기에 만족하지 않았다. 철도회사와의 운송료 협상에서 더 유리한 고지를 차지하기 위해 주변 정유공장을 흡수합병하는 전략을 짠다. 그 시작이 자신의 회사 이름을 바꾸는 것이었다. 이로써 1870년 1월 1일, '스탠더드오일'이라는 회사가 탄생했다. 스탠더드오일은 정유사업과 제조공장, 창고, 운송시설, 유조차 등 석유 관련 설비를 갖추고 미국 전체 정유시장에서 10%의 점유율을 갖고 있었다.

스탠더드란 회사 이름은 고객 지향적이었다. 당시 사람들은 등유에 불순물이 섞여 폭발이 일어나지 않을까 우려했는데, 회사 이름은  자기 등유는 균질(스탠더드)한 품질이라는 것을 상징했다. 스탠더드오일은 미국 최초의 주식회사였고, 미국 최초로 중역회의 제도를 실시했다. 투자자들은 회사 부채에 책임을 지지 않는 주식회사에 거리낌 없이 투자했다.

독점을 향한 인수합병을 시작하다

록펠러는 석유산업에 투신한 뒤 기술 개발은 물론 현장 밀착경영을 통해 원가절감 요소를 찾아냈다. 그런 방식으로 타사에 비해 경쟁우위를 확보한 뒤 철도운임 협상으로 절대적인 우위를 확립했다. 그 뒤 존과 윌리엄 형제는 차례로 동료 정유업자들을 설득 내지 협박하여 담합 신디케이트를 조직했다. 그리고 경쟁력을 바탕으로 아예 경쟁을 회피하는 독점전략을 사용했다. 높아진 경쟁력을 바탕으로 당시 물류를 담당하는 핵심수단인 철도를 장악했다. 그러고는 경쟁자들을 압박해 들어갔다.

이렇듯 설립한 지 얼마 안 되어 미국 최대의 정유회사가 되면서 록펠러는 자본력으로 전쟁하듯 경쟁기업들을 인수하거나 쓰러뜨려 나갔다. 자본주의 병폐 가운데 하나는 자본력이 커진 기업은 돈 되는 사업은 무엇이든지 집어삼키고, 경쟁 상대는 더 커지기 전에 박살 내는 것이다. 록펠러도 마찬가지였다. 그는 유전과 정제시설을 싼값에 매입해 막대한 이익을 남기는 식으로 재산을 모으는 이른바 '금융 비즈니스'로 석유산업을 거의 송두리째 장악해 트러스트를 결성했다. 그 과정을 보자.

록펠러는 시장 독점을 향한 자신의 꿈을 실천에 옮겼다. 그는 스탠더드오일의 귀찮은 경쟁자들을 인수합병하거나 도태시키는 계획을 차근차근 진행한다. 경쟁자들에겐 두 가지 선택을 제안했다. 경영권을 그에게 상납하고 주식을 배분받든가, 독자적으로 해나가려다 파산하든가 둘 중의 하나였다.

록펠러는 가장 큰 경쟁업체부터 시작해서 차례로 이 선택안을 갖고 교섭에 들어갔다. 경쟁자들과의 회동에서 록페러는 이 계획이 모두에게 이익이 될 것이라고 설명했다. 그는 사실 '규모의 경제'를 믿고 있었다. 그리고 덩치가 커야 철도 협상도 더 수월하게 진척시킬 수 있었다. 이미 절대적인 우위를 누리고 있던 록펠러는 클리블랜드의 주요 은행 간부들에게 스탠더드오일의 주식을 일정액 양도함으로써 쐐기를 박았다. 독립을 지키려는 정유사들에 아예 금융 지원을 차단한 것이다.

록펠러의 인수전은 전격적이었다. 1871년 12월에서 1872년 3월까지 그는 일명 '클리블랜드 대학살'로 알려진 기업 인수합병 전쟁을 치렀다. 뉴욕에서 15개, 필라델피아에서 12개, 피츠버그에서 22개, 석유지대에서 27개의 정유사를 인수했다. 그중 6개 사는 단 이틀 만에 인수를 끝냈다. 전쟁이 끝나자 스탠더드오일만이 홀로 우뚝 서 있었다.

그는 그렇게 전쟁에서 승리를 거두었다. 몇몇 회사들은 스탠더드오일의 독점에 휘말리지 않으려고 경쟁사를 매입했다. 하지만 결과적으로 오래 버티지 못하고 스탠더드오일에 인수돼 록펠러에게만 좋은 일을 해주고 말았다.❖

❖ 정혁준, "스탠더드 오일의 탄생", [정혁준의 기업가정신을 찾아서] 블로그, 2011년 9월 28일, http://blog.hani.co.kr/june/37837

록펠러, 송유관으로 승부하다

이 과정에 우여곡절도 있었다. 록펠러는 밴더빌트보다 더 싸게 오퍼한 토마스 스콧이 운영하는 펜실베이니아 철도로 정유 운송을 바꾸었다. 그랬더니 밴더빌트와 스콧이 단합하여 운송료를 대폭 올렸다. 록펠러는 이를 중대한 도전으로 받아들였다.

그는 고민 끝에 결단을 내렸다. 정유업계와 철도업계 간의 운명을 건 한판 승부만이 남아 있었다. 그는 송유관을 깔아 철도를 아주 배제하는 극단적인 방법을 채택했다. 우선 미 동부를 송유관으로 연결했다. 결과는 록펠러의 승리였다.

최대 운송 화물을 잃어버린 철도는 주식값이 폭락하기 시작했다. 철도회사 운영이 어려워지자 노동자들의 파업과 폭동이 잇달았다. 펜실베이니아 철도 차량기지와 철도 차량들이 방화되어 폐허가 되었다.

록펠러, 미국 최초의 트러스트를 결성하다

이렇게 해서 창업한 지 9년 만에 미국 전체 석유의 95%를 스탠더드오일 회사가 정제할 수 있었다. 이것이 그 유명한 독과점 신디케이트의 효시다. 모건이 철도왕 밴더빌트로부터 거대 철도회사를 넘겨받은 시점이었다. 당시 미국 산업계의 '사자' JP 모건에게 필적할 만한 거대한 구렁이 '아나콘다'가 나타난 셈이었다.

95%를 석권했다는 것은 실로 놀라운 독점력이었다. 1880년 미국

전체의 정유액 3500만 달러 가운데 3300만 달러를 장악해 1882년 미국 최초의 트러스트를 결성한 것이다.

석유업계를 바꾸어놓은 철제 탱커의 등장

대형 회사가 아니었던 스탠더드오일이 그렇게 빠른 성장을 할 수 있었던 이면에는 숨은 스토리가 있다. 록펠러는 석유를 운반해주는 '유니온탱커카' 회사를 가지고 있었는데, 이를 통해 회사를 확장했다. 미국에서 1800년대 후반까지는 석유를 주로 포도주 통으로 운반했다. 그 때문에 중간에 석유가 새거나 증발되어 없어지는 일이 흔했다.

이때 밀폐된 철제 탱크를 처음 개발한 것이 바로 록펠러의 유니온 탱커카 회사였다. 이 회사로 인해 기존의 나무통으로 운반하던 다른 운송업체들이 모두 망했다. 그리고 독점이 된 록펠러 운송회사가 운반 양을 줄여나갔다. 그러자 판매수단을 잃어버리게 된 대부분의 석유업체들이 파산 직전에 이르렀다. 록펠러는 특히 1900년에서

1910년 사이에 이런 과정을 반복하면서 파산 직전에 이른 회사들을 거저 줍다시피 했다.

록펠러는 독점에 대한 나름대로의 철학이 있었다. 스탠더드오일이 단단한 독점체제를 유지하는 동안 등유 가격은 80% 이상 인하되었고 품질혁신은 물론 산업 역시 비약적인 발전을 이루었다.

석유가 중요한 수출품이 되다

미국뿐 아니라 등유는 세계로 퍼져나갔다. 석유가 중요한 수출품이 된 것이다. 1861년 12월 세계 최초로 범선 엘리자베드 왓츠호는 타이터스빌의 석유통을 싣고 런던으로 수출한 이래 프랑스, 독일, 스페인 등 유럽으로 수출했다. 원유에서 얻어진 등유가 등화용으로 우수하다는 것이 알려지면서 등유 램프의 사용이 19세기 말에 전 세계에 크게 보급되었다. 그러자 서부 펜실베이니아 전역에 석유 시추공들이 설치되어 갑자기 공급과잉이 되었다. 생산과잉으로 원유값이 떨어져 배럴당 20달러였던 원유 가격이 1달러 20센트까지 폭락해 많은 석유회사가 파산했다.

생산과잉을 해결할 수 있는 길은 수출 증대밖에 없었다. 1861년 석유 수출이 시작된 뒤 1880년대에는 세계적인 수요 증가에 힘입어 미국의 석유 수출량이 국내 생산량의 60%를 웃돌았다. 내수용보다 수출량이 앞선 것이다. 1882년에는 수출량이 816만 배럴로 전 세계 시장을 거의 독점하였다. 세계의 등유 수요가 늘어나 미국의 석유 수출이 1900년에는 3140만 배럴로 늘어났다.

러시아가 세계 최대 산유국으로 부상하다

한편 석유가 돈이 되자 유럽과 러시아도 석유사업에 뛰어들었다. 1879년 러시아가 카스피 해 부근 바쿠 유전을 개발하였다. 당시 이곳 유전의 매장량은 세계 최대 규모였다. 1880년대에 로스차일드, 루드비히, 선박왕 마커스 사무엘 등 유럽의 유대인들이 바쿠 지역 유전 개발회사들을 앞다투어 설립했다. 이들의 대규모 투자로 1888년에는 러시아 석유 생산이 미국의 생산량을 앞질렀다.

러시아 황제는 1873년 이후로 외국 자본에 대해 바쿠 지역을 포함한 코카서스 지방의 석유탐사를 인정하고 있었다. 당시 이 지역에는 스웨덴의 다이너마이트 발명가 노벨의 두 아들이 이권을 획득해두고 있었다. 자금조달 문제에 직면한 노벨 형제는 프랑스의 로스차일드 은행을 이 사업에 끌어들여 러시아산 원유를 판매하기 시작했다. 이것이 얼마 후 록펠러의 독점과 부딪치게 되자 여기서 노벨 형제와 로스차일드 은행은 유럽 시장에 대해 록펠러와 타협을 보았다. 유럽 시장을 양자가 분할하기로 잠정 합의한 것이다.

그러나 그 뒤에는 여러 강자들이 등장하면서 자유경쟁시대로 돌입하게 된다. 1890년대에는 인도네시아 석유를 개발하기 위해 네덜란드의 판 덴 베르흐 등이 '로얄더치'란 회사를 설립했다. 세계 석유시장을 놓

고 스탠더드오일과 경쟁하면
서 로얄더치는 물론 영국 사
무엘의 셸Shell도 세계적 규모
의 거대 석유회사로 성장했
다. 또 1897년에는 사무엘이
셸트레딩앤트랜스포트 사를
설립해 보르네오에서 석유 개
발을 시작했다. 이들 두 회사
는 1907년에 제휴하여 로열
더치셸 그룹을 이루었다.

♣ 카스피 해 위치도

    그동안 등유는 주로 등화
용으로 사용되었으나 20세기에 들어서면서 난방용으로까지 확대되
었다.

세계 최초로 유조선을 고안한 마커스 사무엘

    나전칠기는 우리 고유의 대표상품이다. 그런데 한 유대인 소년이
나전칠기로 성공해 세계 경제사에 큰 획을 그었다.

    동유럽의 유대인 박해로 영국으로 피난해 어려운 생활을 하던 유
대인 일가가 있었다. 양친은 손수레에 잡화를 싣고 다니면서 행상으
로 생계를 이어갔다. 이 집에는 11명의 아이가 있었다. 특히 열 번째
아들은 머리가 좋고 활력이 넘치는 아이였다. 하지만 학교 성적은 좋
지 않았다.

그가 고등학교를 졸업하자 아버지는 아들에게 선물을 하나 주었다. 유대인들은 한 시기를 매듭지을 때 반드시 선물을 하는 습관이 있다. 아버지의 축하 선물은 아시아로 가는 배표 편도 한 장이었다. 돌아오는 표는 없었다.

그러면서 아버지는 아들에게 두 가지 조건을 내세웠다. 안식일 전에 어머니를 안심시키기 위해 반드시 편지를 쓰라는 것과 아버지는 이제 늙었고, 또 10명의 형제자매가 있으니 집안 살림에 도움이 될 만한 일을 여행 중에 생각해보라는 부탁이었다.

아들은 18세의 나이로 런던에서 혼자 배를 타고 일본 요코하마까지 갔다. 그때가 1871년이었다. 그의 재산이라곤 주머니에 있는 5파운드가 전부였다. 5파운드는 오늘날로 계산하면 10만 원 정도 되는 돈이다. 일본에 아는 사람도 없고 기거할 집도 없었다.

그는 '쇼난'이라는 해안에 도착해 빈 판잣집에 들어가서 며칠 지냈다. 거기에서 그는 이상한 것을 하나 보았다. 매일 일본 어부들이 바닷가 개펄을 파서 조개를 캐고 있었다. 직접 손에 쥐고 보니까 굉장히 아름다운 조개였다. 그는 직감적으로 이런 조개를 가공해 단추나 담배 케이스를 만들면 아름다운 상품이 되지 않을까 하는 생각이 들었다. 그래서 자신도 열심히 조개를 캐기 시작했다.

그 뒤 그는 자신의 아이디어대로 조개를 가공해 단추와 장식품을 만들어 영국으로 보냈다. 그의 아버지는 이걸 손수레에 싣고 다니며 팔았다. 당시 런던 사람들은 처음 보는 조개 장식을 진기하게 여겨 날개 돋친 듯이 팔렸다. 얼마 후 아버지는 돈을 벌어 행상을 그만두고 조그마한 가게를 열었다. 조개 제품이 의복의 단추나 장신구로 사용되어 큰 유행을 일으켰다. 가게는 번창해 2층이 되고, 3층이 되었다.

그 뒤 런던 빈민가에 있던 점포를 부자동
네로 옮겼다. 장사가 잘되자 마커스는 일본
에서 나전칠기 화장대를 비롯한 나전칠기
제품을 대량으로 수출했고 아버지는 이를
도매로 팔았다. 런던에서는 아버지의 사업이
날로 번성하고, 일본에서는 아들 사업이 번창
했다. 이 청년의 이름이 마커스 사무엘이다. 히브리어 이름은 모르드
카였다. '모르드카'라는 이름은 에스더서에 등장하는 '모르드개'와
같은 이름이다.

1876년에 사무엘은 요코하마에 사무엘 상회를 설립했다. 그 무렵
사업가들 사이에서 가장 큰 화제는 석유였다. 때마침 내연기관이 등
장했고, 석유 수요가 급증하고 있었다. 록펠러가 석유왕이 된 것도
이즈음이었다. 나전칠기 장사로 크게 성공한 사무엘도 당시 일본 석
탄을 유럽으로 출하하고 있었다. 얼마 후 새로운 연료, 곧 석유로 그
의 관심이 옮겨졌다. 그는 1만 파운드를 자본금으로 새로운 계획을
세운다. 그 자신은 석유에 대한 지식이 없었다. 하지만 다른 사람들
과 의논해 인도네시아에서 석유 탐사를 시작했다. 직감이 맞았던지
석유를 채굴하게 되었다.

그런데 인도네시아는 더운 나라라 석유를 난방용으로 쓸 필요가
없었다. 또 어두워진 뒤에는 활동을 하지 않았기 때문에 석유를 팔
곳이 없었다. 그래서 그는 조개 모양의 상표를 붙인 회사를 설립해
석유를 일본에 팔았다. 그 무렵 일본은 석유로 난방을 하고 조명을
밝히기 시작했다. 이 장사도 대성공을 거두었다.

그런데 인도네시아에서 일본까지 석유를 운반하는 게 쉽지 않았

다. 처음에는 2갤런 깡통으로 운반했는데 원유를 운반하다 보면 선박이 더러워져서 운반 후에 배를 청소하고 씻어내는 일이 큰 문제였다. 또 화재 위험도 커서 선박회사들이 원유 운반을 꺼렸다. 또 운반비도 엄청나게 많이 들어갔다.

그래서 사무엘은 연구 끝에 세계 최초로 유조선을 고안해냈다. 그리고 1891년 세계 최초의 유조선 선주가 되었다. 이 1호 유조선은 그 후속 유조선들과 마찬가지로 바다의 조개라는 뜻을 빌려 '뮤랙스'라고 명명됐다. 뮤랙스는 바다의 신 트리톤이 가졌던 조개다. 자기 소유의 유조선마다 일본에서 캐냈던 가리비 조개의 모양을 상표로 붙였다. 그 뒤 유조선 사업이 잘되어 셸 운송회사를 별도로 만들었다. 이때 그에게 선박왕이란 별칭이 붙었다.

그는 러시아 바쿠 유전에도 투자해 러시아 등유를 일본에 가져와 큰돈을 벌었다. 록펠러의 해외 독점이 무너지게 된 것도 러시아산 원유를 수에즈 운하를 경유해 싱가포르와 방콕 그리고 도쿄로 수송하는 셸의 유조선이 생겼기 때문이다.

그의 사업이 성공할수록 영국인들 사이에서는 유대인이 석유업계를 좌지우지하고 있다며 반발이 심해졌다. 당시 영국 함대에 사무엘이 석유를 공급하고 있었다. 압력이 심하게 들어왔다. 어쩔 수 없이 석유회사를 팔 수밖에 없었던 사무엘은 회사를 팔 때 조건을 하나 내세웠다. 그 조건은 비록 그의 자손이 소액주주일지라도 반드시 그의 혈육이 회사 간부가 될 것과 회사가 존속하는 한 조개 모양의 상표를 사용해야 한다는 조건이었다.

이 조개 마크를 부친 석유회사가 바로 셸 석유회사다. 지금도 일본과 서구에는 많은 셸 석유회사가 있다. 마커스 사무엘은 자신이 어려

웠던 과거를 잊어버리지 않기 위해 항상 과거에 조개를 주워 상품을 만들어 팔았던 그 시절을 기억하면서 삶의 거울로 삼으며 살았다. 그는 "나는 가난한 유대인 소년으로서 일본의 해안에서 혼자 조개를 줍던 과거를 결코 잊지 않습니다"라고 말하곤 했다.

가솔린과 중유의 시대로

원유를 증류하면 제일 먼저 나오는 게 석유가스LPG이고 그다음이 휘발유, 등유, 경유, 중유 순이다. 이렇게 등유를 생산할 때 처음에 나오는 석유가스를 하늘로 날려버리고 나면 휘발유와 중질유분重質溜分이라 부르는 검고 끈적끈적한 제품이 부산물로 남았다. 석유 부산물로 얻어지는 가솔린과 중유는 용도가 없었다. 그래서 처음에는 귀찮은 존재로 여겨 내다 버리곤 했다.

록펠러는 등유 소비가 한계에 다다르자 이 부산물들의 용도를 찾아보기로 했다. 당시 휘발유는 휘발성이 너무 좋아 램프 기름으로는 위험했다. 불이 나거나 폭발의 위험이 높았다. 록펠러는 과학자들에게 휘발유를 활용할 수 있는 방법을 찾아달라고 부탁했다. 그들은 휘발유가 석탄을 대신하여 증기기관을 돌리는 동력으로 사용 가능하다는 것을 알아냈다. 그 뒤 휘발유는 동력 기계를 움직이는 연료로 쓰였다.

그러다 1886년 칼 벤츠가 휘발유로 작동하는 엔진을 만들어 휘

∴ 세계 최초의 가솔린 자동차 '벤츠 페이턴트 모터카(Benz Patent Motor Car)'.

발유 자동차를 생산하기 시작하자 가솔린의 가치가 치솟았다. 그 뒤 가솔린과 등유의 위치가 바뀌었다. 게다가 1901년 텍사스에서 대규모 유전이 발굴되고 같은 해 '올즈모빌' 자동차가 생산되어 보급되기 시작했다.

이어 1903년 헨리 포드가 자동차회사를 설립하고, 라이트 형제가 비행에 성공함으로써 휘발유 시대가 도래했다. 특히 1908년 포드 자동차의 대량생산을 계기로 휘발유 사용이 극적으로 증가하면서 1911년에는 휘발유 소비가 등유를 앞질렀다. 가치 없고 귀찮은 부산물이 가장 많이 팔리는 석유 제품이 된 것이다. 이는 석유산업이 비약적으로 발전하는 계기가 되었다.

디젤 엔진의 출현

한편 석탄자원이 빈약한 나라에서는 석탄 대신에 등유의 부산물인 중유라고 하는, 공짜와 다름없는 연료를 사용하는 방법을 연구했다. 또한 비중과 끓는점에 따라 등유 바로 다음에 얻어지는 경유(디젤)를 도시가스의 '증열용增熱用'으로 사용하는 방법을 연구했다. 이

기름을 오늘날에도 '가스오일'이라고 부르게 된 연유이다. '증열용'이란 혼합하여 가스의 열량을 높이는 용도란 뜻이다.

그로부터 얼마 뒤 1892년에 루돌프 디젤은 중질유를 분사해 작동하는 디젤엔진의 특허를 냈다. 디젤 이론은 사실 간단한 원리다. 공기를 압축하면 온도가 올라간다. 20배 정도 압축하면 불꽃의 도움 없이도 연료를 태울 수 있다. 이때 연료를 주입해 폭발을 일으켜 그 힘을 이용하는 것이다.

처음 디젤엔진은 동력장치로 발명되었다. 1910년경 이를 배에 올려 사용했다. 승용차에 처음 적용된 것은 1927년에 보쉬가 소형 연료 주입장치를 발명하면서 비로소 가능하게 되었다. 이로써 중질유 가운데 경유(디젤)가 자동차 연료로 사용되었다.

디젤은 값이 쌀 뿐 아니라 연비가 우수해 가솔린차와 비교하면 같은 연료량으로 훨씬 더 멀리 갈 수 있어 경제적이었다. 이같이 각종 용도의 석유 제품이 값싸게 대량으로 생산되어 그것을 연료로 사용하는 기계 개발이 촉진되었다. 이에 따라 자동차, 항공기, 선박과 같은 거대산업이 탄생되는 계기가 되었다. 1912년에는 원유의 끓는점에 따라 휘발유, 등유, 경유, 중유를 차례로 생산해내는 최초의 현대식 정유공장이 미국에 세워졌다.

중유, 함선의 연료로 채택되다

그럼에도 당시는 여전히 증기기관의 시대였다. 모든 배의 엔진도 증기기관이었다. 그러나 증기기관은 매우 불편했다. 바로 석탄의 부피 때문이었다. 대기오염 물질을 엄청나게 내뿜는 문제도 있지만 특히 군사적으로는 10km 거리에서도 육안으로 탐지되는 연기가 문제였다. 즉 군사적 관점에서 증기기관은 약점이 많았다.

이럴 때 석탄을 석유로 바꿔 쓰자는 제안이 나왔다. 쉬운 일이었다. 증기기관은 물을 끓이면 되니 연료를 석유로 바꾸고 연소장치를 석유 보일러로 바꾸면 그만이었다. 연기도 적게 나서 군사 전략상 최적이었다. 이때부터 석유의 전략적 가치가 인정되기 시작했다. 이런 이유로 석유의 지정학이 세계 전략의 핵심이 되었다.

소련은 석탄이 귀해 가격이 비싼 반면, 중유 생산은 쉬웠기 때문에 1870년대에 이미 카스피 해를 항해하는 선박에 중유 보일러를 채용했다. 따라서 소련 함대는 영국 등 주요 강대국의 해군보다 약 25년이나 앞서서 새로운 연료인 중유를 사용했다.

이에 위기감을 느낀 영국 해군은 19세기 말 군함의 연료를 석탄에서 석유로 전환하는 안을 처음으로 검토하기 시작했다. 신임 해군장관은 해군 연료에 중유를 채용함과 동시에 석유 매장량 확보에 노력을 기울였다. 그것이 가시적인 성과로 나타난 것이 1913년에 해군장관이 된 윈스턴 처칠이 '앵글로 페르시안 석유(후에 BP로 개칭)'의 주식 과반수를 취득해 안정적인 석유 공급원을 확보한 것이다.

그 뒤 중유가 함선을 움직이는 연료로 본격 채택된 것은 제1차 세계대전 때였다. 이후 선박용, 공장연료, 디젤기관 등에 중유가 사용되면서부터 석유 제품의 주역이 교체되었다. 이를 계기로 서양의 화석연료 주역은 석탄에서 석유로 바뀌었다.

그 뒤 1, 2차 세계대전을 사이에 두고 항공기의 연료로서 고급 가솔린의 중요성이 재인식되었다. 이때까지는 원유의 물리적인 분리만으로 제조되던 석유 제품에 고도의 성상$_{性狀}$이 요구되었다. 따라서 석유 정제업에도 화학반응 공정이 채택되어 고급 가솔린이 보급되기 시작했다.

중동 석유의 역사

19세기 석유 개발업자들이 중동의 석유 매장을 확신하게 된 근거는 구약성서 '노아의 방주'와 '소돔과 고모라'에 나오는 역청 부분이었다. 기업들은 석유가 나올 것 같으면 세계 곳곳을 찾아다녔다. 영국 브리티시석유$_{BP}$의 창립자 윌리엄 K. 다시도 그중 하나였다. 금광 개발로 큰돈을 거머쥔 그는 로이터 남작에게 페르시아 개발권을 인수해 유전 개발에 돌입했다.

그러나 BP는 무려 8년 동안 찾아 헤맸지만 어디에서도 경제성 있는 석유를 찾지 못했다. 1908년 1월 BP 본사는 페르시아 채굴 책임자 레널즈에게 철수 준비를 지시했다. 그럼에도 레널즈는 최종 철수 명령이 떨어질 때까지 쉬지 않고 채굴을 계속했다.

4개월 후 5월 26일 그런 그에게 마침내 행운이 찾아왔다. 지금의 이란 자고로스 산맥 인근 슈레이만 지역에서 시커먼 석유가 솟구쳐 올랐다. 무려 15m의 석유 기둥을 뿜어내는 대규모 유전이었다. 영국은 흥분의 도가니가 되어 중동 석유 개발 붐이 일어났다. 이때부터 세계 최대 매장량의 중동 석유의 역사가 개막된다.

중동에서 석유가 나오자 처칠은 "이제 중동 장악이 세계 지배의 관건이 될 것"으로 전망했다. 중동을 차지하면 이기고, 빼앗기면 진다는 의미였다. 영국이 수단과 방법을 가리지 않고 중동을 장악하려 했던 이유이다. 석유 한 방울 나지 않는 영국이 외국에 연료를 일방적으로 의존한다는 것은 국가적 존망이 달려 있는 문제였다.

자국에서 석유가 나오지 않는 것은 적국 독일이나 오스트리아도 마찬가지였다. 제1차 세계대전 중 중동을 둘러싼 한 판 전쟁이 불가피했다. 중동은 1914년 1차 대전부터 열강의 격전장이 된다. 신이 내린 축복이 이들에게는 재앙이었다. 중동은 당시 석유자원을 어떻게 사용하는지도 몰랐기 때문에 채굴 초기부터 석유자원은 미국과 유럽 석유 메이저들의 소유가 되고 만다.

록펠러, 세계 시장을 거머쥐다

록펠러는 미국 정유업계를 평정한 뒤 목표대로 세계 시장을 차례차례 공략했다. 먼저 유럽과 중남미 시장에 손을 뻗기 위해 1882년 국제 독과점기업 '엑슨'을 만들었다. 1888년에는 엑슨이 영국에 '앵글로아메리칸오일컴퍼니'를 세웠다. 이는 뒤에 '에소 석유회사Esso Petroleum Co.'가 되었다. 그리고 2년 뒤에는 독일 회사의 지분을 인수해 대주주가 되었고 이는 나중에 '에소Esso AG'가 된다. 1898년에는 캐나다의 대표적인 석유회사 '임페리얼오일'의 지배권을 획득했다. 이렇게 미국뿐 아니라 해외에도 유전과 정유소를 소유한 거대한 회사로 컸다.

1938년 3월 사우디아라비아에서 록펠러의 캘리포니아 스탠더드오일, 곧 '소칼'이 초대형 유전을 발견했다. 지금의 '셰브런'이다. 그 뒤에도 세계 시장 진출은 계속되어 세계 80개국 이상에서 사업 활동을 하면서 70개 이상의 정유시설을 운영했다. 그러다가 20세기 말 같은 스탠더드오일 후예 기업의 하나인 '모빌'을 흡수해 지금의 이름인 '엑슨모빌'로 재탄생해 로열더치셸 그룹을 누르고 세계 최대의 석유 기업이 되었다.

2000년대 들어서는 전 세계 석유사업에 관여하면서 거의 210억 배럴에 상당하는 석유를 비축하고 있으며, 정유시설에서는 매일 600만 배럴 이상을 처리한다. 그리고 엑슨, 에소, 모빌의 브랜드를 통해 118개국 4만 5000개의 주유소를 운영하고 있다.

세계 석유의 표준이 된 '서부 텍사스 원유' 값

록펠러는 독점에 대해 나름대로 분명한 철학을 가지고 있었다. 그는 모든 불필요한 경쟁이 사라지고 가격이 통일되면 더 좋은 서비스를 받을 수 있을 것으로 생각했다.

1892년 오하이오 최고 재판소가 트러스트의 해체를 명하자 1899년에는 뉴저지의 스탠더드오일로 지주회사를 옮겨 이전에 트러스트에 속해 있던 모든 자산과 주식을 넘겼다. 이렇게 주정부의 법망을 교묘히 피하자 이번에는 연방 대법원이 나섰다.

결국 1911년 대법원이 스탠더드오일이 반독점법에 어긋난다고 판결한 이후 그의 회사는 모두 34개로 쪼개어졌다. 판결이 내려질 무렵 스탠더드오일의 원유 정제 시장점유율은 78%, 유조차의 절반 이상을 보유했다. 심지어 기선 78척, 범선 19척에 자체 해군까지 보유했다.

판결 후 두 달 보름 만에 스탠더드오일은 해체 계획을 내놓고 뉴저지스탠더드오일(엑슨), 캘리포니아스탠더드오일(셰브런), 뉴욕스탠더드오일(모빌) 등 34개의 독립회사로 해체되었다.

그렇다면 34개로 갈라진 스탠더드오일은 쪼그라들었을까. 아니었다. 오히려 엑슨과 셰브런, 모빌 등 스탠더드오일에서 갈라져 나온 회사들은 국제적인 메이저로 성장했다. 해체 후 1년 만에 이들 주가는 대부분 2배로 뛰었다. 덕분에 록펠러도 9억 달러 이상의 주가차익을 얻었다.

스탠더드오일이 여러 개로 쪼개지면서 독점에 대한 꿈이 사라지자 록펠러는 대신 외국 회사들과 연대해 가격 담합을 시작했다. 그들은 1911년부터 1975년, 곧 오펙 이전까지 세계 석유 가격을 하나로 단일화했다. 세계 석유회사들이 모두 '서부 텍사스 원유' 값에 자신들의 가격을 고정시켰다. 석유는 세계 어디서 사든 거의 같은 값이었다. 이것이 이른바 지금도 세계 석유 가격의 기준 역할을 하는 서부텍사스유WTI: West Texas Intermediate다.

이는 세계 최대 선물거래소인 '뉴욕상품거래소'에 상장된 중심 유종이다. 영국 북해에서 생산되는 브렌트유, 중동에서 생산되는 두바이유와 함께 세계 3대 유종으로 꼽힌다. 통상 생산비가 높고 품질이 좋아 국제 원유시장에서 가장 높은 가격을 형성한다.

록펠러, 문어발식 확장으로 사업 범위를 넓히다

록펠러의 독점에 대한 꿈은 석유산업에 만족하지 않았다. 스탠더드오일은 다른 회사들의 주식을 지배하는 지주회사로 개편되어 체이스맨해튼은행, 선박, 철강, 석탄 등으로 사업 범위를 확대했다. 자본금 1억 1000만 달러, 연간 이윤 4500만 달러, 록펠러의 재산은 2억 달러로 추정되었다. 이후 사업 확대에 따라 철광산, 삼림 등을 지배하기 위해 제조, 운송업 등 수십 개의 회사를 거느렸다. 그는 전 세계 지구상의 유전에 대한 독점적 지배에 표적을 두었다. 이후 그의 재산은 20억 달러에 이를 정도가 되었다.

그리하여 록펠러는 일찍이 38세에 미국 정유산업의 95%, 세계 석유산업의 62%를 차지해 세계 제일의 부자가 되었다. 1919년에는 록펠러가 미국 최대 납세자였다. 소득세가 처음 공개된 것은 1925년으로, 존 록펠러 2세는 628만 달러, 자동차왕 헨리 포드는 260만 달러, 그 아들 에드셀 포드가 216만 달러의 세금을 납부했다. 현재 세계 최고 부자인 빌 게이츠와 화폐가치를 놓고 보면, 빌 게이츠는 록펠러의 1/3에 불과하다고 한다.

검은 황금을 장악한 7자매

엑슨과 모빌이 합병하기 이전에 세계 석유업계는 7개의 주요 석유회사들이 장악했다. 이들을 메이저라고 불렀다. 7개 회사라 '세븐 시스터스'라고도 했다. 미국의 엑슨, 모빌, 걸프, 세브론, 텍사코 5개 사와 영국의 브리티시석유BP 그리고 영국-네덜란드 합작사 로열더치셸 등 7개 사였다. 대규모 자본을 앞세워 석유의 생산, 유통, 정제, 판매 등 유통망 전체를 장악한 회사였다.

세계 석유산업을 지배해온 이들 7대 메이저는 서방 측 세계 원유 생산량의 68%를 기록한 바 있으며, 한때는 중동 석유 생산 전체를 장악하기도 했다. 미국 메이저는 물론 유럽의 메이저들도 대부분 유대계 자본이라 한다. 로열더치셸은 로스차일드 가문이 대주주로 있는 석유회사다. 또한 페르시아 석유회사를 모체로 하는 영국계 BP에도 유대계 자본이 대거 참여하고 있다. 석유산업에 이들의 장악력은 계속 이어질 것이다.

어머니의 철저한 신앙교육

록펠러는 일찍이 홀어머니 밑에서 어려서부터 독실한 신앙을 갖고 자랐다. 비록 가난했지만 어머니는 아들의 신앙교육에는 철저했다. 어려서부터 어머니가 그를 무릎에 앉혀놓고 머리에 손을 얹고 기도하면서 "하나님을 친아버지 이상으로 섬겨라. 주의 종을 기쁘게 하는 사람이 되어라. 오른쪽 주머니는 항상 십일조 주머니로 하여라. 아침에는 꼭 하나님의 말씀을 읽어라. 아침에 목표를 세우고 기도하라. 잠자리에 들기 전 하루를 반성하고 기도하라. 남을 도울 수 있으면 힘껏 도와라. 너는 일생 동안 교회에 가면 뒷자리에 앉지 말고 앞자리에만 앉아라"고 당부하곤 했다. 그 뒤 그는 평생 어머니 말씀에 순종하여 독실한 기독교 신자로 십일조, 곧 '수입의 1/10 헌금'하는 원칙을 지켰다. 술, 담배, 여자를 멀리하는 금욕적 삶을 살았으며, 가족을 최우선시했다.

바위를 뚫는 사람이라는 뜻의 록펠러Rockefeller란 성은 원래 독일 계통의 성인 로젠펠더Rogenfelder를 미국식으로 부른 것이다. 로젠펠더는 동부 유럽에서는 흔한 유대인의 성이다. 록펠러의 어머니는 독일계 유대인으로 알려져 있다. 유대인 어머니들은 자녀들을 어릴 때부터 회당에 내보내며 정통적인 유대인 교육을 시키는 것으로 유명하지만 새로 이사 간 마을에 유대교 회당 시너고그가 없을 경우에는 주로 침례교회를 보냈다. 유대인들 사이에선 침례교회가 유대인의 성서인 구약을 잘 가르친다는 소문이 퍼져 있었기 때문이다. 록펠러의 경우도 마찬가지라고 한다.

록펠러는 침례교 신자여서 유대인으로 분류되지 않기도 한다. 유대인임을 판단하는 기준으로 보통 사용되는 이스라엘 귀환법 제4 B조에는 유대인이란 '유대인 어머니에게서 난, 혹은 유대교로 개종한 사람 중에서 다른 종교에 속하지 않는 자'라고 정의해놓고 있다. 이 정의에 의하면 록펠러는 유대인이다. 그의 어머니가 독일계 유대인으로 알려져 있기 때문이다. 록펠러도 모건과 마찬가지로 유대인 여부에 대한 논란이 많다.

하지만 제1차 세계대전에서 패배한 독일이 베르사유 조약으로 유전이 있는 모든 식민지를 잃었을 때, 히틀러는 이를 유대인의 공작이라고 공격했다. 바로 록펠러를 염두에 두고 한 말이다. 히틀러는 세계 석유시장을 지배하고 있는 유대인 록펠러가 독일을 압박하고 있다고 판단했다. 히틀러의 그런 판단은 나중에 600만 명의 유대인을 학살하는 배경이기도 했다.

그의 성 록펠러와 관련한 이야기가 있다. 록펠러는 '레커펠로'라고도 불렸다. 이는 'Wreckafellow, 곧 Wreck a fellow(저 사람을 부서뜨려라)'는 뜻으로 그의 독점적 행태와 고압적인 태도를 조롱하는 별명이었다.

또한 록펠러가 유대계의 거물 로스차일드와 연결되어 있다는 주장도 있다. 일관되게 록펠러의 스탠더드오일 회사에 투자해온 것은 현재의 씨티은행 전신인 내셔널씨티은행이었다. 바로 이 은행의 유대인 오너 모제 테일러가 로스차일드의 대리인이었다는 설이 있다. 로스차일드가 이 은행을 이용해 록펠러에게 자금을 지원했다는 이야기다. 유대계 투자은행인 쿤롭 상회의 대표들도 로스차일드의 대리인들이었다고 하는데, 마찬가지로 록펠러를 도왔다. 이렇게 유대계 금융 지원을 받아 성장한 것이 미국 석유의 90%를 지배하는 스탠더드오일 회사다.

록펠러, 57세부터 일선에서 은퇴하여 자선사업에 몰두하다

록펠러는 57세에 일선에서 은퇴해 자선사업에 몰두했다. 그가 자선사업을 결심하게 된 데는 계기가 있었다. 55세 때 그는 불치병으로 1년 이상 살지 못한다는 사형선고를 받았다. 그리고 마지막 검진을 받기 위해 휠체어를 타고 갈 때, 병원 로비에 걸린 액자의 글이 눈에 들어왔다. "주는 자가 받는 자보다 복이 있다."

이 글을 보는 순간 마음속에 전율이 생기고 한없는 눈물이 흘러내렸다. 선한 기운이 온몸을 감싸는 가운데 그는 눈을 지그시 감고 생각에 잠겼다. 잠시 후 시끄러운 소리에 정신을 차리게 되었는데 입원비 문제로 다투는 소리였다. 병원 측은 병원비가 없어 입원이 안 된다 하고 환자 어머니는 울면서 입원을 애원하고 있었다.

록펠러는 곧 비서를 시켜 병원비를 지불하고 누가 지불했는지 모르게 했다. 얼마 후 은밀히 도운 소녀가 기적적으로 회복되자, 그 모습을 조용히 지켜보던 록펠러는 얼마나 기뻤던지 그의 자서전에 그 순간을 이렇게 표현했다. "저는 살면서 이렇게 행복한 삶이 있는지 몰랐다." 그때 그는 나눔의 삶을 작정한다. 그와 동시에 신기하게 그의 병도 사라져 98세까지 살며 선한 일에 힘썼다. 나중에 그는 회고한다. "인생 전반기 55년은 쫓기며 살았지만 후반기 43년은 행복하게 살았다."

록펠러는 1911년까지 스탠더드 사장이라는 직책을 가지고 있었지만 실질적으로는 57세였던 1896년부터는 중요한 일만 결정했을 뿐 경영일선에서 물러났다. 이때부터 그가 치중한 일은 자선사업이었다. 그가 사실상 은퇴한 1896년에 그의 재산은 2억 달러였다. 그가 사업에서 물러났을 때 미국인들의 평균 수입은 주당 10달러였다. 1893~1901년 그의 회사 배당금은 2억 5000만 달러에 달했고 그 가운데 1/4이 그의 주머니로 들어갔다. 1913년에는 그의 재산이 10억 달러로 불어났다. 자동차산업의 발달로 주가가 급등했기 때문이다.

많은 전문가의 도움을 받아가면서 그는 재산을 필요한 곳에 적절하게 '기부'하기 시작했다. 후에 자서전에 "나는 모든 사람이 정직하게 돈을 버는 것과 가능한 한 모든 것을 남에게 주는 것이 종교적인 의무라고 생각한다"라고 적었다. '자선'을 중시하는 유대인의 종교관이 그대로 나타나는 대목이다. 유대교에서는 '기도', '회계', '자선'을 하느님과의 관계를 개선하는 3대 방법이라 가르친다. 자신이 소수인종으로 분류됐던 유대인인 만큼 록펠러는 흑인 등 소수계와 종교단체 지원을 가장 중시했다.

그는 1890년과 1892년 시카고대학 설립에 6000만 달러 이상을 기부하여 사실상 대학 설립자가 되었다. 1913년에 세운 유명한 록펠러 재단은 병원, 교회, 학교 등 많은 문화사업과 자선사업을 시작했다. 그 외에도 일반 교육재단, 록펠러 의학연구소 등 셀 수 없을 정도의 사회복지재단과 연구재단을 설립했다. 록펠러는 역사상 의학에 가장 많은 공헌을 한 후원자였다. 그가 세운 록펠러 재단이 의학과 의료교육 및 공공보건 부문에 있어서 미국 최고의 후원단체였기 때문이다.

어떤 이에게는 탐욕스러운 기업의 창업자로, 다른 이에게는 인자한 자선사업가로, 미국 초기 자본주의의 상징인 존 데이비슨 록펠러는 너무나도 상반된 평가를 받는 인물이다. 록펠러가 언제나 논란의 대상이자 극단적 평가를 오갔던 이유는 가장 두드러지는 두 가지 특징, 곧 사상 초유의 독점과 자선사업이라는 사뭇 상반된 업적 때문이었다. 이에 대한 록펠러의 대답은 의외로 간단하다. 그는 다만 '최대한 벌어 최대한 베푸는 것'을 자신의 사명으로 삼고 살았을 따름이었다.

그는 이렇게 '최대한 벌고 최대한 아껴 최대한 베푸는 것'을 통해 평생 5억 3000만 달러를 기부했다. 당시 미국 1년 예산이었다. 2015 회계연도 미국 예산이 3조 9000억 달러이니 이와 견주어 생각해보면 참으로 큰돈임을 알 수 있다. 최대의 석유기업 스탠더드오일 트러스트와 거대한 기부재단을 통한 자선사업을 동시에 통솔한 그의 삶은 사람들에게 많은 이야깃거리를 남겨놓았다.

미국 산업을 양분한 두 재벌

금융자본이 산업자본을 지배하다

커질 대로 커진 모건과 록펠러는 미국 산업을 양분하다시피 하며 치열한 영역전쟁을 치러나갔다. 모건은 자신이 대주주로 있는 퍼스트내셔널뱅크를 통해, 록펠러는 내셔널시티뱅크를 통해 유망 기업들을 사들이며 문어발식 확장에 여념 없었다.

이 과정에서 상대방 기업의 주식도 무차별적으로 사들였다. 그들은 금융, 전기, 철강을 비롯해 석유와 철도에 이르기까지 광기 어린 경쟁을 펼쳤다. 하지만 승부는 쉽게 끝나지 않아 금융자본의 산업지배가 끝 간데없이 진행되고 있었다. 이는 훗날 미국이 금산분리를 택하게 되는 계기가 된다. 참고로 우리나라는 산업자본의 금융지배를 두려워하는데 당시 미국은 반대로 금융자본이 산업자본을 지배했다.

1870년대 이후 양 가문의 경쟁 덕분에 미국의 산업구조는 종래의 경공업과 섬유산업 위주에서 철강, 기계, 석유 등 중화학공업 중심으로 바뀌어갔다. 이것은 오로지 양 그룹의 치열한 경쟁이 가져다준 결과였다. 경쟁을 통해 적자생존의 법칙에 따라 성장성 있는 산업만 살아남아 커지고 성장성 없는 한계산업은 퇴출당해 없어졌기 때문이다. 시장 기능에 의한 산업의 구조조정이었던 것이다. 자본주의는 냉혹한 면도 있지만 이러한 순기능도 있었다.

유대인 사무엘 곰퍼스, 미국노동총연맹을 결성하다

이러한 치열한 산업재편 과정에서 치일 수밖에 없는 계층이 노동자들이었다. 이들의 인간적인 삶에 대한 욕구는 노동조합 결성운동으로 치달았다. 유대인 자본가의 착취에 맞서 노조활동의 최선봉에 선 지도자도 유대인이었다. 담배제조 노동조합을 이끌던 유대인 사무엘 곰퍼스가 1886년 미국노동총연맹AFL을 창설했다. 1904년에는 175만 조합원을 거느린 미국의 대표 노동조직으로 발전했다.

당시 노동환경은 열악했다. 전 가족이 힘들여 일해도 먹고살기 힘들었다. 그러다 보니 학교에 가지 않고 노동을 강요당하는 아이들이 많았다. 노동자와 경영자들은 극한 대립을 불사하며 사회 곳곳에서 폭력과 총성이 난무했다.

원래 19세기 말 미국 노조는 두 단체가

∴ 1923년 10월 1일자 〈타임〉지의 사무엘 곰퍼스

주도했다. 급진적이
고 이념적 강성단체
인 노동기사단Knights
of Labor과 온건하고
현실적인 미국노동
총연맹AFL이 그것이
다. 노동기사단은 자
본주의를 부정하고 새로운 사회를 건설하자는 이념으로 연쇄적인
파업을 이끌며 엄청난 세력을 떨쳤다. 그러나 정작 근로자의 고용과
생계를 돌보는 데는 소홀하여 점차 세력을 잃었다. 결국 설립 30년
만에 미국노동총연맹에 병합되어 소멸한다.

반면 미국노동총연맹은 처음에는 노동기사단에 밀려 미약하게 시
작했다. 그러나 근로자의 실질적인 관심사항인 고용과 임금안정을
가장 큰 목표로 삼고 대립과 협력을 적절히 사용하는 정책을 펴서
꾸준히 성장했다. 그 결과 100년이 넘은 지금까지 미국 최대의 노동
조합으로 남아 있다.

재벌들, 정부의 독점금지법안을 무력화하다

이 같은 사회 분위기에도 아랑곳하지 않고 모건과 록펠러는 끝없
이 기업사냥을 펼쳐나갔다. 이제 법으로 다스리지 않으면 안 되겠다
고 판단한 정부는 산업독점을 규제하는 법안을 만들어 1890년 반트
러스트법이 제정되었다. 일명 '셔먼독점금지법'이다.

1892년에 록펠러의 '오하이오스탠더드오일'의 해체가 오하이오의 주 재판소에 의해 선고되었다. 셔먼독점금지법 위반 판결을 받은 것이다. 그런데 미국은 주마다 법률이 다르다. 그러자 그는 지주회사를 법적으로 인정하고 있던 뉴저지 주에 지주회사 뉴저지스탠더드오일을 만들어 이를 토대로 다시 트러스트를 결성했다. 그리고 더욱 독점을 넓혀 석유업계를 계속 지배했다. 미국뿐 아니라 해외에도 유전과 정유소를 늘려가며 거대한 회사로 성장했다.

이렇듯 자본가들이 새로운 트러스트를 결성해 정부에 맞섬으로써 독점금지법안은 사실상 휴짓조각으로 변했다. 노동조합은 다시 무력해져 갔다.

시어도어 루스벨트의 등장

20세기 들어서서 시어도어 루스벨트가 대통령이 되자 양상이 변했다. 1902년 루스벨트 대통령은 1890년 7월에 제정된 '셔먼독점금지법'을 부활시켰다. 셔먼독점금지법은 뉴욕을 중심으로 전미 지역에 경제독점 네트워크를 형성하던 JP 모건을 견제하고자 만들어진 것이다. 이 법은 미국 최초의 독점금지법이다. 금융과 상업 독점을 방지하는 것이 목적이다.

∴ 시어도어 루스벨트

당시 시어도어 루스벨트는 이 법으로 미국 금융자본이 유럽의 거대 금융자본 조직과 카르텔을 형성하는 것을 저지하려고 했다. 유럽에서 JP

모건에 유입되는 '로스차일드의 자본'을 차단하기 위한 것이었다. 또 셔먼독점금지법을 사용하여 대기업들이 무분별하게 비대해지는 것을 견제함으로써 트러스트의 폐해를 막았다. "자본주의가 도를 넘어 거대기업의 횡포조차 감시, 관리하지 못하면 미국에도 사회주의가 뿌리를 내리게 된다"는 것이 그의 지론이었다.

시어도어 루스벨트 치하에서 록펠러의 석유회사도 34개 사로 분해되었다. 그러나 이때도 록펠러는 타격을 입기는커녕 트러스트 해체라는 대사건으로 인해 월스트리트에서 회사의 규모가 재인식되어 주가가 급등했다. 오히려 작게 분할된 새로운 스탠더드오일 주가가 30%나 치솟았다. 록펠러는 가만히 앉아서 자산을 30%나 불리는 횡재를 한 것이다. 그리고 그가 투자한 자동차 주가가 3배나 뛰었다. 트러스트 해체 2년 뒤인 1913년 록펠러의 개인자산이 10억 달러에 이르렀다.

시어도어 루스벨트와 테디베어

시어도어 루스벨트는 42세의 최연소 대통령으로 그의 애칭은 '테디Teddy'였다. 이 애칭은 누구나 좋아하는 곰 인형, '테디베어'의 어원이 되었다.

일화 중에 믿지 못할 사건도 있는데 1912년 공화당의 대통령 후보로 출마했을 때 밀워키에서 암살자의 총에 맞아 가슴에 피를 흘리는 상태에서도 연설을 계속하여 청중들을 경악하게 했다. 그는 총을 맞고도 "여러분, 조용히 해주실 것을 부탁드립니다. 그리고 제 연설

이 길어지더라도 이해해주시기 바랍니다. 최선을 다해 연설하겠지만 보시다시피 제 몸에는 탄환이 한 발 들어 있습니다"라고 말했다는 일화가 있다. 무려 50분을 연설하고 병원으로 갔다. 그는 연설도 잘해 인기가 많았다.

성품이 자상하여 미국 시민에게 사랑받는 대통령이었지만 필리핀을 얻기 위해 한국에 보여준 그의 태도는 참으로 냉혹했다. 1905년 태프트 밀약사건이 그것이다.

사우스다코타 주에 있는 러시모어 산 중턱에 미국의 대통령 중에 가장 위대한 워싱턴, 제퍼슨, 링컨과 함께 그의 거대한 두상이 있다.

1902년 루스벨트가 곰 사냥을 나갔다 아무것도 잡지 못하자 민망한 수행원들은 생포한 새끼 곰을 구해 와 사냥감으로 대용하려 했다. 루스벨트는 이는 정당하지 않은 처사라고 그 곰을 풀어준 것이 〈워싱턴포스트〉 정치 풍자삽화로 실렸는데 이 삽화가 인기를 얻었다.

여기에서 아이디어를 얻은 독일의 리하르트 슈타이프가 곰 인형에 '테디베어'라는 이름을 붙여 상업화했다. 1903년 독일 라이프치히 박람회에 곰 인형이 출품되었고, 미국의 한 무역회사가 수입하여 선풍적인 인기를 끌면서 '테디베어'는 세계적인 유명 캐릭터 상품이 되었다.

독점 지배구조의 정점, 국제 금융그룹

1910년대는 다방면에서 국제적인 카르텔이나 트러스트가 결성된 시기다. 카르텔은 각자 서로 경쟁관계에 있는 회사가 하나의 목적을 갖고 협정을 맺는 이른바 '기업연합'의 형태이다. 반면 트러스트는 아예 경쟁회사들을 하나의 거대기업으로 합병한다는 측면에서 카르텔보다 더 강력한 형태이다.

1910년대는 해상운송, 철도, 석유, 금융, 자동차, 광산, 철강, 전기, 전신, 화학 분야 등 산업 전 분야에 걸쳐 카르텔이나 트러스트가 형성되었다. 카르텔이나 트러스트는 자본가들이 가장 선호하는 경쟁력 유지 방법이자 부를 창출하는 기법으로 분야별 1위의 기업에 의해 주도되었다.

1900년대부터 1920년대까지는 가장 강력한 독점지배가 형성된 시기다. 시장독점 지배구조의 정점에는 영국의 로스차일드 그룹이나 미국의 모건 그룹과 같은 거대한 투자금융회사가 있었다. 국제화된 투자금융제국들에 의해 강력한 국제 카르텔이나 국제 트러스트가 만들어져 국가권력보다 힘의 우위를 점하는 세상이 되었다.

모건 전성기인 1919년부터 1928년 10년 동안에 덩치를 키우기 위한 금융업의 합병 바람이 불었다. 놀랍게도 1358개 은행이 합병의 소용돌이에 휘말렸다.

한편 자회사로 증권회사를 설립하여 증권시장에도 적극 참여했다. 그러나 규제되지 않은 금융활동은 결국 1929년의 대공황을 낳았다. 1930년 4000개 은행이 합병하거나 도산했다. 이렇게 많은 금융업의 합병과 도산으로 은행들이 집중화·거대화되었다.

재벌가에 장악된 미국 대통령 선거

당시 미국 대통령 선거에서는 이들 금융재벌 그룹의 도움이 있어야 당선될 수 있었다. 정치 후원금의 시조는 모건과 록펠러 그리고 카네기였다. 이들은 경쟁 관계로 첨예하게 각을 세우고 싸우면서도 정치 문제에 있어서만은 한데 뭉쳤다. 그들에게 우호적인 대선 후보자를 공동으로 지원키로 한 것이다. 따라서 당선된 뒤 자연히 대통령은 이들의 영향력 아래 놓일 수밖에 없었다.

일례로 태프트 내각을 살펴보면 국무장관에는 카네기 회사의 고문변호사가, 재무장관에는 US 철강의 고문변호사가, 국방장관에는 모건철도의 고문변호사가, 상공장관에는 벨전화의 중역 등으로 짜여졌다. 마치 모건-록펠러 연합의 중역회의 같았다. 국가정책을 그들 마음대로 주무를 수 있었다.

대공황의 전조, 주식 열풍

1920년대의 번영을 가능하게 한 것은 기술혁신과 산업조직의 변모였다. 1920년 웨스팅하우스 방송국이 대통령 선거전을 중계함으로써 보급되기 시작한 라디오는 1920년대 중반에 전체 가정의 40%가 보유했다. 또한 이 시기의 기술혁신을 가장 극적으로 보여주는 것이 자동차의 대량보급이었다. 헨리 포드의 대량생산으로 자동차가 대중적으로 보급되기 시작했다. 게다가 이는 강철, 기계, 유리, 고무, 전기, 석유산업, 건설업 등 관련 전후방 연관산업들을 선도하였다.

이러한 발전으로 산업조직이 변모했다. 자동차산업 이외에서도 규격부품 사용과 컨베이어벨트에 의한 대량생산이라는 새로운 생산방식이 출현했다. 이와 같은 생산방식에 거대자본이 필요했다. 그 때문에 기업 규모는 점점 커져 갔다. 이렇듯 1920년대의 미국은 미증유의 번영을 구가하고 있었다.

1920년대 미국 경제와 증시는 마치 마주 보고 춤을 추듯 상호 성장을 촉진했다. 하지만 이 시기의 증시는 경제성장 속도보다 훨씬 웃자랐다. 미국 경제가 50% 성장하는 동안 다우존스지수는 4배 이상 치솟았다.

미국 경제와 증시의 불균등 성장에는 그럴 만한 이유가 있었다. 계속되는 인수합병으로 미국 경제가 규모의 경제 이점을 향유하고 있었다. 또한 전기의 확산으로 노동자들의 생산성이 이 시기에 43% 이상 급증했다. 규모의 경제와 생산성 증대가 낳은 이익은 사회 각 계층에 고루 분배되는 게 아니라, 주가에 과도하게 반영되어 주로 금융자본가와 증시 참여자들에게 돌아갔다. 금융자본주의의 폐단이었다.

이러한 형편은 1929년 세계에서 가장 풍요로운 이 나라에서 인구의 70%가 당시 최저생활비인 연간 2500달러에도 못 미치는 수입을 올린다는 사실로 알 수 있다. 대중의 소득 증가 정체는 생산과 소비의 불균형을 크게 만들었다. 반면 소수 상류계급의 부의 집중은 더욱 심화되어 상위 5%가 소득의 1/3 이상을 차지했다.

게다가 상류층의 돈은 마땅한 투자처를 찾지 못해 증권시장으로 몰렸다. 이러한 주식 열풍은 호경기와 맞물려 주가를 천정부지로 치솟게 했다. 하지만 이러한 표면상의 번영에도 불구하고 미국 경제는 막다른 골목을 향해 가고 있었다. 자동차 판매대수, 주택 건설 등 실물경제가 1927년 이후 20~30%씩 꺾였음에도 주가는 계속 올라갔고, 1929년 9월 19일 절정에 달했다.

메이시스 백화점의 스트라우스, 할부판매 실시

1920년대 초반 할부구매는 일부 부유층들만 할 수 있는 특권이었다. 뉴욕 대형 백화점인 메이시스를 운영하고 있던 유대계 스트라우스 가문이 처음 중산층을 대상으로 할부판매를 실시했다. 미래 소득을 대상으로 현재 수요를 창출한 유통업의 혁신이었다. 유대인다운 발상과 재기였다. 이 뒤에 할부판매는 널리 퍼져 1920년 중반에는 백화점의 고가품 가운데 대부분이 할부로 팔려나갔다. 광고와 신용구매, 특히 할부판매 기법의 발달로 수요가 급증했다.

대공황

미국 중산층의 소비가 실소득 이상으로 급속히 늘어났다. 이들 중산층은 제1차 세계대전 동안 전비 마련을 위해 공모한 '자유채권'에 참여한 적이 있어 자본주의 '금융의 맛'을 알고 있었다. 그러기에 증권투자에 열을 올렸다. 1928년 여름 미국의 투자가들은 유럽에서 돈을 빼서 뉴욕 증권시장에 투자했다. 뉴욕 증시는 급격히 달아올랐다.

이러한 붐을 목격한 개인투자가들은 돈을 빌려서라도 주식을 매입하려는 유혹에 빠졌다. 심지어 할부구매와 비슷한 시기에 알게 된 마진론(주식담보대출) 메커니즘, 곧 레버리지를 활용한 차입투자까지 감행해 주가 상승을 부채질했다. 증거금이 10%만 있으면 나머지 90%는 브로커에게 돈을 빌려 주식을 사는 셈이었다. 즉 100달러의 선금으로 주식 1000달러어치를 살 수 있었다.

주식이 오르면 투자금 대비 큰 수익을 올릴 수 있는 구조이지만 반대의 경우에는 원금 전부를 잃어버리는 것은 물론 빌린 돈도 갚지 못하는 사태에 직면하게 된다. 따라서 마진론은 자본잠식 시에는 24시간 이내에 갚아야 하는 조건이 있었다. 증시가 대세 상승세를 보일 때에는 일확천금이 어렵지 않게 보였다. 완연한 버블의 조짐이었다.

1929년 늦여름, 유럽에서는 미국의 투자자들이 빠져나감에 따라 주가가 떨어지고 불경기에 시달렸다. 그리하여 유럽의 경기침체는 미국에도 영향을 주었다. 미국의 국민총생산GNP은 1929년 1/4분기를 최고점으로 점차 감소하기 시작했다.

1929년 9월 초 금융인들의 오찬 모임에서 로저 뱁슨이 목청을 돋

우었다. "파국이 눈앞에 왔습니다." 이 같은 발언이 퍼져나가자 시장은 약세를 탔다. 급락세는 멈출 줄 몰랐다. 당대의 경제학자 어빙 피셔가 나서 "시장이 정신착란증을 일으켰을 뿐"이라며 뱁슨을 맹공했지만, 투자자들은 하나둘 시장을 떠났다.

급기야 1929년 10월 24일 대폭락을 맞고 금융 버블이 터졌다. 마진론을 쓴 투자자들은 순식간에 자본잠식 상태가 되어 24시간 이내에 빌린 자금을 갚아야 했다. 주식시장은 아수라장이 되었다. 대공황이 들이닥친 것이다. 24일 날 하루 영국의 재무장관 처칠이 관람석에서 지켜보는 가운데 주가가 12.6%나 급락했다.

이튿날 모건을 비롯한 대형 은행들이 조성키로 한 1억 3000만 달러가 시장을 안정시킬 것이라고 믿었지만 그렇지 못했다. 주가는 11.7% 폭락했다. 이틀 사이에 시가총액의 1/4이 날아갔다. 마진론을 쓴 투자자들은 대부분 파산했다. 그해가 끝날 무렵 다우지수는 최고 351에서 238로 하락했다. 다우 30종목의 시가총액이 1/3로 줄어든 것이다. 그러나 이건 시작에 불과했다. 1930년에는 더 하락하게 된다.

1929년 대공황 발생 직후 후버 대통령에겐 '공매도naked short selling'가 공공의 적이었다. 그는 당시 월스트리트에서 주가 하락에 따른 위험 회피 수단으로 널리 퍼져 있던 공매도 관행을 문제 삼았다. "주가가 폭락하고 있는 순간에 보유하고 있지도 않은 주식을 팔아 막대한 수익을 챙기는 버러지 같은 제도"라고 말했다. 국민적 분노가 월스트리트로 향하는 순간, 의회도 발 빠르게 반응했다. 1929년과 1940년 두 차례에 걸쳐 공매도를 사실상 금지하는 법이 시행됐다.

US 스틸, 제너럴일렉트릭, AT&T 등 모건 그룹 주가도 폭락했다. 모건 그룹은 내수경제 침몰로 공황 발발 후 3년 동안 법인세를 납부하지 못할 정도로 큰 타격을 입었다.

주가는 1932년 6월까지 최악의 폭락을 거듭했다. US 스틸 주가는 1929년 9월 3일 262달러에서 1932년 22달러로 반에 반 토막 정도가 아닌 12분의 1토막이 되었다. 제너럴모터스는 73달러에서 8달러로, 투자은행들의 주가는 100달러에서 50센트 전후로 휴짓조각이 되다시피 폭락했다.

휴짓조각 된 은행주로 돈 벌다

이때의 사례를 잊지 않고 이를 거울삼아 2008년 금융위기에서 돈 번 사람도 있다. 금융위기가 닥치면 가장 많이 떨어지는 종목이 은행주다. 헤지펀드 '아팔루사 매니지먼트'의 데이비드 테퍼는 금융위기 여파로 급락했던 은행주를 대거 매입했다.

2009년 2월 미국 정부의 구제자금 투입으로 사실상 은행 국유화 조치를 하는 것 아니냐는 의구심이 일던 시기에 그가 씨티그룹 주식을 매입한 가격은 주당 79센트에 불과했다. 뱅크오브아메리카 주식은 3달러 72센트에 샀다. 고점 대비 1/50도 안 되는 수준이었다. 떨어지는 칼날을 바닥에서 온몸을 던져 잡은 것이다.

2009년 말 씨티그룹의 주가가 3달러대로 뛰고, 뱅크오브아메리카가 15달러대에서 거래되고 있는 것을 감안하면 투자수익률이 400%나 되는 셈이다. 2009년에 무려 28억 달러에 달하는 급여와 보너스를 챙겨 돈방석에 앉았다.

∴ 아팔루사 매니지먼트의 창업자 데이비드 테퍼

2년 10개월에 걸쳐 주가지수 10분의 1 토막 나다

다우지수는 1929년 최고 381에서 1932년 41로 폭락에 폭락을 거듭했다. 3년 사이에 시가총액의 무려 89%가 증발해버렸다. 2년 10개월 동안 거의 10분의 1 토막이 난 것이다. 공포가 공포를 잡아먹는 무서운 폭락이었다.

그리고 10여 년 동안 주가는 회복되지 않았다. 1930년대를 고작 150으로 마감했다. 경제학에 수학을 접목해 계량경제학을 발전시키고 국민소득 이론을 주창한 대 경제학자 어빙 피셔는 전 재산을 날렸다. 반면 뱁슨은 이후 활발한 사회활동을 벌였다.

이 과정에서 은행들의 줄도산이 이어졌다. 2만 5000개였던 상업은행들이 5년 뒤 1만 4000개로 줄어들었다. 전체 은행의 44%가 도산한 것이다. 이 와중에 예금을 보호받지 못한 많은 예금자들이 알거지가 되었고, 투자자들은 한 푼이라도 더 건지기 위해 주식시장 앞에 장사진을 이루었다. 도산하지 않은 은행의 고객들은 앞다투어 은행에서 예금을 빼내 장롱 속에 숨겨두는 이른바 '현금퇴장_{bank run}' 사태가 일어났다. 은행도 자신감을 완전히 상실해 기업과 개인에 대한 대출을 중단했다.

이 같은 대공황의 여파로 인해 제조업의 양대 축으로 고용 효과가 가장 큰 건설업과 자동차 업계의 가동률이 50% 이하로 떨어지면서 노동자들이 대량 해고되었다. 노동자의 25%가 직장을 잃었다. 공황 전에는 260만여 명이던 실업자 수가 공황이 정점에 달했던 1933년에는 1300만 명으로 급증했다. 미국 경제의 30%가 붕괴되었다.

미국에서 시작된 대공황은 전 세계로 퍼져나갔다. 부유하고 산업이 발달한 나라일수록 불황은 더욱 심했다. 대공황에 영향을 받지 않은 유일한 나라는 소련이었다. 미국 경제는 제2차 세계대전이 시작될 때까지 이때의 충격을 회복하지 못했다. 뒤집어 이야기하면 2차 대전이 공황에서 미국을 건져주었다.

재벌들, 헐값 기업인수로 막대한 이익을 챙기다

원래 부자들은 대공황과 같은 비상시기를 놓치지 않는다. 위기를 이용해 돈을 버는 법이다. 대공황 이후 역사상 유례없는 거대자본이 양가로 흘러들어 갔다. 헐값에 기업들을 사들인 것이다. 이른바 공매도가 판을 쳤다. 그들은 소유한 은행과 증권회사를 동원해 주가 조작 등 불법투자로 기업들을 헐값에 인수하여 막대한 이익을 취했다.

미국의 남북전쟁 이후 1870년대부터 1920년대 대공황 직후까지의 사이를 이른바 '도금시대The Gilded Age'라 부른다. 독점재벌의 전성기였다. 모건, 록펠러, 밴더빌트 등 자본가들은 경쟁자를 꺾고, 노조 파괴를 위해 수단과 방법을 가리지 않았다. 모건은 상업은행과 투자은행을 같이 경영하며 제조업체들에 이사를 파견해서 지배했고, 불황기에 기업과 금융기관을 살리고 죽이는 힘을 행사했다.

당시 미국의 새로운 산업 지도자들은 일반적으로 정직과 근면을 바탕으로 재산을 모은 사람들로 인식되지 않았다. 그들이 지배하고 있던 시대는 사실 '강도짓을 하는 귀족의 시대' 또는 마크 트웨인의 말을 빌리면 '겉 다르고 속 다른 도금시대'로 묘사되었다.

JP 모건 상사는 당시에는 기업이 아니라 판관判官이었다. 1930년대

에는 전문가도 없었고 기업을 어떻게 평가해야 하는지도 몰랐던 시기였다. 경제학자들이 우후죽순으로 나오기는 했어도 이론들이 정립되지 못했다. 이 시기에 탄생한 JP 모건 상사는 절대권력을 행사했다. 기업들의 목표가격도 추정이 아닌 결정이었다. 그냥 모건이 "이 주식의 가격은 얼마가 적정하다"고 결정하면 시장은 그렇게 움직였다. 그만큼 모건의 힘은 막강했다. 심지어 모건 사장이 연준 의장을 동시에 수행할 정도로 권한이 하늘을 찔렀다.

다수 국민이 공황과 전쟁으로 고통받는 과정에 나날이 통제 불능의 거대공룡이 되어가는 JP 모건 상사는 사회의 공적이 되었다. 권력을 얻은 대신 존경을 상실한 것이다. 대공황이 시작되면서 잭 모건 회장은 여러 차례 괴한의 습격을 받고 JP 모건 사옥에는 사제 폭탄이 투척될 정도로 미국 최대 금융산업 복합재벌인 JP 모건 상사에 대한 국민의 증오는 정점에 달했다.

국민의 분노가 빗발치자 정치권이 나섰다. JP 모건 상사를 방치했다가는 체제위기까지 발생할 수 있다는 판단에서였다. 정치권은 JP 모건 견제를 본격화했다. 정부와 의회는 먼저 1933년에 글래스와 스티걸 의원이 공동 발의한 금융독점방지법인 '글래스-스티걸법'이라는 칸막이법을 제정해 은행과 증권업이 서로 상대방의 영역에 침범하지 못하도록 겸업을 금지시켰다. 동시에 이미 겸업을 하고 있던 기존의 금융기관들을 강제 분리시켰다.

모건, 겸업금지 은행법으로
모건스탠리 증권사를 설립하다

잭 모건은 제1차 세계대전과 1929년 대공황의 위기를 기회로 이용해 1930년대 초반에 모건 그룹을 미국 상장기업 자산총액의 40%를 차지할 정도로 키워 놓았다. 1933년 여수신 은행과 투자은행의 겸업을 금지하는 글래스-스티걸법은 사실상 무소불위의 권력기관이 되어버린 모건 그룹을 겨냥한 것이었다. 1935년 모건은 고심 끝에 여수신 전문은행, 곧 상업은행으로 남기로 결정하고, 모건스탠리라는 이름으로 새로운 투자은행을 설립했다. 잭 모건의 둘째 아들 헨리 모건과 초대 회장인 스탠리의 이름을 따서 만든 투자은행이다. 두 사람은 모두 JP 모건에서 일했다. 이 시기에 체이스 맨해튼과 내셔널시티 등도 증권 관련 자회사를 설립했다. 초거대 철강기업 US 스틸, 세계 최대의 민간해운회사 인터내셔널 머컨타일 마린IMM, 미국 농기계 시장의 85%를 장악하게 되는 인터내셔널 하베스터 등 거대 트러스트가 모건의 손에서 탄생했다. 급기야 모건은행과 내셔널시티, 퍼스트내셔널뱅크 등 세 은행의 신디케이트까지 장악했다.

대공황 직후 JP 모건과 록펠러, 미국 기업 양분

어느 정도 공황이 가라앉은 1930년대 중반 모건의 지배 아래로 들어온 기업으로는 자산규모 1억 달러 이상 대기업만 해도 42개 사였다. JP 모건과 퍼스트내셔널뱅크 등 은행 14개, 생명보험회사 4개, 제너럴일렉트릭과 아메리카전신전화 같은 전기·전화·가스 등 공기업 8개, 철도회사 4개, US 스틸 등 자동차·철강 제조업체 12개 사였다. 여기에 중견기업까지 합하면 모건 산하의 기업체 수는 440개 사였으며, 자산총액은 776억 달러에 달했다. 이는 미국 상장기업 200개 사의 자산총액 가운데 40%에 가까운 엄청난 액수였다. 이것은 실제로 대공황 직후 미국 상원에 제출된 모건가의 기업명세서에 의거한 내용이다. 록펠러가는 스탠더드오일, 체이스내셔널뱅크, 아나콘다제강 등 287개에 달했다. 그들의 자본금은 776억 달러 대 449억 달러로 7 대 4 비중이었다.

이렇게 미국의 전 산업이 두 가문 손에 양분되어 있었다. 거대 유대계 자본이 뒤에 있었기에 가능한 일이었다. 더불어 정부 차원의 강력한 지원이 음으로 양으로 도왔다는 추정이다. 미국에서는 자본주의 태동과 거의 동시에 재벌이 탄생한 것이다.

400여 가족, 초강력 유대인 상류사회를 형성하다

또한 JP 모건에 의해 400여 가족의 초강력 유대인 상류사회가 형성되었다. 그들이 미국 기업 부의 75%를 거머쥐었다. 미국이 영국을 제치고 산업과 금융에서 앞서 나갈 수 있었던 것은 이러한 거대 자본을 축적한 유대인 자본가들의 공로였다. 이들은 재력을 바탕으로 정계의 막후 실력자가 되었다.

이들에 의한 자본 축적이 경제학 이론을 적용할 사이도 없이 한 세대 만에 압축적으로 이루어졌다. 미국은 1870년부터 불과 60년 만에 요술과 같이 세계 제1의 초강대국 기반을 구축하였다. 곧 오늘날의 미국 경제의 뿌리가 한 세대 만에 유대계 자본에 의해 이루어진 것이다.

당시 모건가의 기업규모가 록펠러가보다 훨씬 컸다. 그럼에도 나중에 보면 록펠러의 재산이 훨씬 많다. 그에 견주어보면 모건가의 재산은 많지 않은 정도가 아니라 초라한 편이었다. 그래서 사람들은 모건가 기업들의 실질 주인은 런던 로스차일드 가문이 아닌가 하는 의구심을 더더욱 떨치지 못했다.

JP 모건의 귀족 마케팅

미국의 100대 기업 가운데 96개 기업이 JP 모건의 고객이었다. JP 모건이 고수한 전통 가운데 하나는, 요구불 예금계좌를 개설하기 위해서는 최저 잔액으로 100만 달러를 요구하는 것이었다. 그래서 모건은행 수표는 세계 어디에서나 현금으로 인정되고 특별고객으로 취급되었다. JP 모건의 계좌는 기업의 위상을 나타내고 개인인 경우에는 귀족의 신분증이나 마찬가지였다. 이러한 VIP 마케팅으로 모건은행 계좌를 갖고 싶어 하는 기업 임원들을 고객으로 끌어들이기가 수

월했다. '모건은행의 창구 직원들은 100만 달러를 지닌 고객에게만 웃어 준다'는 귀족 마케팅이었다.

이러한 귀족 마케팅은 글래스-스티걸법에 의해 JP 모건사에서 증권 등 투자업무 부서를 '모건스탠리'라는 이름으로 강제 분리시켰기 때문에 나온 경영기법이었다. 모건스탠리를 강제분리하면서 JP 모건은 주식, 채권 등 유가증권 투자를 전혀 할 수 없고, 여수신 업무 등 상업은행 영업만 해야 했다. 외형상 JP 모건의 일대 위기였다.

그러나 JP 모건은 이 모든 제도적 제약을 가볍게 무력화시켰다. JP 모건은 상업은행이 된 다음에도 다른 상업은행과는 달리 지점을 내지 않고 광고도 하지 않았다. 대신 정부와 은행, 대기업, 소수의 부유층 백인 고객만 상대하는 종전의 '귀족주의 영업전략'을 구사해 변함없는 금융 파워를 과시했다. JP 모건은 핵심고객에게는 자사 주식을 시세 이하로 살 수 있는 특혜를 부여하는 'JP 모건사 특권자 명부'를 만들어 고객을 관리해 나갔다. VIP 마케팅으로 투자은행 업무를 금지시킨 법을 무력화시키면서 수면 밑에서 부를 계속 불려나갔다.

실제로 다른 상업은행들은 예대마진을 주 수입원으로 만족해야 했다. 이와 달리 JP 모건은 수익 대부분을 정부와 대기업 및 은행에 대한 대규모 대출, 증권 발행 주선, 외환이나 기타 금융상품의 거래 업무 등에서 얻었다. JP 모건은 법으로도 어찌 할 수 없는 초법적 존재였다. 그도 그럴 것이 미국 정부는 전쟁채권 발행 등 생명선이 걸린 모든 업무를 JP 모건에 의존하고 있었다. 그리고 미국 대통령 선거 때도 JP 모건의 눈치를 봐야 하는 처지였기 때문이다.

JP 모건이 주도한 국제결제은행

제1차 세계대전을 계기로 월스트리트는 런던의 더 시티를 누르고 세계 금융의 중심지로 발돋움했다. 미국은 채무국에서 채권국으로 변신했다. JP 모건 또한 세계에서 가장 막강한 은행으로 떠오르면서 전무후무한 영향력을 행사했다. 1930년 5월 미국, 영국, 프랑스, 이탈리아, 독일, 벨기에 등 6개국이 참여한 가운데 스위스 바젤에서 국제결제은행BIS이 설립되었다. 이 기구의 목적은 제1차 세계대전의 패전국인 독일에서 전쟁배상금을 받기 위한 것이었다. 그런데 국제결제은행 설립 구상을 내놓고 이를 조직한 막후세력이 다름 아닌 잭 모건이었다.

1차 대전 과정에서 자유채권 판매를 대행해 영국·프랑스의 전비 조달업무를 맡았던 잭 모건은 미국 대통령이던 후버와 함께 미국 측 협상 대표로 직접 독일 배상회의에 참석했다. 그는 여기서 패전국 독일에 큰 선심을 썼다. 독일이 배상금으로 지불해야 할 2260억 마르크를 1000억 마르크로 대폭 깎아주었다. 지불 시한도 59년으로 늘려주는 등 전쟁 뒷마무리 협상을 깔끔히 매듭지었다. 독일은 잭 모건의 배려를 두고두고 고마워했다.

설립 목적인 배상협상이 끝난 뒤에도 국제결제은행은 그대로 스위스에 존속했다. 그 뒤 독일의 유럽 침공으로 제2차 세계대전이 발발했다. 나치는 유럽 전역을 휩쓸었으나 단 한 곳 스위스만은 손대지 않았다. JP 모건에 대한 독일의 감사 표시라는 이야기가 있다. 그 뒤 스위스는 세계의 블랙 머니가 모여드는 중심지가 되었다. 지금도 8월과 10월을 제외하고 1년에 10회, 매달 첫째 주 일요일 저녁에 미국과 영국, 스위스, 독일, 이탈리아, 일본 6개국 중앙은행 총재들이 바젤에 모여 비밀 회합을 갖고 있다고 한다. 그 외에도 필요하면 다른 나라 중앙은행 총재나 막후 실력자들도 불러들여 회합을 열고 있다. 바젤이 이처럼 지금까지 계속 국제금융계의 크램플린으로 군림하는 이유는 국제결제은행 막후에 모건 가문이 있기 때문이라는 견해가 있다.

모건 가문이 전면에 나서지 않고 이렇게 은막 뒤로 숨은 사연이 있다. 1930년 국제결제은행 설립 당시 JP 모건은 미국에서 수난을 당하고 있었다. 대공황에 분노한 군중은 금융·산업공룡인 JP 모건을 적대시했다. 잭 모건은 여러 차례 괴한들의 습격을 받았으며 JP 모건사에는 폭탄이 투척되었다. 그 뒤 모건 가문은 더 이상 표면에 나서는 것은 위험하다고 판단했다. 그들은 로스차일드 가문처럼 서둘러 베일을 치기 시작했다. 그 결과물이 바로 서방 중앙은행들의 최고의결기구인 국제결제은행이 아니냐는 해석이다.

전쟁이 한창이던 1943년 3월 12일 잭 모건이 숨을 거두었다. 그의 뒤를 이어 모건 3세인 주니어스 스펜서 모건이 등장했다. 주니어스는 이미 모건 그룹의 자회사인 제너럴모터스와 US 스틸의 이사를 거치면서 후계자 수업을 받은 상태였다. 하지만 그 뒤 국제 금융계에서 모건이라는 이름은 별로 눈에 띄지 않았다. 미국 산업계의 절반 이상을 장악했던 모건 그룹이 로스차일드 가문처럼 노출을 피해 깊숙한 곳으로 숨었기 때문이다.

04

공황의 두려움이 연준을 탄생시키다

연준의 창립 배경, 1893년 공황

　모건이 단순한 투자가가 아니었다는 사실을 보여주는 유명한 일화가 있다. 사건은 금본위제가 공포되기 전인 1893년에서 1895년에 걸쳐 일어났다. 시중의 금 부족이 불황으로 이어졌다. 1893년에 일어난 은행공황은 미국이 처음 겪은 최악의 경기불황이었다. 그러자 의회에서는 1893년 은 구매법을 폐지했으나 세기말까지 후유증에 시달렸다.

　게다가 당시 과열된 철도 건설 붐은 과잉공급을 부추겨 1893년에 버블 붕괴를 맞는다. 1894년 결국 철로 운영사업자의 1/4이 도산하는 지경에 이르렀다. 그 여파로 6개월 동안 8000개가 넘는 기업과 156개의 철도회사, 400개의 은행이 문을 닫았다. 안 그래도 제값을 못 받았던 농산물 가격은 더욱 폭락했다. 노동력의 20%인 100만 명의 노동자가 일자리를 잃었다. 실업 노동자들 사이에 광범위한 사회

불안이 조성되었고, 파업과 유혈 진압이 잇달았다.✧

유대 금융재벌, JP 모건의 활약

불황이 닥치자 영국 투자가들이 제일 먼저 자본을 철수하기 시작했다. 미국은 곤경에 처했다. 주식시장이 폭락하고 은행이 문을 닫게 되자 미국 정부는 금괴를 비축하여 버티기로 결정한다. 금괴 비축의 마지노선은 1억 달러였다. 그러나 1895년 1월 마지노선은 깨지고 금괴는 5800만 달러로 줄어들었다. 당시 절박한 재무장관 존 칼리슬은 JP 모건에게 도움을 요청했다. 클리블랜드 대통령 시절이었다.

금태환 요구가 빗발쳐 재무부가 보유한 금이 바닥나기 일보 직전이었다. 1895년 2월 정부의 태환용 금 준비금이 10분의 1로 급감했다. 국가재정이 파산 직전까지 내몰려 한마디로 국가 비상사태가 야기된 것이다. 클리블랜드 대통령은 어찌할 바를 몰랐다. 이때 모건은 맨해튼에서 자가용 열차를 타고 워싱턴으로 내려갔다. 대통령을 만난 그는 비상수단을 써서라도 위기를 극복하겠다고 대통령을 안심시켰다. 먼저 굵직굵직한 투자자들을 모아 국채 인수 신디케이트를 만들고, 그들이 갖고 있는 금으로 국채를 사도록 하겠다고 말했다. 그는 대통령에게 자신이 책임지겠다고 했다.

⚘ JP 모건

✧ 앨런 브링클리 지음, 황혜성 옮김, 《있는 그대로의 미국사 2》, 휴머니스트, 2011

모건, 로스차일드와 손잡고
부도 위기의 미국을 구하다

그 뒤 모건은 어거스트 벨몬트와 런던 로스차일드가를 움직여 삼자 제휴로 신디케이트를 구성하여 금을 동원했다. 6500만 달러어치의 금을 재무부에 공급해 일단 금본위제도를 안정시켰다. 이 가운데 반은 로스차일드 유럽은행에서 지원받았다. JP 모건 은행이 나서서 지금의 중앙은행 역할을 한 것이다. 이로써 정부공채를 인수하여 미국을 위기에서 구했다.

이 과정에서 모건은 국가적 영웅으로 떠올랐다. JP 모건 은행은 연리 3.75%로 정부공채를 인수했다. 모건은 유럽은행들과 함께 그 뒤 1600만 달러의 이자수입을 챙겼다.

이렇게 하여 대통령마저 조종하게 된 모건 부자는 증권투자를 독점하다시피 하며 금융 트러스트를 형성했다. 당시 록펠러의 석유 트러스트를 따라서 담배 트러스트, 소금 트러스트, 설탕 트러스트, 술 트러스트 등이 우후죽순으로 생기던 때였다. 그 와중에서 모건은 트러스트의 트러스트라 불리는 모건 금융제국을 이룩했다. 당시 미국은 벌써 산업자본주의에서 금융자본주의로 이동하기 시작한 것이다.

1895년 58세인 모건은 뉴욕, 필라델피아, 런던, 파리에 있는 4개 은행의 대주주가 되었다. 하지만 클리블랜드 대통령은 모건이 인수한 국채의 고금리 특혜 시비에 휘말려 정치 문제화되는 바람에 재선에 실패했다.

그 뒤 많은 사람이 불황의 원인이 불충분한 화폐 공급이라고 믿었다. 이 사건으로 미국인들은 중앙은행 제도를 깊이 있게 생각하게 되었다.

1898년부터 미국 경제는 다시금 번영을 구가했다. 해외의 흉작으로 농산물 가격이 치솟아 농민들은 환호했다. 미국 기업은 또 한 번 호황의 팽창주기에 들어섰다. 번영과 금본위제는 긴밀하게 결합되어 있는 것처럼 보였다. 그해 미국의 금 생산은 8년 전의 2.5배로 증가해 통화 공급량이 팽창했다. 1900년 미국이 금본위제도를 채택했을 때 은행 수는 3500개로 늘어났다.

1907년 공황, 자기 자본의 100배를 대출한 은행들

20세기 초 JP 모건 은행의 영향력은 막강하였다. 지배주주였던 JP 모건은 뉴욕 월스트리트에서 '주피터'라는 별명으로 불렸다. 로마 신화에서 주피터는 '신들의 신'이라는 뜻이다. 백악관 화이트 하우스에 견주어 모건 하우스로 불릴 정도였다. 모건 하우스는 미국 금융사의 거의 전부를 결정했다.

연방준비제도이사회가 생기기 이전에 모건이 위기 때마다 미국의 중앙은행 역할을 해낸 사례는 유명하다. 당시 미국 전역에는 크고 작은 2만 5000여 개의 은행이 난립하고 있었다. 또한 통화와 신용의 유통량을 조절할 수 있는 중앙은행이나 은행의 건전성을 감독할 수 있는 금융감독 당국도 존재하지 않았다. 한마디로 경제가 위험한 상황에 처하더라도 사전에 경보를 울리거나 유동성을 조절할 수 없었다. 모든 대출이 담보대출이었지 신용대출이란 애당초 존재하지 않았다.

담보 없이 급전을 빌리려는 개인은 살인적인 고금리를 요구하는 전당포로 가야 했다. 또 오늘날과 같은 예금보호제도도 전혀 없었고, 증권 등에 대한 건전성 규제도 없었다. 금본위제 하의 화폐라는 것은 고작 금을 쌓아두고 그에 대한 교환권의 의미만 가지고 있었기 때문에 화폐량에 대한 조절능력이 애당초 없었다.

이런 상황에서 은행들은 대출에 대출을 해주고, 급기야는 버블을 만들게 된다. 경기가 하강하자 자기 자본의 100배까지 레버리지가 실린 은행들은 이제 시한폭탄이었다.

특히 당시 새롭게 만들어진 투자신탁회사 트러스트 뱅크들이 금융 패닉의 발단이 되었다. 경기침체로 주가가 폭락하자 고객 돈을 갖고 주식투자를 하던 투신사들이 무더기로 도산한 것이다. 이로부터 가파른 경기침체가 나타났다.

이런 불안한 경제 상황에서는 언제나 현금은 물론 금에 대한 수요가 폭증하기 마련이다. 이때에도 뉴욕 금시장에서는 금값이 폭등했고, 런던 금시장으로부터 뉴욕 금시장으로 대규모 금 유출 사태가 발생했다.

가뜩이나 불안한 시장에 결정적인 찬물을 끼얹은 사람은 하인츠였다. 서부의 구리광산에서 돈을 모아 월스트리트에 진출하여 증권사와 투신사를 사들인 하인츠가 주가조작 과정에서 자금난에 빠지자 시장 전체가 흔들렸다. 워싱턴과 캘리포니아, 오클라호마 등 일부 주는 은행 영업까지 정지시켰다. 파리와 로마에서는 은행 창구에서 예금인출 소동이 벌어지고 일부 이탈리아 은행이 파산을 맞기도 했다.

이 와중 직전에 주식을 처분하여 재산을 보존한 사람이 있었으니, 그가 바로 앤드루 카네기다. 그는 구두닦이 소년마저 있는 돈을 털어 주식을 샀다는 이야기를 듣고 곧바로 주식을 팔아치웠다. 경제학 이론을 잘 알았다기보다는 세상의 흐름을 읽을 줄 아는 시각이 있었던 것이다. 카네기는 아주 작은 정보만으로 당시의 형국을 파악했다.

1907년 공황은 주식시장이 최고가를 기록한 1906년 9월부터 최저점을 통과한 1907년 11월까지 15개월 동안 지속되었다. 이 기간 동안 주가는 48% 하락했다. 반 토막이 난 것이다. 금융공황으로 최소한 25개 은행과 17개 투자신탁회사가 파산했다. 겁에 질린 예금자와 투자자들이 은행과 투자신탁회사 앞에 장사진을 치는 예금인출 사태로 금융시스템은 붕괴 직전이었다.

JP 모건, 구제금융 제공 등 중앙은행 역할을 하다

1907년 10월, 월스트리트의 은행들이 집단 파산의 위기에 직면하자 모건은 급히 은행가들을 불러 모아 긴급 구제금융을 제공하여 위기를 넘겨주었다. 당시 미국엔 연준FRB이 없었던 시절이므로 모건 은행이 중앙은행 역할을 했다. 당시 상황을 살펴보자.

1907년 10월 21일, 미국 월스트리트는 구리광산 주가의 대폭락을 신호탄으로 순식간에 패닉 상태에 빠져들었다. 뉴욕 증시는 이미 봄부터 구리, 철광, 철도 종목을 중심으로 투기 광풍에 휩싸여 있었다. 그런 와중에 시어도어 루스벨트 대통령의 통화긴축 발언은 시장에 찬물을 끼얹었다. 번쩍 정신이 든 투기자들은 앞다투어 현장을 빠져나가려 했다.

다우존스지수는 전년도에 비해 48%나 급락했다. 반 토막이 난 것이다. 연쇄 뱅크런(예금인출 사태)으로 일주일 사이에 은행과 신탁회사 8개가 무너졌다. 증권사 50곳이 파산 직전으로 내몰렸다. '1907년의 공황'이 시작된 것이다.

당연히 예금자들이 은행과 투신사 앞에 장사진을 치는 인출 사태가 벌어졌다. 뉴욕증권거래소조차 돈이 떨어져 주식거래를 중단해야 할 처지에 몰렸다. 돈 많은 갑부나 은행 소유자들은 비상대책회의를 갖고 "우리만이라도 은행에서 돈을 빼지 말자"고 결의했다. 그러나 회의가 끝난 지 한두 시간도 채 안 되어 서로 앞다투어 돈을 빼내가는 극도의 혼란상이 연출되었다. 무능한 정부는 아무런 대책도 내놓지 못하고 허둥댔다.

그 절박한 위기에서 월스트리트의 뱅커들이 구조를 요청한 사람은 미국 대통령도, 재무장관도 아니었다. JP 모건 회장 존 피어폰트 모건이었다. 이 칠순 노인은 10월 22일 저녁 맨해튼호텔로 주요 금융인들을 불러 모았다. 워싱턴에서 재무장관도 달려왔다. 당시 모든 금융기관은 자신들의 자금회수에만 여념 없었다. 기업이나 사람들도 금이나 현금 아니면 인수를 거부했다. 그래서 비정상적인 현금 결핍 상태가 계속되었다.

그는 먼저 은행들의 개인플레이를 금지시켰다. 다음으로 투신사와 영세은행의 구제계획을 내놓았다. 그는 어려움에 처한 투신사와 영세은행들로 하여금 담보를 내놓게 하고, 그 대신 대형 은행들에는 투신사에 대한 대출을 지시했다. 그리고 금융시장 안정을 위한 신디케이트를 구성하고, 시장이 안정될 때까지 자금을 무제한 쏟아붓기로 결정했다. 그 자신이 파산 직전의 영세은행들에 2억 달러의 긴급 자금을 수혈해주었다. 동시에 정부에 압박을 가하여 국립은행과 거래은행에 대해 구제금융을 지원하도록 했다. 정부도 2500만 달러의 구제금융자금을 내놓는 데 합의했다. 다음 날 정부는 이를 발표했다.

그러나 24일에 또다시 주식시장이 중단될 위기에 놓였다. 증권거래소의 딜러와 증권사들은 평소 연리 6%의 조건으로 하루짜리 콜금리 자금을 써왔으나, 금융경색이 극심해지자 100% 금리로도 자금을 빌릴 수 없었다. 서로가 서로를 믿지 못하는 신용경색이 극에 달한 것이다. 절망을 넘어 극도의 공포가 시장을 휩쓸었다. 절체절명의 순간이었다.

그는 다시 금융인들을 불러 모아 은행과 주식시장을 단 1분이라도 중단시키거나 먼저 닫아서는 안 된다고 강조하였다. 모건은 무엇보다 먼저 신용경색을 푸는 것이 급선무라고 판단했다. 그는 자기 은행을 포함한 여러 은행에서 10% 금리 조건으로 긴급자금을 모아 제공함으로써 주식거래가 중단되는 사태를 막았다. 실세 금리를 파격적으로 끌어내린 것이다. 아무리 신용이 좋아도 100% 금리에도 돈을 빌릴 수 없었던 시기에 연리 10%짜리 자금을 공급해주는 JP 모건은 그야말로 신과 같은 존재가 되었다.

자금 부족으로 영업 중단 위기에 처한 뉴욕증권거래소에 대해서도 지원사격에 나섰다. 그리고는 더 나아가 2700만 달러의 증시부양자금을 확보했다. 이 소식이 알려지자 증권거래소는 회생했다. 이후 금융시장도 조금씩 안정을 되찾았다.

그런데 1907년 공황은 1904년의 경제공황에서 겨우 벗어난 자본주의 국가들이 3년 만에 다시 맞은 공황이다. 일종의 더블 딥을 강하게 맞은 것이다. 공황에서 벗어났다고 안심해서는 안 된다는 사실을 우리에게 일깨워준다.

모건, 뉴욕 시 파산을 막아주다

공무원들에게 월급 줄 자금이 떨어진 뉴욕 시 정부도 모건에게 도움을 청했다. 뉴욕 시가 파산하면 금융시장에 나쁜 영향을 줄 것을 우려한 모건은 뉴욕 시 당국으로 하여금 연리 6%의 수익채권을 발행하게 하고, 이를 은행들이 사들이게 했다. 요새 말로 양적 완화 정책을 쓴 것이다.

이 밖에도 각각 이해관계가 다른 투신사들을 설득하여 이들이 공동출자해 구제기금을 만들도록 하는 등 동분서주하며 일을 해결해 나갔다. 이처럼 모건이 정부를 대신해 한 달여 동안 불철주야로 금융계를 재조직해낸 결과, 11월 들어 파국 일보 직전까지 갔던 금융위기가 비로소 진정되었다. 위기의 순간에 모건이 혼자 힘으로 중앙은행 구실을 해낸 것이다.

이로써 금융계에서 차지하는 모건의 영향력이 얼마나 절대적인지가 만천하에 입증되었다. 모건의 위상은 더욱 굳건해졌다. 당시 금융시장에서는 "하느님은 세상을 창조했고 모건은 그 세상을 재창조했다"는 말이 돌 정도였다. 모건 혼자 1907년 공황을 수습하며 오늘날 월스트리트의 기초를 다진 것이다. 영웅은 난세에 만들어진다. 결국 금융황제의 막강한 지위와 권력은 시장의 공포와 비관 속에서 태어나게 된 것이다.

그 과정에서 모건은 '테네시석탄철강회사'를 손에 넣고, 루스벨트의 반독점 칼날도 비켜갔다. 시장의 파수꾼을 자처하면서 이렇게 엄청난 이익도 챙겼다.

1907년 11월 15일에 지수는 바닥을 찍었다. 당시 최후의 부실 금융기관이던 월스트리트 최대 브로커인 무어앤쉴리가 구제된 것도 그 시점이었다. 진보적인 정치인들은 월스트리트가 공황 이후의 재정비 과정에서 돈을 벌기 위해 공황을 부추겼다고 주장했다. 경기 침체는 이듬해 6월에야 마무리되었다. 하지만 다우지수는 2년 동안 90%나 급등했다.

이렇게 미국에 중앙은행이 없던 1913년 이전, 모건 하우스는 사실상 미국의 중앙은행이나 다름없었다. 금융시장 패닉을 종식시켰고, 금 유출로 무너질 위기에 몰린 미국 금본위제를 사수했으며, 세 차례나 디폴트 위기에 빠진 뉴욕 시를 구제했다.

이후 대부분의 미국인들은 은행제도의 개혁을 강력히 요구했다. 미국 국민들 사이에서 중앙은행기구를 만들어 건강한 은행제도를 확립하고 통화를 탄력적으로 공급해야 한다는 의견이 높아갔다. 이렇게 해서 1913년 탄생된 것이 민간 중앙은행인 '연방준비은행'이었다.

III

대공황의 역사는
반복된다

JEWISH ECONOMIC HISTORY

지나친 호황의 뒤끝은 공황이다. 이러한 역사는 계속 반복되고 있다. 1914년 유럽에서 제1차 세계대전이 발발하자 미국은 군수물자 수출로 호황을 맞는다. 그 결과 당시 유럽의 금이 미국으로 많이 흘러들어 왔다. 1차 대전 후에도 미국은 호황 가도를 달렸다. 그러다 인플레이션을 우려해 금리를 올리자 1920~1921년에 일시적인 경기 후퇴를 겪는다. 실업률이 11.9%로 치솟자 당황한 미국 정부는 재정을 풀고 금리를 낮추어 사태를 수습했다. 경기가 살아나면서 2년 만에 실업율은 다시 3.2%로 안정되었다. 이후부터 실업률이 경기의 가장 중요한 바로미터가 되었다.

그 뒤 1920년대 중반 사상 최저였던 3.5%의 기준금리는 기업들의 투자 의욕을 일으켜 다시 부와 번영의 시대를 구가했다. 포드 자동차가 대량생산 시스템으로 쏟아내는 승용차가 도시는 물론 시골 구석구석까지 보급되었다. 그리고 1879년경에 에디슨과 테슬러가 발명한 전기가 미국의 생산성 향상에 본격적으로 기여하기 시작한 것은 40여 년 뒤인 1920년대였다. 전기는 제조업의 생산성을 급격히 올려주어 세계 제조업의 36%를 차지하던 미국의 비중은 42%로 급격히 높아졌다. 자그마치 2위인 영국의 4배였다.

생활수준도 크게 높아졌다. 1929년에는 1가구당 1대꼴로 자동차가 보급되어 생활필수품으로 자리 잡았다. 그 무렵 투자의 가장 큰 대상이 철도를 대체한 자동차였다. 곳곳에 자동차 도로와 고속도로가 건설되었다. 당시 미국의 해외 투자도 활발했다. 특히 독일에 대한 자본투자는 전후 복구와 산업 부흥을 이끌며 독일의 전쟁배상금 지불을 가능케 했다.

1928년이 되자 지칠 줄 모르던 미국 경제가 피로 증세를 보이기 시작했다. 하지만 월스트리트는 증시의 근간인 실물경제와 큰 괴리 현상을 보이면서 나 홀로 상승세를 보이기 시작한다. 당시 저금리

기조로 유동성이 늘어나 주식시장은 활황이었다. 산술급수적으로 증가하던 국부와 달리 주가는 기하급수적으로 뛰었다. 전쟁 직후부터 1929년까지 국내총생산이 50% 성장하는 동안 다우지수는 무려 400% 이상 오른 것이다. 주식시장은 영원한 상승가도에 들어선 것처럼 보였다. 그러나 잘 나가던 미국 경제의 파국은 바로 증시로부터 찾아왔다.[◆]

이러한 주식시장의 활황은 경제발전에도 힘입은 바 컸지만 그보다는 다분히 유동성 장세였다. 연준의 통화량 증발이 큰 원인의 하나였다. 1921년 6월 317억 달러였던 통화량이 1929년 6월에는 457억 달러가 되어 44%나 늘어났다. 게다가 상당기간 지속된 저금리 기조가 여기에 불을 붙여 통화승수를 높이고 주식 투기를 불러왔다.

지난 400여 년간의 역사를 분석해보면 경기침체는 매 4.75년마다 한 번씩 오고, 경제 대공황은 67년마다 한 번씩 온다고 한다.

◆ 권홍우 지음, 《부의 역사》, 인물과사상사, 2008

1907년 공황

1907년 공황의 대규모 뱅크런

1907년 공황은 '과잉자본' 때문에 발생한 최초의 공황이었다. 과잉자본이란 필요 이상의 유동성 때문에 자산에 거품이 끼었다는 뜻이다. 그 무렵에는 통화와 신용의 유통량을 조절할 수 있는 중앙은행도 없었다. 금본위제라서 화폐량에 대한 조절 능력이 애당초 없었다.

1907년 초에 산업생산지수는 최고치를 기록했다. 철도산업 호황에 이어 철강산업이 주력산업으로 크면서 철 등 각종 원자재가격이 폭등했다. 전형적인 경기과열로 치닫고 있었다.

미국 은행들은 자기자본비율이 1%에도 미치지 못할 정도로 지나친 대출을 해주고 있었다. 자기자본의 100배 이상을 대출해준 것이다. 이것이 금융의 속성인 모양이다. '과다대출'로 인한 '과잉유동성'은 1907년, 1929년, 2007년 공황을 관통하는 공통의 키워드다. 한마디로 과도한 대출이 금융위기의 본질이었다. 특히 빚을 내 투자하는

무분별한 차입투자leverage effect가 문제였다.

과잉유동성은 결국 자산 버블을 만들었다. 경기가 하강하자 자기자본의 100배 이상을 대출해준 은행들은 시한폭탄이 되어 여기저기서 터졌다. 공황이 발생한 것이다. 맨처음 철강산업이 직격탄을 맞고 나자 주식시장이 폭락하기 시작했다. 1907년 당시 니커보커 투자신탁의 CEO였던 찰스 T. 바니는 구리 투기에 나섰다가 엄청난 손실을 보았다. 니커보커 투자신탁이 파산할 것이라는 소식이 시장에 퍼지자 투자신탁에 재산을 맡겼던 1만 8000여 명의 고객들이 은행에 달려들어 예금 인출을 요구했다. 이 인원은 미국 뱅크런 역사상 가장 많은 인원이었다. 겁에 질린 예금자와 투자자들의 예금인출 사태로 금융시스템은 붕괴 일보 직전이었다. 이러한 혼란을 JP 모건이 강력한 지도력을 발휘해 수습했다. 이로써 일단 금융 붕괴는 막았다. 개인이 중앙은행 역할을 한 것이다.

1907년 1월부터 11월까지 철도 관련 주식은 34%, 공업 관련 주식은 40%가량 폭락했다. 이 기간에 수많은 기업이 맥없이 파산했다. 1907년 공황은 주식시장이 최고가를 기록한 1906년 9월부터 15개월 동안 지속되었다. 이 기간 동안 주가는 48% 하락했다. 반 토막 난 것이다. 금융공황으로 인해 최소한 25개 은행과 17개 투자신탁회사가 파산했다.

더블딥을 강하게 맞은 1907년 공황

금융 패닉의 발단은 당시 새롭게 만들어진 투자신탁회사(트러스트 뱅크)들의 실패 때문이었다. 경기침체로 주가가 하락하자 고객 돈을 가지고 주식투자를 하던 투자신탁회사들이 무더기로 도산한 것이다. 이로부터 가파른 경기침체가 나타났다. 이는 다시 주요 산업에서 이윤율 저하로 연결되어 금융 압박이 생겼다. 이 때문에 주식과 상품 투매가 이어지면서 생산은 감소했다. 한마디로 악순환의 고리에 빠진 것이다.

10월이 되면서 몇몇 대기업들까지 도산하였다. 이어 이들에게 대규모 융자를 해준 은행들에 예금인출 사태가 쇄도하는가 싶더니, 급기야 금융공황으로 발전했다. 돈이 마른 은행들이 대출금을 회수하자 기업들은 줄지어 무너지고 실업은 급격히 증가했다. 이 와중에 8000개의 회사가 도산했다. 결국 금융공황이 격렬한 산업공황으로 발전했다. 1907년부터 2년 동안에 파산한 신용기관이 312개, 파산한 기업이 2만 7400개였다.

그런데 1907년 공황은 1904년의 경제공황에서 겨우 벗어난 자본주의 국가들이 3년 만에 다시 맞은 공황이다. 일종의 더블딥을 강하게 맞은 것이다. 공황에서 벗어났다고 안심해서는 안 된다는 사실을 우리에게 일깨워 준다. 이때의 대규모 뱅크런에 대한 패닉은 1913년 연방준비제도이사회의 설립으로 이어진다.

1929년 대공황 전야

사회경제사가인 에릭 홉스봄은 《극단의 시대》에서 "경제 붕괴의 충격, 곧 1929년 대공황을 이해하지 않고선 20세기 후반의 세계를 이해할 수 없다"고 썼다. 대공황은 단지 공포스러운 기억만이 아니다. 2008년 이후 최악의 금융위기를 겪고 있는 오늘에 살아 있는 경제 교과서다.

1차 대전 후의 호황기, 실업률이 중요한 바로미터가 되다

역사 속에서 늘 지나친 호황의 뒤끝은 공황이다. 1914년 유럽에서 발발한 제1차 세계대전으로 미국은 군수물자 수출로 호황을 맞는다. 그 결과 당시 유럽의 금이 미국으로 많이 흘러들어 왔고, 1차 대전 뒤에도 미국은 호황 가도를 달렸다. 그러다 미국은 1차 대전 이후로 늘어난 통화 공급을 줄이기 위해 1920년 금리를 인상했다. 인플레이션을 우려해 금리를 올리자 1920~1921년에 통화량이 줄어들면서 일시적인 경기후퇴를 겪는다. 실업률이 11.9%로 치솟았다. 당황한 미국 정부는 재정을 풀고 금리를 낮추어 사태를 수습했다. 경기가 살아나면서 2년 만에 실업률은 다시 3.2%로 안정되었다. 이때부터 실업률이 경기의 가장 중요한 바로미터가 되었다.

자동차와 전기의 발명이 생산성을 획기적으로 높이다

그 뒤 1920년대 미국은 라디오, 자동차 등이 대량생산으로 널리 보급되고 할리우드 영화산업도 급성장했다. 호황 분위기에 토지와 주식투기 열풍도 일었다. 1920년대 중반 사상 최저였던 3.5%의 기준금리는 기업들의 투자 의욕을 일으켜 번영의 시대를 구가했다. 포드 자동차가 대량생산 시스템으로 쏟아내는 승용차가 도시는 물론 시골 구석구석까지 보급되었다. 1920년대 미국 자동차는 700만 대에서 2300만 대로 폭증했다.

그리고 1879년경 에디슨과 테슬러가 발명한 전기가 미국의 생산성 향상에 본격적으로 기여하기 시작한 것은 40여 년 뒤인 1920년대였다. 전기는 제조업의 생산성을 급격히 올려 주어 세계 제조업의 36%를 차지

하던 미국의 비중은 42%로 급격히 높아졌다. 자그마치 2위인 영국의 4배였다.

생활수준도 크게 높아졌다. 1929년에는 1가구당 1대꼴로 자동차가 보급되어 생활필수품으로 자리 잡았다. 그 무렵 투자의 가장 큰 대상이 철도를 대체한 자동차였다. 곳곳에 자동차 도로와 고속도로가 건설되었다. 당시 미국의 해외 투자도 활발했다. 특히 독일에 대한 자본투자는 전후 복구와 산업 부흥을 이끌며 독일의 전쟁 배상금 지불을 가능케 했다.

1920년대 세계 경제는 1차 대전을 끝내고 전후복구 특수로 새 시대라고 불릴 정도의 번영을 구가했다. 그 무렵 유행했던 새로운 시대 이데올로기가 '새로운 패러다임'과 '안정된 경제'라는 말이었다. 어디서 많이 듣던 말이다. 바로 2008년 금융위기 이전에 우리가 들어왔던 신자유주의 이론은 이를 부활시킨 것이었다.

미국의 보호무역주의와 유동성 축소가 경제 붕괴 부르다

그 무렵 패권적 능력을 가지고 있었던 미국이 고립주의와 보호무역주의 같은 폐쇄적인 정책을 고집한 것이 국제 경제질서를 붕괴시킨 원인이 된다.

미국은 1920년대 후반부터 유럽에 대한 대출을 줄였다. 이는 세계 금융시장에 유동성 공급을 줄여 시장의 붕괴를 촉발했다. 1920년대 후반 미국에서는 호경기 끝자락에 주식거품이 일어났다. 연방준비제도이사회FRB는 과거의 교훈을 거울삼아 유동성 공급을 옥죄었다. 그러자 거품은 1929년 10월을 기해 무서운 속도로 꺼지면서 곳곳에서 은행들이 자금 압박을 견디다 못해 파산하기 시작했다. 놀란 FRB가 이자율을 낮추고 유동성 공급을 늘리기 시작했을 때는 이미 모든 것이 늦었다. 은행에 돈은 풍성해졌지만 그 돈을 빌려 쓸 사업가가 없었다. 결국 전 세계에 대공황이 찾아왔다.

벤저민 스트롱, 공개시장조작

JP 모건 그룹의 뱅커스 트러스트 사 회장이자 1913년 연준 창립 멤버였던 벤저민 스트롱은 1928년까지 14년간이나 뉴욕연방은행 총재를 맡았다. 그는 12개 연방준비은행 지역은행에 분산되어 있던 권력을 뉴욕연방준비은행으로 집중시켰다.

그는 금본위제 하에서 연방준비은행의 새로운 통화정책인 '공개시장조작Open Market Operation'을 처음으로 실시한 사람이다. 그는 미국 경제를 살리기 위해서는 '금'이 더 이상 '신용'을 통제하는 요소가 아니라는 사실을 알았다. 여기서 신용이란 중앙은행이 정부 채권을 사들이는 대신 통화를 공급한다는 뜻이다.

그 무렵 미국은 1차 대전에 시달리는 유럽에 대규모 자금지원을 위해 대량의 채권을 발행했을 때였다. 이 때문에 채권이 시중 은행권을 흡수해 미국의 통화량이 급격히 줄어들었다.

∴ 벤저민 스트롱

그는 1923년에 경기후퇴를 막기 위해 통화량을 늘리는 게 급선무라고 판단했다. 뉴욕 연준은 정부 채권을 대량으로 사들였다. 공개시장 조작이 처음으로 시도된 것이다. 과거에는 통화를 공급하려면 그 근거가 되는 금이 있어야 했으나 금 없이 통화를 공급한 것이다.

그러자 중앙은행의 위력이 드러나기 시작했다. 미국의 국채 발행이 늘어나는 것에 비례해 연방준비은행도 놀라운 규모로 이를 사들이기 시작했다. 이때 풀려나간 은행권은 전쟁채권으로 초래된 통화 긴축을 완화시키며 시중에 돈이 풍부해졌다.

그 대가로 시중 이자가 내리자 국채가격은 수직 상승했다. 연방준비은행이 전력 질주하던 1916~1920년 4년 동안 10억 달러어치 채권이 무려 25배가 오른 250억 달러를 기록했다. 모든 국채는 국민의 미래 납세를 담보로 하는 것이다. 전쟁 통에 국민의 혈세로 은행가들에게 막대한 돈을 벌게 해준 꼴이었다.

저금리 기조, 유동성 증가로 이어지다

그 무렵 미국의 저금리 기조는 유럽을 배려한 측면도 있었다. 당시 유럽 경제는 제1차 세계대전의 상처에서 회복되지 못하고 있어 미국 연준의 벤저민 스트롱은 유럽 경제회복을 돕고자 했다. 1920년대 중반 미국은 경상수지 흑자국이라 금이 미국으로 유입되고 있었다. 그 때문에 유럽은 경제회복에 필수인 자본 부족에 시달렸다.

그래서 스트롱은 미국의 시장금리를 최대한 낮춰 유럽 자본이 미국으로 들어오는 것을 막아야 했다. 그는 1923년 최초의 공개시장 조작을 통해 시중에 돈을 풀자 금리가 떨어져 유럽 자본의 유입을 막았다.

이후 1920년대 중반 사상 최저인 3.5%의 기준금리는 자산시장 붐을 일으켰다. 혹자는 1920년대 뉴욕 연준 총재인 벤저민 스트롱이 몇 개월만 더 살았어도 1929년 대공황이 일어나지 않았을 것이라고 말했다.

1922년부터 1927년까지 생산은 엄청나게 증가했음에도 가격 하락은 없었다. 원래 통화량은 일정한데 상품 수량이 급격히 늘어나면 가격은 떨어져야 하는 법이다. 그런데 가격이 안 떨어졌다는 것은 가격 하락을 막을 정도로 통화 공급이 충분히 늘어났음을 뜻했다. 1921년에서 1929년 사이에 통화량이 60% 이상 증가했다.

유동성 증가로 시장 이자율이 떨어지고 주식 붐이 일어났다. 최근 금융위기 직전에 있었던 주가 상승처럼 이때도 엄청난 주가 상승이 이어졌다. 시장에 더 이상의 불황은 없고 오직 호황만 있을 것 같았다. 시장에는 엄청난 거품이 끼었다. 그 뒤 버블이 터지면서 주식과 부동산 등 자산 가치의 하락은 대공황의 가속 페달이었다.

이러한 현상은 21세기에 들어서면서도 똑같이 반복되었다. 2000년 닷컴 거품 붕괴와 2001년 9·11테러 이후 지속된 1% 저금리에서 비롯된 과잉유동성이 자산시장 붐을 일으켰다. 예나 제나 똑같았다. 2008년 금융위기 진앙지도 주택시장의 하락에서 출발해 증시 폭락으로 번졌다.

경제와 증시의 불균등 성장,
다우지수 400% 이상 오르다

1928년이 되자 지칠 줄 모르던 미국 경제가 피로 증세를 보이기 시작했다. 하지만 월스트리트는 실물경제와 괴리 현상을 보이면서 나 홀로 상승세를 보였다. 당시 저금리 기조로 유동성이 풍부해 주식시장은 활황이었다. 산술급수적으로 증가하던 국부와 달리 주가는 기하급수적으로 뛰었다. 전쟁 후부터 1929년까지 국내총생산이 50% 성장하는 동안 다우지수는 무려 400% 이상 오른 것이다. 주식시장은 영원한 상승가도에 들어선 것처럼 보였다.

미국 경제와 증시의 불균등 성장에는 그럴 만한 이유가 있었다. 미국 산업이 대규모 철도산업을 시작으로 철강산업에 진입하면서 꽃을 피우고 있었다. 게다가 JP 모건과 록펠러가 주도하는 인수합병으로 미국 경제가 '규모의 경제' 이점을 누리고 있었다. 또한 에디슨이 발명한 전기 덕분에 노동자들의 생산성이 40% 이상 급증했다.

하지만 규모의 경제와 생산성 증대가 낳은 이익은 사회 각 계층에 고루 분배되는 게 아니었다. 주로 주가에 반영되어 금융 자본가와 증시 참여자들에게 돌아갔다. 금융자본주의의 폐단이었다.

당시에도 IT 버블이 있었다. 1920년대 미국에서 신기술에 대한 투기꾼들의 환상은 주식시장이 호황을 유지하는 동안 지속되었다. 1925년에서 1928년 사이에 제너럴모터스의 주가는 10배 이상 치솟았다. RCA 라디오 방송사 주가는 1923에서 1929년 사이에 20배 이상 폭등했다.

잘나가던 미국 경제의 파국은 바로 증시로부터 찾아왔다. 이러

RCA's 1922 Logo

한 주식시장의 활황은 경제발전에도 힘입은 바 컸지만 그보다는 다분히 유동성 장세였다. 연준의 통화량 증발이 큰 원인의 하나였다. 1921년 6월 317억 달러였던 통화량이 1929년 6월에는 457억 달러로 44%나 늘어났다. 게다가 상당 기간 지속된 저금리 기조가 여기에 불을 붙여 돈의 유통 속도가 빨라져 통화승수를 높이고 주식 투기를 불러왔다.

대공황, 통화정책의 잘못으로 촉발되다

산이 높으면 골이 깊은 법이다. 1930년대 대공황 역시 통화정책 잘못으로 촉발되었다. 연준은 1921년 중반에서 1929년 중반까지 8년 동안이나 통화 팽창정책을 썼다. 1928년 한 해에만 연준은 600억 달러의 통화를 방출했다. 당시 세계 금 유통량의 6배나 되는 돈이었다. 이듬해 1929년에는 한술 더 떠 뉴욕 연방은행 혼자 방출한 금액만 580억 달러로 유동성의 홍수였다.

1920년대 미국 증시의 가장 두드러진 특징은 빚을 내 주식투기를 벌이는 차입투기의 일반화였다. 당시 투기꾼들은 마진론, 곧 주식담보대출을 끌어와 '묻지마 투자'를 벌였다. 이를 이용하면 자기 돈은 1할만 내고 나머지 9할은 살 주식을 담보로 돈을 빌려 살 수 있었다. 문제는 9할의 돈을 빌릴 때 작성하는 계약서에 대출자가 콜을 하면 24시간 이내에 빚을 갚아야 한다는 내용이 있었다.

차입투기는 개인투자자들만이 벌인 게 아니었다. 은행과 증권사들도 가세했다. 뉴욕연방은행에서 5%의 금리로 빌린 돈을 은행들은 증권업체에 12%로 대출해주어 7%의 차액을 챙겼다. 이런 상황에서 증시가 폭등하지 않으면 오히려 더 이상한 일이었다.

저금리 기조가 낳은 부작용, 마진론 시장 돈놀이

이렇게 벤저민 스트롱의 금리인하는 버블을 야기하는 부작용을 낳게 된다. 금리가 떨어지자 많은 자금이 마진론 시장, 곧 일종의 주식담보대출 시장에 쏟아져 들어왔다. 다른 금융시장보다 마진론 시장의 수익률이 높았기 때문이다. 특히 투기적 광기와 증시의 대세상승에 취한 투자가들이 20%를 넘나드는 고율의 마진론 이자율을 전혀 개의치 않고 돈을 끌어다 주식투기를 벌였다. 이 바람에 마진론 시장에 돈 유입을 부추겼다.

은행만이 마진론 시장에 뛰어든 것이 아니었다. 급기야 철강이나 자동차업체까지 마진론 시장에 참여해 돈놀이를 했다. 베들레헴 철강은 1억 5000만 달러를, 크라이슬러는 6000만 달러를 마진론 시장에서 굴려 막대한 수익을 올렸다.

만약 벤저민 스트롱이 살아 있었더라면

투기 열풍이 자신의 손아귀에서 벗어나고 있다는 사실을 직감한 스트롱은 이를 진정시키기 위해 1928년 세 번에 걸쳐 재할인율을 인상시켰다. 당시로선 상당한 수준인 5%에 이르게 한 것이다. 이와 함께 통화공급을 줄여나갔다. 스트롱은 이때 "문제는 주식시장의 붕괴를 막으면서 유럽 경제의 재건을 어떻게 도울 것인가가 우리 정책의 초점"이라고 기록했다. 그는 자신과 미국이 직면한 문제를 정확하게 파악하고 있었던 것이다.

재할인율 인상과 통화팽창 억제정책은 월스트리트를 넘어 미국 실물경제에 즉각적인 영향을 미쳤다. 1929년 초 눈에 띄게 경제가 냉각되기 시작했지만 월스트리트는 다른 반응을 보였다. 실물경제에서 벗어나 월스트리트 자체의 운동 메커니즘에 따라 제멋대로 움직여나갔다. 따라서 벤저민 스트롱이 두려워한 파국을 막기 위해 연준 이사회가 신속한 조치를 내놓았어야 했다. 하지만 스트롱은 이런 급박한 순간에 1928년 10월 급격히 악화된 결핵으로 숨을 거두었다.

예나 제나 급브레이크가 문제

당시 대통령은 경제가 어떻게 돌아가는지 도통 몰랐다. 대공황 발발 직전인 1928년 말 쿨리지 대통령은 국회에서 이런 연설을 했다. "지금 상황처럼 낙관적인 적은 일찍이 없었습니다. 국내에는 평온, 만족, 수년간의 번영이라는 최고기록이 있습니다." 그는 1929년 3월 임기를 마치고 백악관을 물러나면서 "현재 주식 가격은 낮은 편"이라고 이야기했다.

비슷한 낙관조의 연설을 쿨리지에 이어 다음 대통령 허버트 후버에게서도 들을 수 있다. 후버는 이렇게 말했다.

"오늘 미국에 살고 있는 우리는 지금까지 어떤 나라의 역사에서도 찾아볼 수 없는 빈곤을 극복하기 직전의 상황에 도달해 있으며, 이제 구빈원은 우리 사회에서 자취를 감추어가고 있습니다."

그는 또 "실제로 굶는 사람은 한 명도 없습니다"라고 말했다. 그런데 그것은 거짓말이었다. 빈곤이 전국을 휩쓸었다. 사람들은 후버를 조롱하기 위해 집 없는 사람들이 모여 사는 곳을 '후버 마을'이라고 불렀고, 벤치에서 자는 사람들이 덮는 신문지를 '후버 담요'라고 불렀다.❖

1929년 10월 미국에서 증시가 붕괴되면서 대공황이 발생했다. 과열된 주식시장과 인플레이션을 우려한 연준이 1928년 2월부터 세 차례에 걸친 기준금리 인상과 함께 돈줄을 바짝 죈 것이 화근이었다. 항상 이러한 급브레이크가 문제였다.

❖ 이구한, 《이야기 미국사》, 청아출판사, 1993

1920년대에 연방준비제도를 성공적으로 이끌었던 뉴욕연방준비은행 총재 벤저민 스트롱의 갑작스런 죽음 이후 공백도 문제였다. 그는 1907년 뱅크런 사태를 모건과 함께 수습했던 경험이 있는 유능한 유대 금융가이자 당시 연준의 실질적인 리더였다. 그의 죽음 이후 방향타를 상실한 연준이사회는 리더십의 부재로 급박한 순간에 아무런 일도 하지 못했다.

스트롱이 수술받기 직전 인상한 재할인율 5%를 그대로 유지했고, 더욱이 은행들이 연준은행으로부터 5%짜리 자금을 대출받아 증권 브로커들에게 12%를 받고 대출해주는 것을 방치했다. 증권 브로커들은 이를 20%를 받고 마진론으로 투자자에게 넘겨주었다. 수십억 달러가 이런 메커니즘을 통해 월스트리트로 흘러들어 와 고삐 풀린 투기가 기승을 부리는 동안 연준이사회는 도덕적 권고를 하는 데 그친다.

이후 연준은 대출을 억제하기 위해 기준금리를 6%로 끌어올렸다. 기준금리가 올라가자 은행들은 증권회사에 대한 금리를 12%에서 20%로 올렸다. 이것이 치명타였다. 이후 증권 브로커들이 마진론 금리를 비상식적으로 올리자 여기저기서 폭발음이 들리기 시작했다. 이는 주식을 담보로 대출받은 투자자들이 마진론 상환 요구에 앞다투어 주식을 투매하도록 해 증시를 공황에 빠뜨렸다. 결과적으로 1928~1929년에 주식시장의 투기를 억제하고자 시도했던 연준의 긴축정책이 금리 인상 속도를 너무 성급히 서두르다 화를 부른 것이다.

과잉생산과 유동성 축소가 대공황을 부르다

게다가 주변 상황도 안 좋았다. 1920년대 후반에 들어서 세계적인 과잉생산과 과소소비 현상이 나타났다. 카를 마르크스가 지적한 '과잉축적'이 나타난 것이다.

호황을 누리던 세계 경제는 1920년대 후반에 이르러 유동성이 급격히 축소되자 전 세계적으로 주가가 내려앉으면서 신용경색이 왔다. 이 때문에 많은 금융기관이 문을 닫았다. 미국은 1929년 8월을 정점으로 산업생산이 줄어들기 시작했다.

1929년 9월 3일, 이날 다우존스지수는 이해 최고점 381.17을 기록했다. 바로 하루 뒤 투자자문업자 로저 베브슨이 연례 미국경제인회의에서 증시의 붕괴가 임박했다고 경고했다. "공장들이 문을 닫게 될 것이고… 악순환이 되풀이될 것이며, 결과는 가혹한 경제공황이 될 것"이라고 주장했다.

그리고 1929년 10월 24일, 거품은 기어이 터지고 말았다. 증시가 붕괴되면서 대공황이 시작되었다. 미국 증권시장에서 철도와 산업 주가들이 떨어지기 시작하더니 1주일 만에 지수가 무려 37%나 급락했다. 미국이 불황으로 접어들면서 미국의 상품수입과 자본수출이 격감하자 다른 나라들도 불황에 빠져들었다.

급격한 유동성 축소가 불러온 불행, 대공황

당시 연준은 공황 상태임에도 통화정책을 거꾸로 추진했다.

1929년 457억 달러에 달하던 통화량을 4년 후인 1933년에는 300억 달러로 줄여 극심한 디플레이션을 조성했다. 여기에 고금리 기조로 통화수축이 일어나 결국 미국의 실질 통화 공급은 1/3로 줄어들었다.

실물경제의 혈액인 통화량이 1/3로 급격히 줄어들자 경기는 빈혈 정도가 아니라 뇌사 직전에 이른다. 이 과정에서 은행들의 줄도산이 이어졌다. 평소 혈액을 나르던 9000개 이상의 은행이 도산했다. 그 뒤에도 2000여 개가 더 망해 2만 5000개였던 상업은행들이 5년 뒤 1만 4000개로 줄어들었다. 전체 은행의 44%가 도산한 것이다.

이 와중에 예금을 보호받지 못한 많은 예금자들이 알거지가 되었고, 주식투자자들은 한 푼이라도 더 건지기 위해 주식시장 앞에 장사진을 이루었다. 도산하지 않은 은행의 고객들은 앞다투어 은행에

∴ 아메리칸 유니언 은행에서 예금을 찾으려는 사람들

서 예금을 빼내 장롱 속에 숨겨두는 이른바 '현금퇴장', 곧 뱅크런 사태가 일어났다. 은행도 자신감을 완전히 상실해 기업과 개인에 대한 대출을 중단했다.

이 같은 여파로 경기가 얼어붙어 건설업과 자동차 업계의 가동률이 50% 이하로 떨어지면서 노동자들이 대량 해고되었다. 공황 전 260만 명이던 실업자 수가 공황이 정점에 달했던 1933년에는 1300만 명으로 급증했다. 국민의 1/3 이상이 실업자가 되었다. 1933년 미국 실업률은 37.6%까지 치솟았다. 미국 경제의 30%가 붕괴되었다. 국민순생산과 명목소득은 절반으로 떨어졌으며, 공황은 세계로 파급되었다.

통화 쇼크로 대공황을 설명한 유동성 축소 이론

훗날 밀턴 프리드먼은 그의 저서 《대공황》에서 공황으로 빠져드는 경제를 그대로 방치한 당시 연준을 격렬하게 비난했다. 1930년대 대공황이 연준의 무지와 실책, 그리고 리더십의 실종 때문에 더욱 커지고 장기화되었다고 주장한다. 그들이 당시 통화량의 중요성을 몰랐다는 것이다.

즉 경기가 침체에 빠지고 통화량이 급격히 감소할 때 전격적인 통화공급이 필요하다는 것이다. 만약 벤저민 스트롱이 살아 있었다면 오랜 연륜과 통찰로 파국 지점을 앞두고 적극적인 통화완화정책을 폈을 것이라고 말했다. 이렇게 말하는 사람은 비단 밀턴 프리드먼만이 아니었다.

통화 쇼크로 대공황을 설명한 유동성 축소 이론은 프리드먼의 주장으로 알려져 있지만, 실은 대공황 당시 케인스도 제기한 문제다. 그는 1931년 "투자 감소가 현 사태를 설명하는 전부라는 데 추호의 의심도 없다"면서, 투자 감소의 복합적인 원인으로 높은 이자율, 연방준비제도이사회의 긴축정책, 미국 이외 지역에서의 금 부족, 미국의 해외투자 감소 등을 지적했다. 이 모두가 미국 연준의 통화긴축정책의 결과라는 점에서 그는 하나의 원인을 제시한 셈이다.

이 문제는 가장 믿을 만한 대공황 이론으로 자리 잡게 된다. 이후 대공황을 연구하는 학자는 대부분 금본위제 하에서도 국채를 통해 최초로 공개시장조작을 시도했던 벤저민 스트롱에 대해 언급하고 있다. 만약 벤저민 스트롱이 살아 있었더라면….

보호무역주의 대두, 공멸로 치닫다

세계 무역 1/3로 줄어들다

유럽의 가장 큰 해외시장인 미국이 경제공황을 겪게 되자 유럽의 대미수출도 타격을 받았다. 미국 의회는 자국의 불황을 타개하기 위해 1930년에 홀리-스무트 관세법을 제정하여 보호무역주의 정책을 강화했다. 이로써 평균 59%의 관세와 최고 400%의 관세를 매길 수 있었다. 경제학자 1028명이 결사반대했으나 후버 대통령은 그해 6월 법안에 서명했다. 결과는 대실패였다.

이는 무역 상대국들의 강력한 반발을 사게 되고, 곧 무역 보복전이 전개되었다. 이로 인해 세계 각국에서는 경쟁적으로 보호무역주의 정책이 강화되었다. 세계 경제블록 간 무역이 막히다시피 했다.

그 결과 수천만 명이 실직하고 정치적 긴장이 고조되었다. 이로써 교역 증대에 의한 세계 경제회복 가능성은 아예 없어졌다. 세계 경제는 이후 3~4년 더 침체되는 모습을 보였다. 모든 나라들은 독자생존을 모색해야 했으며 독일은 극단적인 파시즘의 길을 걷게 된다.

대공황 직전인 1929년 9월 1인당 국민소득 381달러는 이후 제2차 세계대전이 끝나고도 한동안 깨지지 않았다. 그만큼 대공황의 골이 깊었다. 한국전쟁 종전 뒤인 1954년이 되어서야 전쟁 특수로 미국 경제가 부흥하여 400달러대를 기록했다.

연준의 결정적 실수, 대형 은행의 파산 방치

미국 연준의 결정적 실수는 1930년 12월 콜드웰 회사와 뉴욕의 대형 은행이었던 뱅크 오브 유나이티드 스테이츠의 파산을 방치한 것이다. 마치 2008년에 연준이 리먼브러더스의 파산을 방치했듯이. 이들의 자산규모는 당시 파산은행 전체 자산규모의 절반을 차지했다.

이로써 발생한 공포감이 전국을 휩쓸었다. 공포감의 전염이 전국적으로 현금 선호도를 높였음에도 연방준비은행은 공개시장 매입을 통해 본원통화량을 증가시키는 데 실패했다. 이것이 은행들의 자산 급매 사태를 초래해 전반적인 자산가격의 하락을 불러왔다. 이는 또 자산을 담보로 대출해주었던 은행의 건전성 악화를 가져왔다. 이어 신용위기의 연쇄적 악화가 신용수축을 일으켜 통화량이 급격하게 줄어들었다. 이로써 경기 순환적인 불황이 대공황으로 발전했다.

결국 무너진 금본위제

게다가 미국에서 시작한 공황이 무역전쟁으로 번지자 각국은 해외 투자 자본을 철수시키는 한편, 보유한 외화를 금으로 바꾸어 국내에 저장했다. 결국 이 과정에서 1931년 5월에 오스트리아 최대 은행이 도산하면서 은행 간 신뢰가 무너져 신용경색이 왔다. 외국인 예금의 인출 쇄도와 오스트리아 쉴링에 대한 공격이 들이닥쳤다. 오스트리아 정부는 금본위를 지키려는 헛된 노력으로 외환준비금을 순식간에 소진하고 뒤늦게야 외환통제를 실시했다. 이때 오스트리아에 재투자한 독일 은행도 함께 도산했고, 동유럽으로 확산되어 많은 은행이 파산했다.

그러자 각국이 보유자산을 안전자산인 금으로 바꾸려고 금태환이 줄을 잇자 영국의 금 보유량이 줄어들면서 심한 공황을 겪었다. 결국 영국은 1931년 9월 21자로 금 지급을 중지했다. 세계 각국은 그 뒤 금본위제를 모두 포기했다.

미국의 기축통화 욕심이 더블딥 부르다

영국이 금본위제를 탈퇴한 이후에 파운드화가 세계 기축통화로서의 위력을 상실하자 미국은 세계 기축통화에 대한 욕심이 생겼다. 그 무렵 미국은 경기를 살리기 위해서는 금리를 내려야 함에도 달러 가치를 지지하고자 두 차례에 걸친 큰 폭의 금리 인상을 단행함으로써 대공황을 심화시켰다. 이것이 결정적인 패착이었다. 살아나는 듯했던 경기는 다시 추락했다. 일명 더블딥이었다.

게다가 기축통화가 없어지자 각국은 자국의 공황을 타개하기 위해 각각 비상수단으로 수입할당제, 수입금지, 수입허가제 등을 발동하여 보호무역을 강화했다. 이는 다시 연쇄적으로 세계 경제활동을 위축시켜 악순환이 계속되었다. 이 시기에 각국은 국제적 협의체가 없어 일방적으로 자국의 보호정책을 시행해 공황은 더 심해졌다.

미국, 강하게 더블딥을 맞다

1928~1929년 미국의 긴축정책이 대공황 발발의 직접적 원인이라면, 1931년 미국의 금리 인상으로 인한 통화긴축은 경기가 회복되지 않고 더욱 침체된 원인이었다. 이렇게 공황이 세계적으로 확산되는 과정에서 각국의 경제활동이 크게 위축되었다. 특히 미국의 경우 1932년의 국민소득이 1929년의 반 이하로 떨어졌다.

다우지수는 1929년 최고 381에서 추락하여 1930년 회복되는가 싶더니 주가는 다시 곤두박질쳐 1932년 7월 8일 1/6 이하로 줄어들었다. 많은 은행이 파산했다. 대공황은 1929년 미국 주식시장 붕괴로 촉발되어 진행된 초기 3년간의 디플레이션과 이후 8년간의 장기 경기침체기를 겪는다. 다우지수는 1932년 41까지 폭락에 폭락을 거듭했다. 3년 사이에 시가총액의 무려 89%가 증발해 버렸다. 1933년까지 세계는 유례없는 대공황을 겪는다.

2008년 금융위기는 발생 배경, 파급 경로 및 확산 범위 등에서 대공황 당시와 유사한 패턴을 밟고 있다. 현 위기의 문제는 그간 양적 완화라는 방대한 통화방출 정책을 써왔기 때문에 이제 더는 불황을 통제할 정책수단이 취약하다는 점이다. 그뿐만 아니라 유럽 재정위기, 중국 성장둔화 및 일본 경제침체, 미국의 쌍둥이 적자, 이란 문제 등이 겹쳐 '퍼펙트 스톰Perfect Storm'이 거론되고 있다. 루비니 교수는 이런 악재가 결합해 세계 경제를 심각한 상태에 빠뜨릴 수 있다고 경고했다.

대공황에 시달리는 국민의 선택, 정권교체

불안에 시달리던 국민들의 선택은 정권교체였다. 1932년 11월 대선에서 유권자는 압도적으로 프랭클린 루스벨트를 선택했다. 그뿐만 아니라 루스벨트의 민주당은 상하원을 석권하는 압승을 거두었다. 루스벨트와 뉴딜연합이 권력을 장악해 케인스식 경제정책이 본격적으로 추진되기 시작했다.

참고로 32대 프랭클린 루스벨트는 26대 시어도어 루스벨트의 조카다. 삼촌은 미국의 최연소 대통령이고 조카는 4선에 성공한 최장수 대통령이다. 뉴욕 명문가 출신인 프랭클린 루스벨트는 26세 때 정계에 입문해서 승승장구하다 39세 되던 해 두 다리가 불구가 되는 척추성 소아마비를 앓게 된다. 그러나 루스벨트는 이에 굴복하지 않고 뉴욕 주지사를 거쳐 32대 대통령에 당선된다.

∴ 프랭클린 루스벨트

루스벨트의 과감한 금융개혁이 위기를 빨리 끝내다

프랭클린 루스벨트는 취임하자마자 곧바로 금융개혁을 단행했다. 대통령은 취임 다음 날인 1933년 3월 4일 은행 업무를 중단시키고 무기한 휴업을 선포했다. 그때까지도 오리무중이었던 신용위기의 실상과 은행의 부실 정도를 파악하고, 그간 불법행위를 일삼은 은행을 적발하기 위해서였다. 한마디로 혁명이었다.

이는 미국 역사상 전국 은행이 처음으로 문을 닫는 조치로 국민들에게 신선한 충격을 주었다. 이 때문에 뉴욕증권거래소도 11일간이나 문을 열지 못했다. 그만큼 위험을 무릅쓴 중대한 결단이자 심각한 비상시국이었다. 대대적인 은행 감사를 실시해 금융위기의 실상을 파악하고 살려야 할 은행과 문을 닫아야 할 은행을 가려냈다. 그리고 부실 은행은 정리하고 나머지 은행의 부실은 정부가 사들였다. 정부가 구제해준 은행들은 1주일 뒤에 다시 영업을 시작했다.

부실규모를 파악한 루스벨트 행정부는 은행으로부터 악성부채 30억 달러 규모의 부실 모기지를 구입했다. 최초의 공적자금 투입이었다. 그는 맥을 잡아 집중과 선택을 택한 것이다. 그의 선택은 훗날 성공적이었다는 평가를 받았다.

이어 주택 소유자들의 주택 차압을 막기 위해 주택자금 대출회사를 설립했다. 부실을 재빨리 도려내고 부실이 예상되는 곳에 화력을 집중한 것이다. 그는 급소와 맥을 찾아 신용위기를 빠른 시간에 해결했다. 이런 과단성 있는 정책들의 결과로 대공황의 신용위기는 1933년 3월 말에 일단 마무리됐다.

2008년 금융위기가 질질 끈 이유

2008년 신용위기를 맞아 부실을 과감히 도려내지 못하고 주변부를 빙빙 돌며 대응한 부시나 오바마 정부와 비교되는 대목이다. 그들은 초기에 공적자금을 투입해 부실채권을 따로 모아 해결하는 배드뱅크를 만들지 못했다. 유대 금융인들이 그들의 부실채권이 헐값에 처분되는 걸 반대했기 때문이다. 그랬으면 초기에 신용위기를 완화시킬 수 있었다.

그리고 차선책으로 은행의 부실채권을 주식으로 전환하는 작업도 국유화를 반대하는 금융세력에 밀려 제대로 해내지 못했다.

결국 그들의 선택은 오랜 시간에 걸쳐 무차별적으로 살포한 유동성의 힘으로 주식시장과 고용시장을 살려내는 것이었다. 이 통에 악성부실을 껴안고 버텼던 월스트리트 금융가들은 마침내 주식시장이 살아나자 그들의 부실자산 역시 온전히 살아났다. 이 때문에 세계는 오래 고생해야 했다.

루스벨트의 개혁, 수정자본주의

루스벨트는 대공황을 타개하기 위해서는 유대인들의 협조가 절실하다고 판단했다. 그는 적극적으로 유대인과 유대 자본을 불러들였다. 그 뒤 유대인이 주축이 된 대외 지향적 자본이 국내파 자본을 대치하고 지배적인 정치연합을 구축하였다. 유대계 경영인들이 본격적으로 정치와 행정부에 참여하였다. 또한 미국은 그간의 폐쇄적인 경제정책에서 벗어나 대외지향적인 경제정책을 추진하였다. 이것이 유대인이 미국 행정부에 입성하게 된 계기였다.

최초의 유대인 재무장관, 헨리 모겐소 2세

루스벨트는 재무장관에 유대인 헨리 모겐소 2세를 임명해 11년 동안이나 나라 살림을 맡겼다. 또 유대인들의 탁월한 능력을 잘 알고 있던 루스벨트는 아인슈타인의 건의를 받아들여 원자탄 개발계획을

∴ 헨리 모겐소 2세

유대인들에게 맡겼다. 그 뒤로 미국의 나라 살림
과 방산산업은 유대인들의 몫이 되었다.

루스벨트가 유대인을 높이 사는 데는 이유
가 있었다. 그의 할아버지 제임스 루스벨트는
1784년 뉴욕은행의 창설자였다. 미국 최초의 은
행 가문이었다. 루스벨트의 아버지는 미국 공업
계의 거물이었는데 뒤에 남부철도증권회사를
설립하였다. 이 회사는 철도 합병사업을 주로 취급하였다.

루스벨트 자신도 하버드를 졸업했다. 이때 루스벨트는 자유방임
적 정통자본주의에 일정 정도 국가가 개입해 규제하는 수정자본주
의에 영향을 받았으며 이는 훗날 뉴딜의 바탕이 된다. 그리고 루스벨
트가 컬럼비아대학 법대로 적을 옮기고 변호사 자격을 취득해 변호
사로 일하면서 만난 고객 중 하나가 모건 상사였다. 그 뒤 해군부 차
관보로 정부에서 일하다 월스트리트로 옮겨 뱅커로 일한 경력도 있
으며 1922년에는 연합유럽투자회사의 총재를 역임했다.

이렇게 루스벨트 집안의 뿌리가 대대로 월스트리트에 기반을 두
고 있었다. 루스벨트는 이렇게 월스트리트를 잘 알고 있었기 때문에
취임 초 대규모 은행 감사, 글래스-스티걸법 제정, 증권거래위원회
설립 등 월스트리트를 대대적으로 수술할 수 있었다. 또 한편으로는
유대인의 개인적 능력을 잘 알고 있었기 때문에 그들을 중용할 수도
있었다.

모겐소 2세는 루스벨트와 친구 사이였다. 그의 뉴욕 주 가족농장
이 루스벨트가家 소유지와 인접해 있었기 때문이다. 루스벨트가 뉴
욕 주지사 후보로 출마했을 때 적극적으로 선거운동에 참가하기도

했다. 1929~1933년 루스벨트가 뉴욕 주지사를 지내는 동안 모겐소 주니어는 자원보존국장 및 농업자문위원회 위원장으로 활동했다. 특히 자원보존국장으로 있으면서 1백만 에이커의 숲을 조림하여 많은 실업자를 구제했으며 이 사업은 얼마 후 닥쳐올 대공황 시기에 실업구제 방안 모델이 된다.

그는 루스벨트의 1928, 1932년 대통령 선거 캠페인에 참여했다. 1933년 루스벨트가 대통령에 당선되자, 모겐소 2세는 재무부 차관과 연방 농업신용청장으로 임명된다. 1934년 중엽까지 농업신용청장으로서 대공황으로 고생하던 농민들을 위해 농업대출을 시행해 대대적인 구제작업을 하였다.

모겐소 2세는 1944년 7월 1일에 열린 국제연합 통화 회의에 참석하여 22일까지 회의의 핵심 주체로서 국제 경제 통합과 전후 경제 체재에 대해 논의했다. 그 결과 국제통화기금IMF을 발족하고 브레튼 우즈 체제를 성립했으며, 국제부흥개발은행IBRD을 만들도록 결론을 냈다.

브레인 트러스트 구성

1932년 대통령 선거가 다가오자 루스벨트는 브레인 트러스트Brain Trust를 조직하면서 다양한 방면의 저명교수와 전문가들을 초빙했다. 이것은 루스벨트가 대통령으로 집무할 때도 계속되어 특별 보좌관 제도로 굳어졌다.

뉴딜의 발상은 대부분 이 브레인 트러스트에서 나왔다. 그들은 현대에 대기업은 피할 수 없는 존재로, 이를 파괴하는 것만이 능사가 아니고 정부 규제 하에 두어 효율적으로 운용해야 한다는 합의를 도출했다. 그 결과 정부가 지향하던 종래의 자유방임주의에서 벗어나 경제문제에 적극 개입해서 경기회복, 실업자 구제, 경제개혁을 추진할 계획을 제시했다.

당시 루스벨트는 유대인들을 많이 등용했다. 일부에서는 이에 대해 "사무엘 로센만, 벤저민 코헨, 펠릭스 프랭크푸르터, 데이비드 릴리엔탈, 버나드 바룩, 앤 로센버그, 시드니 힐먼, 데이비드 나일스와 헨리 모겐소 2세, 그리고 루이스 브랜다이스 대법관과 허버트 리먼 뉴욕주지사 등 루스벨트는 누가 봐도 유대인임이 분명한 인사와 참모들로 스스로를 둘러쌓고 있다"라며 반감을 갖고 공격하기도 했다. 이 때문에 미국의 보수우익은 루스벨트가 주창한 '뉴딜' 정책을 '쥬딜Jew Deal', 곧 '유대인의 책략'이라고 공격했다. 하지만 이들 유대인 중에는 급진적 사회주의 개혁사상을 갖고 있는 사람들이 많았다.

루스벨트의 결단, 금태환 정지

1933년 3월 루스벨트 대통령은 취임하자마자 그 이튿날 큰일을 하나 결단한다. 금본위제를 정지시켜 금태환을 막은 것이다. 이는 그의 가장 극적이고 결정적인 조치였다.

미국은 1800년대 후반부터 금본위제를 유지하고 있었다. 당시 미국은 공황의 혼란기라 금태환 요구가 많아 금 보유고가 급격히 줄어들고 있었다. 따라서 금본위제의 정지는 신임 대통령이 중요한 의도

를 가지고 이제까지와는 다른 특별한 정책을 채택할 것이라는 강력
한 신호였다.

그것은 다름 아닌 민간인과 은행의 금 보유 금지조치였다. 금은 국
가만이 보유할 수 있었다. 시중에서 금 거래를 중단시키고 모두 정부
가 사들였다. 민간인이 금을 거래하면 1만 달러의 벌금과 10년 징역
이라는 중형으로 다스렸다. 루스벨트의 이 조치는 미국인들의 금 보
유를 금지시켜 통화 시스템 결함 지표인 시장에서의 금시세를 없애
버렸다. 그리고 금값을 정부가 임의로 정하기 시작했다. 금은 국가 간
대외거래에만 통용될 수 있었다.

달러, 69% 평가절하

금본위제도 아래서는 금 1온스당 20.67달러라는 고정된 교환비율
에 의해 달러화를 금으로 바꿀 수 있었다. 정부가 민간의 금을 모두
이 가격에 사들인 뒤 금 가격을 인상시키는 방식으로 달러의 평가절
하는 실현됐다. 금 가격이 상승한다는 것은 금으로 측정한 달러화 가
치가 떨어짐을 뜻했다.

1933년 10월 25일부터 루스벨트 대통령과 재무장관 헨리 모겐소
주니어, 금융부흥공사 사장 제시 존스가 매일 아침 대통령 침실에서
만나 금 가격을 결정했다. 1933년 10월 온스 당 20.67달러였던 공식
금값을 1934년 1월에는 '누구도 금을 보유할 수 없다'는 정화준비법
Gold Reserve act 을 만들어 금의 가치를 1온스당 35달러로 고정시켰다. 이
로써 달러화는 3개월 만에 무려 69%나 평가절하되었다.

주변국들의 손해와 고통은 이루 말할 수 없었다. 이로부터 촉발된 각국의 평가절하 경쟁은 전 세계를 침체의 구렁텅이로 몰고 갔다. 세계 무역이 회복된 것은 한참 후의 일이다. 루스벨트의 이러한 평가절하는 이후 선례가 되어 달러의 역사 고비 고비에 나타난다.

달러의 평가절하로 미국으로 금이 쏟아져 들어왔다. 이는 통화팽창과 연결되어 루스벨트 집권기 통화량의 막대한 증가로 이어졌다. 이로써 수출경쟁력과 더불어 내수 활성화라는 두 마리 토끼를 잡는 계기가 되었다. 이후 시중에 돈이 풍부해지면서 이자율이 떨어지고 투자와 내구소비재 지출이 늘어 경기가 호전되었다. 특히 산업생산이 크게 늘었다. 1933년 3월과 7월 사이에 비내구재 생산량은 35%, 내구재 생산량은 83% 증가했다.

달러의 평가절하로 수출경쟁력이 높아지자 루스벨트는 이듬해 '호혜통상법'을 제정했다. 외국과의 호혜협정을 통해 기존의 관세를 50%까지 인하할 수 있는 권한이 대통령에게 부여되었다. 그 뒤 그의 임기 동안 미국은 자유주의를 근간으로 하는 국제주의 정책을 추진해 나갔다. 경제 활동을 나라에서 통제하지 않고 일종의 자유경쟁의 시장경제 체제에 맡겼다. 자유경제주의의 시작이었다.

대공황의 실상

미국은 대공황에 시달리면서 생산은 반으로 줄고 실업자는 1300만 명을 넘어선 상태였다. 제조업 실업률이 20%에 육박했고 총 실업률은 37%까지 치솟았다. 대도시는 실업률이 50%에 이르렀다.

수요가 사라져 1929년부터 4년 동안 24%나 하락할 만큼 심각한 디플레이션 상황이었다. 경제는 반 토막이 났다. 대공황으로 미국 국민총소득GNI은 44%, 국내총생산GDP은 60%가 사라졌다. 기업수익률도 50% 줄었다. 은행은 약 9000개 이상이 문을 닫았다. 그 뒤에도 파산 은행 수는 더 늘어나 전체 은행의 44%가 도산했다. 이들 대부분은 연준 시스템에 동참하지 않은 은행들이었다.

미국 인구의 약 28%는 대공황 기간에 일체의 소득이 없었다. 학교도 문을 닫았다. 책 판매량은 50%가 줄었다. 뉴욕 거주 어린이의 20%가 영양실조 상태였다. 대학입학생도 줄었다. 미국인들은 현실에 절망하고 미래를 불안해했다.

대통령은 뉴딜 정책으로 정부가 시장에 적극 개입하여 고용을 늘림으로써 개선할 수 있다고 믿었다. 새 대통령의 임무는 불황에 허덕이고 있는 미국 경제를 하루빨리 재건하는 일이었다. 시장에 맡겼던 자본주의를 정부가 일시 가져갔다.

유혈 없는 평화로운 혁명, 뉴딜 정책

뉴딜 정책의 골자는 정부가 경제에 적극 개입하는 것으로 공공사업을 일으켜 유효수요를 창출하여 경기를 되살리는 것이었다. 이는 아담 스미스 이래로 자본주의 경제의 철칙이 된 자유방임주의를 포기하는 것이기도 했다. 루스벨트가 경제공황의 타개책으로 내놓은 뉴딜 정책의 핵심은 고용창출이었다. 곧 정부가 공공사업을 일으켜 실업자를 고용하면 국민소득이 늘어나고, 소득이 늘면 소비재 수요가 늘고, 수요가 늘면 생산설비를 늘리기 위해 투자와 고용이 늘고, 그러면 다시 소득이 늘어난다는 것이다.

루스벨트는 먼저 친농민 정책인 농업 부흥에 손댔다. 1933년 5월에 '농업조정법'을 제정해 경작면적을 제한하고 과잉생산물을 사들여 가격을 안정시켰다. 그리고 토지와 삼림의 개량과 조성에 힘썼다.

또한 세계 최초의 대규모 하천유역 종합개발계획인 '테네시 강 유역 종합개발공사'를 시작했다. 이는 앨라배마, 조지아, 켄터키, 미시시피, 노스캐롤라이나, 테네시, 버지니아 등 7개 주에 걸치는 약 10만 4000km² 지역 내에 36개의 대형 댐을 건설하여 홍수 방지와 농업생산 증가 그리고 전력자원을 개발하는 등 다목적 사업이었다. 그 가운데 6개의 댐을 거의 동시에 건설하여 수력발전을 일으켜 종전 1/3의 요금으로 전력을 공급했다.

6월에는 산업의 부흥과 실업자 구제를 목표로 한 '산업부흥법'을 만들어 각 산업마다 생산량, 가격, 임금, 노동시간 등의 기준을 정했다. 그리고 노동자의 단결권, 단체교섭권을 보장하고 최고 노동시간, 최저임금을 규정했다. 루스벨트는 정부의 고통분담 차원에서 공무원의 급여와 퇴역군인 연금을 약 15% 줄였다.

산업부흥법은 노동자만 보호한 게 아니었다. 재벌들에게도 당근을 던졌다. 산업부흥법은 독점금지법을 2년 동안 잠정 중단시켰다. 정부가 법으로 카르텔을 허용한 것이다. 경제침체 탈출을 위해 재벌들의 활약을 적극 요청한 것이다. 대기업이나 과잉설비에 허덕이던 섬유·철강·석유산업들이 환영했다.

루스벨트는 우선 5억 달러의 연방자금을 각 주에 긴급 방출해 극빈자에게 무상으로 제공해 굶어 죽어가는 사람들을 구제했다. 또 그는 의회를 소집해 뉴딜 법안을 만들었다.

루스벨트 대통령이 1930년대 위기 해소책으로 '예금자 보호 확대와 부실 금융기관 국유화, 경기부양책'을 썼다. 이는 2008년 금융위기에 다시 등장한 처방전이다. 이 배경엔 80여 년 전 역사의 교훈이 있었다.

하지만 기업인들은 자유방임의 종식을 한탄하고 노조의 전횡에 불만이 높았다. 그래서 2년 후인 1935년 5월 독점자본들의 반대로 최고재판소에서 산업부흥법은 위헌판결을 받아 소멸되었다. 대신 그 법 중에서 노동자의 권리 부분을 재차 입법화한 '전국노동관계법'과 '사회보장법'을 만들어 65세 이상 된 노인에게 양로연금을 지급하고, 실업자에게는 일정 기간 동안 실업수당을 지급하며 무능력자 구제 및 지원을 시행했다. 뉴딜 정책으로 미국은 서서히 불황을 극복해 나갔다.

루스벨트, 국민과 소통하다

1933년 3월 12일 루스벨트는 첫 번째 라디오 연설을 했다. 취임 8일 만에 국민들에게 자신의 뜻을 알리기 위해서다. 일명 '노변담화 Fireside Chat'다. 노변담화는 루스벨트 대통령이 라디오를 통해 불황 극복을 위한 국민적 단합을 호소한 대국민 소통방식이다. 대중 앞에서 하는 기존의 딱딱한 정치 연설이 아니라 가족들이 난로 근처에서 편하게 이야기하듯 매주 일요일 저녁 30분 동안 라디오를 통해 자연스럽고 차분한 목소리로 국민과 담소를 나눈 것이다.

　"우리는 오랫동안 평화를 위협하는 적, 즉 산업과 금융 분야의 독점, 투기, 분별없는 은행의 관행, 계급 간의 대립, 파벌주의, 전쟁으로 부당이득을 챙기는 이들과 투쟁을 해야 했습니다. 그들은 미국정부를 자기 사업을 돕는 조력자 정도로 생각했습니다. 조직적으로 조성된 자금 위에 세워진 정부는 조직범죄단이 만든 정부만큼 위험한 법입니다. 미국 역사상 그들이 지금처럼 한 후보에 대항해 이렇게 힘을 모은 적이 없습니다. 그들 모두는 저를 증오합니다. 그러나 저도 그들과 싸울 준비가 돼 있습니다." 그는 서민의 편에 서서 싸울 뜻을 분명히 했다.

　그는 또 "우리의 경제 시스템을 재조종하는 데 있어서 화폐보다 중요하고 금보다 더 중요한 것이 있습니다. 그것은 바로 우리 자신에 대한 믿음입니다. 믿음과 용기는 우리의 계획을 실행하는 데 결정적인 요소입니다. 우리는 믿음을 가져야 합니다. 루머나 추측에 휘둘리지 말아야 합니다. 공포를 몰아내기 위해 우리 함께 뭉칩시다. 정부는 경제 시스템을 회복할 도구를 제공할 겁니다. 그러나 그 도구를 가지고 일하는 것은 바로 여러분 자신입니다. 내 친구들이여! 경제적 위기를 극복하는 것은 나의 문제인 동시에, 여러분의 문제입니다. 우리가 함께하는 한, 우리는 결코 실패하지 않을 겁니다"라며 국민들을 설득했다.

루스벨트의 진심 어린 호소는 그대로 국민들에게 전달되었고, 그는 약속한 것들을 지켜나갔다. 금융개혁을 단행하고, 일자리 창출을 위해 대대적인 공공사업을 일으키고, 노동자들에게 노조결성권, 단체교섭권, 단체행동권을 주었다. 은퇴자 연금, 실업보험, 장애자 급여, 빈곤층 급여 등의 사회보장제도를 만들었으며 소득세, 법인세, 상속세, 물세, 초과이윤세 등을 대폭 인상했다. 미국인들은 그런 루스벨트를 한결같이 지지했다.

덕분에 루스벨트는 역사상 처음이자 마지막으로 4선에 성공한 대통령이 되었다. 1933년 3월 4일 취임한 이후, 1945년 4월 2일 죽는 날까지 루스벨트는 미국의 대통령이었다. 그렇게 루스벨트와 미국인들은 함께 경제 공황을 극복했고 제2차 세계대전을 승리로 이끌었다.

경기회복의 일등공신, 주택 모기지

1920년대 이전만 해도 자신의 집을 가진 미국인은 별로 없었다. 은행의 주택담보대출 기간은 3년에서 5년으로 짧았다. 그 무렵 집을 산다는 것은 큰돈을 필요로 했다. 그냥 교외에 통나무로 집 짓고 사는 정도가 전부였다. 그러다 1920년대 주식시장의 활황기를 맞아 주식으로 돈을 번 사람들이 은행에서 돈을 빌려 이를 보태어 주택을 구입하기 시작했다. 그러다 대공황이 터지자 주택시장은 치명적인 타격을 입게 된다.

기본적으로 당시의 주택담보대출은 기간이 극히 짧은 데다 이자만 지불하다가 원금을 상환하는 구조여서 만기에 갚아야 할 돈이 너무 많았다. 1920년대의 주식시장 활황기 때는 크게 문제가 되지 않았다. 주식으로 어렵지 않게 돈을 벌 수 있었던 시기였고 그것을 통해 충분히 원금을 상환하고도 남았기 때문이다. 하지만 대공황이 터지자 상황은 돌변했다. 대출업자들이 대출 연장을 거부했다. 그 때문에 주택담보대출을 통해 집을 산 사람들은 꼼짝없이 상환불능 상태에 빠졌다. 그 결과 1932년에서 1933년 사이에 주택 압류는 50만 건이 넘었고 1933년 중반에는 매일 1000채가 넘는 주택이 압류당했다.

수많은 주택이 압류당해 빈집으로 변했고 그렇게 주거지를 빼앗긴 사람들은 분노로 가득 찼다. 이러한 상황이야말로 공산주의자들이 기다리던 자본주의의 최후인 듯 보였다.

이때 해결책으로 등장한 것이 프랭클린 루스벨트 대통령의 '뉴딜'이었다. 뉴딜에 포함되는 사안 중 중요하게 작용한 것이 바로 주택시장을 안정화시킨 것이었다. 연방정부가 주택 대부공사를 통해 기존에 3~5년에 불과하던 대출기간을 15년으로 연장하도록 지원했다. 지역의 저축대부조합을 통해 모기지를 활성화했다. 예금자 보호법을 만들어 예금을 보호함으로써 기존에 위험한 투자대상이었던 모기지를 안전한 수준으로 만들어 모기지 거래에 활력이 생기기 시작했다. 그 시작은 연방주택사업국이었다.

연방주택사업국은 모기지 업자들에게 보증보험을 제공해 기존 만기 일시상환 방식에서 20년 분할상환 방식이라는 획기적인 상품을 도입하도록 했다. 말 그대로 모기지 시장의 재편성이라 할 정도로 큰 변화였다. 덕분에 주택 구입하기가 과거보다 쉬워졌고 좀 더 많은 미국인이 이러한 대출 시스템을 통해 자기 집을 마련했고 미국인들의 주택 소유율은 크게 오르기 시작했다.

루스벨트의 조세정의, 누진세와 상속세 제도 도입

루스벨트 대통령과 그의 경제정책 조력자들이 개방정책과 시장자유주의를 옹호했다고 해서 항상 부자들의 편에 섰던 것은 아니었다. 그들은 오히려 부의 사회적 분배와 조세정의를 구현하기 위해 노력하였다. 누진세 제도를 채택하여 호경기에 소득이 높아지면 자동으로 세율이 올라 소비를 억제하고 불경기에는 그 반대작용을 하게 하여 경기 변동폭을 줄였다.

루스벨트 정부는 모건과 록펠러 등 대재벌의 부의 집중을 막기 위해 최고 소득세율을 79%까지 올렸다. 나아가 1941년의 제2차 세계대전 직후부터 기업에 대한 법인소득세율을 50% 전후로 대

폭 인상했다. 또 대재벌의 세습을 막기 위해 최고 상속세율을 77%까지 상향했다. 이것이 소위 말하는 '부자 쥐어짜기' 세법이었다.

프랭클린 루스벨트 대통령은 "우리나라를 세운 선조들이 정치적 힘의 세습을 거부했듯이 오늘 우리는 경제적 힘의 세습을 거부한 다"라며 상속세를 올린 것이다. 시장자유주의를 신봉하는 정권에서도 사회적 약자인 빈곤 계층에 유리한 조세제도가 확립되어 갔다. 그러자 부작용도 나타났다. 부유한 계층은 소득을 숨기기 위해 카리브 해의 면세국들, 이른바 텍스헤이븐에 자산을 은닉하기 시작했다.

소득 불균형 심화가 어느 정도였느냐 하면 경제위기의 주범 대공황이 지나간 1935년, 미국인 세대주 47%의 연간 수입이 1000달러 이하였다. 1937년에 사망한 록펠러의 유산이 10억 달러로 이야기되

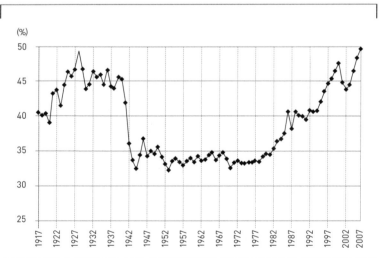

미국 상위 10%의 소득점유율 추이(1917~2006)

던 시기다. 미국 총인구의 절반인 6400만 명이 벌어들인 총액은 상위 1.5% 사람들의 소득과 같았다. 당시 상위 10%의 소득자가 소득의 50%를 점유했다. 하지만 사실상 모건과 록펠러가 상장 기업의 2/3 이상을 소유하고 있을 때라 부자들 간에도 편차가 컸다. 엄청난 부의 편중이었다.

미국에서 상위 10%의 소득 비중은 1920년 이후 점점 올라가 1928년 50%에 근접하자 대공황을 맞았다. 루스벨트의 조세혁명으로 이 수치는 다시 내려가 제2차 세계대전 이후 35% 수준을 유지했다. 그러다 1980년대 레이건 행정부의 감세정책으로 다시 나빠져 마침내 2006년 50%를 다시 넘어섰다. 마치 상위 10%가 소득의 절반 이상을 가져가는 현상이 공황의 척도가 되는 양 두 번의 역사적 경험이 모두 금융위기를 초래했다.

타이타닉호가 소득세를 불러오다

미국에는 비교적 다른 나라들보다 늦은 20세기가 되어서야 소득세가 도입되었다. 1909년 기업 경영자에 대한 과세법이 미국의회를 통과했다. 개인소득세는 타이타닉호 사건이 발단이었다. 1912년 타이타닉호가 침몰해 1500명 이상이 사망했다. 그런데 1등 객실에 탔던 부자들은 비교적 많이 탈출한 반면 배 밑바닥 3등 객실에 있던 사람들은 대부분 배에 갇혀 사망한 사실이 여론을 자극해 이듬해인 1913년에는 개인에 대해 소득세를 징수하게 되었다.

하지만 세법 제정 당시는 최저소득세율이 1%, 최고 소득세율이

∴ 타이타닉호의 침몰 당시 모습 회화

7%에 불과했다. 이건 거의 세금이 없는 거나 다름없는 수준이었다. 그 뒤 윌슨 대통령 임기에 최고 소득세율이 세금폭탄 수준으로 올라갔다. 1916년 15%로 오르더니 1년 뒤인 1917년에는 67%로 무려 4배가 넘게 올랐다. 1918년에는 다시 77%가 되었다.

이후 미국 소득세율 변천 자체가 미국 현대 정치사였다. 1920년대 초에 불경기가 들이닥치자 세율은 세 번이나 인하되었다. 부자들에게 부과되는 최고 세율이 25%까지 내려가고, 중산층에게는 거의 비과세나 다름없는 1%가 부과되었다. 그러나 뒤에 이상한 현상이 일어났다. 세금을 줄이는 정책이니만큼 당연히 국가 재정이 어려워질 것으로 모두가 예상했는데 거꾸로 세입이 증가하고 납세의 형평성이 향상되었다. 이것이 현행 감세정책의 이론적 근거이다.

루스벨트, 세제개혁을 통해 부의 재분배를 실현하다

프랭클린 루스벨트 대통령이 등장한 이후 소득세율은 급상승했다. 루스벨트 첫 임기 때 소득세 최고 세율은 63%, 두 번째 임기 때는 79%, 세 번째 임기인 1940년에는 81.1%까지 올랐다. 강력한 누진세를 통한 소득재분배가 본격적으로 시작된 것이다.

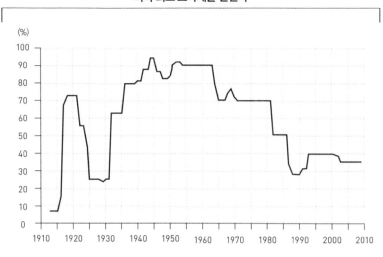

미국 최고 소득세율 변천사

특히 1942년에는 최고 소득세율을 88% 올리면서 동시에 과세대 상을 기존 500만 달러에서 200만 달러로 낮추어 범위를 대폭 넓혔다. 제2차 세계대전 참전 영향도 있었지만 놀라운 개혁조치였다. 전쟁이 한창인 1944년에는 94%까지 올라 부자들은 소득의 94%를 세금으로 내야 했다. 쉽게 말해 1년에 100만 달러를 버는 사람에게 6만 달러를 빼고 나머지 94만 달러는 모두 세금으로 거둬 갔다는 뜻이다. 이러한 추세는 그 뒤에도 그리 꺾이지 않았다. 1950~1960년대 중반까지 미국은 냉전비용 충당을 위해 92%까지 세금을 받았다. 법인세 역시 대공황의 해인 1929년 14%였던 것이 2차 대전 후 50%까지 치솟았다.

이러한 추세는 상속세도 마찬가지였다. 미국에서 1910년대에 민주당이 집권한 후 상속세를 처음으로 도입했다. 최고 세율이 10%로 가장 부자가 유산상속 시 10% 정도를 세금으로 낸 것이다. 그 후 루스벨트 집권 이후 상속세 상한세율도 20→45→60→77%까지 올라 갔다. 부는 이런 정책을 통해 적절히 분산됐다.

미국에 재단이 많은 이유

루스벨트의 세금 인상 조치가 잇따르자 거부들은 재단을 만들어서 상속세를 피해 나갔다. 록펠러 재단 등 미국에 기업재단이 많은 이유이다.

상속세를 부과해야 한다고 가장 설득력 있게 주장한 사람은 경제학자가 아니라 오히려 철강사업으로 거부가 된 앤드류 카네기였다. 카네기는《부의 복음》이라는 책에서 부는 그것이 유래한 공동체로 되돌아가야 하며, 상속은 자식들을 게으르게 만들고 부패시킬 것이라고 주장했다. 그 후 상속세는 사람들 간의 기회균등을 보장하는 장치라는 생각이 자리 잡게 되었다.

♣ 데일 카네기

루스벨트는 뉴딜 정책을 수행하기 위해 1933년에 16억 달러이던 조세 수입을 점차 높여 1940년에 53억 달러를 거두어들였다. 세금이 무려 3배 이상 증가한 것이다. 이 때문에 기업의 투자심리가 얼어붙으면서 민간투자가 극도로 침체되었다. 그 결과 불황이 장기화되었으며 많은 일자리가 없어져 1930년대에는 평균 18%의 실업률을 기록했다. 특히 제조업의 실업률은 26%에 달했다.

레이건 정부 때부터 감세로 돌아서다

미국은 과거 1950년대 최고 소득세율이 91~94%에 육박했다. 1970년대까지만 해도 70%까지 소득세를 매겼다. 1981년 레이건 정부가 들어서면서 소득세율을 큰 폭으로 떨어뜨렸다. 이른바 '레이건노믹스'라 불리는 정책의 한 축인 감세정책이 시작된 것이다.

소득세는 최고 35%, 법인세는 최고 30%로 각각 조정됐다. 그 뒤 실제 진행된 걸 보면 개인소득세 최고 세율은 70%에서 28%로, 법인세율 인하는 48%에서 34%로 줄어들었다. 당시 인플레이션 상황에서 기업의 투자와 개인의 저축을 유도하기 위한 정책이었다.

결론적으로 보면, 1980년대 당시 오일쇼크로 기업 경영이 힘든 시기에 타이밍 맞는 적절한 선택이었다. 생산성은 높아졌고, 공황상태의 경기는 풀려 오히려 세수도 증대되었다. 하지만 이도 잠시 1980년대 후반부터 세율의 하락에 세수도 같이 낮아지는 현상이 일어난다. 이는 미국 재정적자의 근본원인이 되고 있다. 그리고 아버지 부시가 바통을 이어받아 또다시 세금을 내렸다.

한편 최고 상속세율 77%는 1940년부터 1977년까지 무려 37년간이나 유지되었다. 레이건 정부는 경제정책뿐 아니라 사회정책에서도 미국 역사에서 근본적인 전환점이 된다. 세계적인 경기침체에 따른 위기를 복지 축소와 결합한 노동시장 유연화, 탈규제 전략으로 대응한다. 이른바 '신자유주의'다.

레이건 행정부에서 세율인하 등 감세정책을 시행하여 소비증가로
경제가 나아졌으나 '감세 → 경제성장 → 세수 증가 → 건전재정 유
지'라는 공급경제학자들의 주장과 달리 재정적자와 연방정부부채가
증가했다.

'문제는 경제야, 이 바보야!'

그 뒤 1993년 클린턴이 경제 문제를 화두로 하는 '문제는 경제
야, 이 바보야!'라는 슬로건으로 집권했다. 그리고 '과도한 재정적자
로 인한 민간투자 구축 효과 → 금리 상승 → 민간투자 위축'의 악
순환 고리를 끊기 위해 재정적자 축소를 경제정책의 최우선 과제로
삼고 이번에는 소득세율을 인상하였다. 최고 소득세율을 31%에서
39.6%로 인상하고 법인세율도 미미하나마 34%에서 35%로 조금 올
렸다.

∴ 빌 게이츠(왼쪽)와 워런 버핏(오른쪽)

2001년 부시 주니어가 들어
서자 경제성장 둔화에 대응하
여 다시 감세정책으로 돌아섰
다. 최고 소득세율을 39.6%에서
35%로 인하하는 한편 2010년
까지 단계적인 상속세 폐지를
내걸었다. 이때 제정된 법에 의
해 미국은 2010년까지 상속세
가 한시적으로 폐지되었다. 그

뒤 상속세 폐지 법안을 영구화하고자 하는 법안이 의회에서 타결됐지만 클린턴 대통령은 이를 거부했다.

그런데 재미있는 것은 세계적 부호들이 상속세 폐지를 앞장서 반대하고 있다는 점이다. 조지 소로소와 워런 버핏, CNN 창립자인 테트 터너, 빌 게이츠 등이 '부의 불균형 완화' 등의 명분을 제시하며 상속세 존속을 찬성하고 있다. 이들 대부분은 상속세가 아니더라도 그들의 재산 절반 이상을 사회에 환원하겠다고 서약한 사람들이다. 이제 미국은 재정적자의 심화로 더 이상의 감세정책을 쓸 수 있는 여지가 없다. 소득세건 상속세건 오를 일만 남아 있다.

다우지수가 루스벨트의 개혁을 반기다

1929년 10월 24일 증시가 급락하여 다우지수가 하루 동안 12.8% 하락했다. 다음 날도 11.7% 떨어졌다. 그해가 끝날 무렵 시가 총액의 3분의 1을 잃었다. 이러한 대세 하락기 동안에도 몇 차례 큰 반등이 있었다. 첫 번째 반등은 381에서 198까지 하락한 뒤 다시 294로 튀어 오른 것이었다. 고점 대비 50% 하락 후 다시 50% 상승한 것이다. 피보나치 함수의 되돌림 파동을 연상케 한다. 사람들은 어느 정도 경기가 최악의 국면에서 빠져나온 줄 알았다.

그러나 아니었다. 곧이어 주가는 다시 고꾸라지기 시작해 그 이듬해인 1931년에는 1년 동안 52.7% 하락해 다우지수 역사상 최악의 연간 하락률을 보였다. 이는 대세 하락 중 일시적인 반등의 위험성을 보여주는 사례이다. 결국 더블딥이 덮친 것이다.

금융공황의 실제적인 파급효과가 산업계 전체에 나타나면서 공황은 장기화되었다. 결국 1932년 42선이 바닥이었다. 1929년 이후 35개월 동안에 걸쳐 고점 381 대비 89%나 폭락했다. 그 뒤에도 침체장은 길어 1930년대를 150으로 마감했다. 공황은 세계 전역으로 전염되었고, 그 기간도 제2차 세계대전 직전까지 10년 동안이나 지속되었다. 대공황을 구해낸 건 전쟁특수였다.

대공황은 경제활동을 거의 마비시켰다. 기업 도산이 속출하여 실업자가 늘어나, 1933년에는 그 수가 전 근로자의 약 30%에 해당하는 1500만 명 이상에 달했다. 1837년까지 당시 기업의 90%가 파산했다. 기업의 생존 자체가 힘든 상황이었다. 그러나 당시는 농업기반의 자급자족 사회라 이를 극복할 수 있었다.

그 무렵 미국의 금융지도가 바뀌었다. 당시 미국의 최대 은행이던 필라델피아 은행이 파산하고 상대적으로 부채가 적었던 뉴욕은행이 살아남으면서 필라델피아에서 뉴욕으로 금융시장이 이동하였다.

대공황 중 당선된 루스벨트는 '뉴딜'이라는 이름으로 강력한 개혁정책을 추진해 경제위기를 극복하고 미국식 복지국가의 초석을 닦았다. 뉴딜은 일반적으로 댐을 짓고 도로를 건설하는 대규모 공공건설 사업을 비롯한 경기부양정책으로 알려져 있다. 하지만 뉴딜은 '잊혀진 사람들을 위한 뉴딜(신정책)'이라는 정식명칭에서도 알 수 있듯이, 단순한 건설 사업이 아니다. 자유방임에서 국가개입으로 경제시스템을 바꾸고 사회복지를 시작한 신경제정책이었다.

개혁은 계속되었다. 금융개혁으로 은행을 정상화시키고, 금본위제를 폐지하고 관리통화제를 일시적으로 실시하여 경기를 부양시켰다. 그리고 농업조정법을 통해 물가를 안정시키고, 공정경쟁과 노동자 단결권 인정, 최저임금제 실시 등 복지정책을 폈다. 무엇보다 "가난한 사람들을 돌보는 것이야말로 진보의 기준이다"라고 하며 부자들의 소득을 상당 부분 세금으로 거두어 갔다. 증세정책으로 부자와 노동자계급의 임금격차를 줄여 중산층 중심 사회가 가능하게 했다. 그것이 미국의 번영을 이끌었다.

미국 역사상 유일한 4선 대통령인 루스벨트는 뉴딜 정책으로 대공황을 극복했다. 그리고 제2차 세계대전에 참전하여 미국을 전후 초강대국으로 만든 발판을 마련했다. 그는 많은 미국인으로부터 존경을 받았는데 특히 미국의 유대인들은 미국 역사상 유대인에게 가장 호의적이었던 대통령으로 기억한다. 루스벨트도 재임기간 중에 유대인의 지위 향상을 위해 여러 가지 배려를 해주었다. 유대인 유권자들은 선거 때마다 루스벨트에게 90% 이상의 표를 몰아주었고, 많은 유대인 전문가들과 두뇌집단들이 그의 주변에서 자문 역할을 해주었다.

뉴딜 정책은 사회주의 요소가 가미된 것이었다. 그럼에도 동유럽계통의 유대인 대다수가 진보성향이 강했기 때문에 그의 정책을 전폭적으로 지지했다. 또한 그들은 대통령에게 직간접적으로 영향력을 행사하여 미국이 2차 대전에 참전하도록 만들어 나치 독일의 박해를 받고 있던 유럽의 유대인들을 해방시켰다.

주가는 1932년 바닥을 찍은 뒤 이듬해 2월 말까지 반등하지 못했다. 반등의 신호탄은 1933년 3월 4일에 있었던 루스벨트 대통령의 취임식이었다. 다우존스지수는 1937년까지 5년 동안 371%나 뛰어올랐다. 뒤에 다시 떨어졌지만 말이다.

실질적인 은본위제 시행

1933년 루스벨트가 금본위제를 폐지하고 금 보유를 불법행위로 규정한 이래 금증서는 퇴출당하고 시중에 은행권, 은증서, 그린백만 남았다. 1933년에 루스벨트가 금본위제를 폐지한 뒤 미국 화폐 제도는 은본위제에 속해 있었다. 세 종류의 주요 화폐는 모두 은으로 교환할 수 있었다.

미국에서 은이 합법적 화폐로 인정받기 시작한 것은 1792년 '화폐주조법'을 제정해 달러의 법적 지위를 확정하면서부터다. 달러는 가장 기본적인 은을 본위로 했다. 이때부터 미국은 금은 양 화폐 병행 제도를 오랫동안 유지했다.

그 무렵 세계의 금광과 금 공급을 대부분 장악한 로스차일드 가문이 유럽 전체의 화폐 공급을 통제했다. 그런데 은산지는 금보다 분산되어 있고 생산량도 훨씬 많아 이를 통제하기가 쉽지 않았다. 따라서 로스차일드가는 1873년을 전후해 유럽 대부분 국가에 은을 화폐에서 배제하라고 압력을 넣어 단일 금본위제를 시행토록 압박했다. 유럽 나라들이 금본위제를 시행하자 미국도 이에 따랐다.

1873년 2월, '1873년 화폐주조법'이 제정되면서부터 문제가 생겼다. 미국 서부의 은산지에서는 이 법에 강하게 반대하고 나섰다. 사람들은 이 법을 '1873년의 악법'이라고 강하게 비난했다.

그 뒤 은본위제를 지지하는 서민들의 움직임이 거세게 일었다. 1878년 의회는 '블랜드-앨리슨법'을 제정해 재무부에 매월 은 200만~400만 달러어치를 반드시 구매하도록 요구했다. 금과 은의 가격은 1 대 16으로 조정했다. 재무부는 금증서와 함께 은증서도 발행했고, 은증서 1달러는 은화 1달러와 동등하게 유통되었다.

나중에 1878년 이 법은 '1890년 셔먼법'으로 대체되었다. 셔먼법은 재무부의 은 구매 수량을 늘려 매월 450만 온스를 더 구매하도록 했다.

법에 따라 정기적으로 은을 구매해온 재무부는 1930년대가 되자 60억 온스가 넘는 은을 보유하게 되었다. 이는 20만 톤이나 되는 굉장한 양이었다. 1930년대 미국은 세계 은 생산량의 66%와 은 제련 양의 77%를 장악하고 있었다.

그 무렵 그린백은 원래 유통량이 정해져 있어 국제 금융재벌들은 위협을 느끼지 않았으나 은증서는 문제가 되었다. 게다가 은 광산이 전 세계에 분포되어 있어 생산량이 많기에 은본위제를 시행해 재무부가 은증서를 직접 발행한다면 국제 금융재벌에게는 커다란 위협이 아닐 수 없었다. 이후 은증서 문제는 케네디 대통령에게까지 이어져 많은 논란의 중심이 되었다.[*]

유대인들, 관계와 사법부 진출

미국 연방대법관은 '선량한 행동'을 하는 한 종신 임기를 누린다. 브랜다이스 대법관과 모겐소 2세 재무부 장관 이후 유대인들의 사법부와 관계 진출이 활발해졌다. 1942년경 재무, 인사 그리고 법무와 관련된 정부 각 부처와 기관에서 그 수가 눈에 띌 정도로 많아

---

[*] 쑹훙빙 지음, 차혜정 옮김, 《화폐전쟁 1》, 알에이치코리아, 2008

졌다.

특히 팰릭스 프랭크푸르터 대법관은 1939년 루스벨트 대통령이 임명한 유대인으로 역대 미국 대법관 중 유일한 급진 사회주의자였다. 그는 전략적 지위에 자신이 선호하는 인물들을 지명하는 일에도 상당한 영향력을 행사했다. 소위 말하는 '프랭크푸르터의 부하들'이 정관계에 많이 진출했다.

　유대인 이야기를 쓰고 보니, 1990년대 초 밀턴 프리드먼과《흥망 세계 경제》를 쓴 일본의 가나모리 히사오가 벌였던 논쟁이 생각난다. 이들 사이의 논쟁은 국가경제의 흥망과 성쇠를 가져오는 원인이 '제도'에 기인하는 것인지, 아니면 '인간'에 기인하는 것인지에 대한 설전이었다. 프리드먼은 제도가 중요하다고 보았고, 히사오는 인간이 중요하다고 보았다. 프리드먼은 1980년대의 중국과 대만의 예를 들어 같은 민족이지만 제도적 차이로 경제력의 차이가 벌어졌다고 주장하였다. 결국 경제의 성공과 실패를 만드는 것은 인간이 아니라 제도라고 프리드먼은 보았던 것이다. 프리드먼은 진 적이 없다는 뛰어난 논쟁력으로 유명하다. 결국 이 논쟁에서도 프리드먼이 이겼다. 그러나 유대인 이야기를 쓰고 보니 경제는 인간이 주인공이었다. 세계 경제사의 주역은 유대인이었다.

　사실은 유대인 이야기보다는 좀 더 현실감 있는 국제금융에 관한 글을 쓰고 싶었다. 여기에 우리 서비스 수지 적자의 근본 요인인 관광산업, 교육산업, 의료산업 등을 덧붙여 금융산업을 포함한 서비스산업의 중요성에 대하여 알리고 싶었다. 특히 요사이 국제금융시장이 얼마나 현란하게 돌아가고 있는지, 금융자본은 얼마나 빨리 팽창하고 있는지, 월스트리트와 런던 금융시장의 깊숙한 내부의 메커니즘은 어떻게 돌아가고 있는지 이야기해주고 싶었다.

　파생상품이 만들어진 시대적 배경과 아울러 그 해악, 주식시장과 파생상품의 거래가 사람의 손을 떠나 치밀한 컴퓨터 프로그램들끼리 부딪치는 현장, 과학적 투자기법의 원리, 자본주의의 극을 달리는 국제금융시장의 실체, 첨단 금융기법 등을 욕심껏 파헤쳐 전달하고 싶었다. 너무 무분별하게 달리다 비록 신용위기가 터졌지만, 이는 감추어진 축복일 수 있다. 자본주의가 살아 있는 한 자본의 위력은 그 스스로가 다시 이야기를 시작할 것이다.

　게다가 창의력과 의지로 키울 수 있는 관광산업, 미래의 궁극적 승부처인 교육산업, 가장 우수한 인재들이 모여 있는 의료산업을 비롯하여 이들 서비스산업을 키워낼 인재 양성에 관하여 이야기하고 싶었다. 그리고 그 무엇보다도 서비스산업의 '중요성'을 알리고 싶었다. 그냥 중요하다고만 외쳐서는 피부에 와 닿을 것 같지 않았다. 그래서 유대인을 통해 본 서비스산업의 경제사적 의미를 도입하여, 독자가 그 중요성을 피부로 느끼게 하고 싶었다. 그래서 고대부터의 유대인의 발자취를 추적하였다. 그런데 그만 너무 길어져 대하 드라마가 되어버렸다. 자그마치 책이 10권이다.

그간 쓴 내용을 다시 들여다보니 필자의 능력을 넘어서는 분야가 많았다. 한마디로 욕심이었다. 필자가 도전하기에는 역부족임을 자인한다. 게다가 소송을 무기로 유대인 연구를 감시하는 '유대인비방대응기구Anti Defamation League: ADL' 때문에 서구에는 유대인에 관한 자료를 구하기 어려웠다. 특히 비유대인이 쓴 책은 거의 없었다. 그럼에도 부족한 글을 모아 '유대인, 그들은 과연 누구인가?'라는 화두를 던지는 데 그쳤다. 그러나 누군가는, 또는 어느 조직에선가는 해야 할 일이다. 개인이 아닌 시스템을 갖춘 조직이 앞장서야 할 것 같다. 능력 있는 단체의 관심과 후학들의 정진이 있기를 바랄 뿐이다.

부끄러움으로 펜을 놓으며
KOTRA 연구위원실에서

가나모리 히사오 지음, 정재철 옮김,《흥망 세계경제》, 매일경제신문사, 1995

강영수 지음,《유태인 오천년사》, 청년정신, 2003

갤브레이스 지음, 장상환 옮김,《경제학의 역사》, 책벌레, 2009

공병호 지음,《인생은 경제학이다》, 해냄, 2006

권홍우 지음,《부의 역사》, 인물과사상사, 2008

권홍우 지음,《99%의 롤 모델-오늘의 부족한 1%를 채우는 역사》, 인물과사상사,
　　2010

기 소르망 지음, 김정은 옮김,《자본주의 종말과 새 세기》, 한국경제신문사, 1995

김경묵·우종익 지음,《이야기 세계사》, 청아출판사, 2006

김욱 지음,《세계를 움직이는 유대인의 모든 것》, 지훈, 2005

김종빈 지음,《갈등의 핵, 유태인》, 효형출판, 2001

데릭 윌슨 지음, 신상성 옮김,《가난한 아빠 부자 아들 3》, 동서문화사, 2002

마빈 토케이어 지음, 이찬일 옮김,《성경 탈무드》, 선영사, 1990

막스 디몬트 지음, 이희영 옮김,《세계 최강성공집단 유대인》, 동서문화사, 2002

머니투데이 국제부 지음,《월가 제대로 알기》, 아카넷, 2005

문미화·민병훈 지음,《유태인 경제교육의 비밀》, 달과소, 2005

미야자키 마사카츠 지음, 오근영 옮김,《하룻밤에 읽는 세계사 2》, 알에이치코리
　　아, 2011

박윤명 지음,《상식 밖의 동양사》, 새길, 1995

박은봉 지음,《세계사 100장면》, 실천문학사, 1998

박재선 지음,《세계사의 주역, 유태인》, 모아드림, 1999

브라이언 랭커스터 지음, 문정희 옮김,《유대교 입문》, 김영사, 1999

비토리오 주디치 지음, 최영순 옮김,《경제의 역사》, 사계절, 2005

사카키바라 에이스케 지음, 삼정KPMG경제연구소 옮김,《경제의 세계세력도》, 현암사, 2005

사토 다다유키 지음, 여용준 옮김,《미국 경제의 유태인 파워》, 가야넷, 2002

새뮤얼 애드셰드 지음, 박영준 옮김,《소금과 문명》, 지호, 2001

시오노 나나미 지음, 김석희 옮김,《로마인 이야기》, 한길사, 2007

쑹훙빙 지음, 차혜정 옮김,《화폐전쟁 1》, 알에이치코리아, 2008

쑹훙빙 지음, 홍순도 옮김,《화폐전쟁 2》, 알에이치코리아, 2010

안효상 지음,《상식 밖의 세계사》, 새길, 1997

애디슨 위긴 지음, 이수정 옮김,《달러의 경제학》, 비즈니스북스, 2006

앨런 브링클리 지음, 황혜성 옮김,《있는 그대로의 미국사 2》, 휴머니스트, 2011

에른스트 곰브리치 지음, 이내금 옮김,《곰브리치 세계사 1, 2》, 자작나무, 1997

오오타류 지음, 양병준 옮김,《유태7대 재벌의 세계전략》, 크라운출판사, 2006

우태희 지음,《세계 경제를 뒤흔든 월스트리트 사람들》, 새로운제안, 2005

육동인 지음,《0.25의 힘》, 아카넷, 2009

윤승준 지음,《하룻밤에 읽는 유럽사》, 알에이치코리아, 2004

이강혁 지음,《스페인 역사 100장면》, 가람기획, 2006

이리유카바 최 지음,《그림자 정부(경제편)》, 해냄, 2005

자크 아탈리 지음, 양영란 옮김,《미래의 물결》, 위즈덤하우스, 2007

정성호 지음,《유대인》, 살림, 2003

존 스틸 고든 지음, 김남규 옮김,《월스트리트 제국》, 참솔, 2002

찰스 가이스트 지음, 권치오 옮김,《월스트리트 100년》, 좋은책만들기, 2001

찰스 킨들버거 지음, 주경철 옮김,《경제강대국 흥망사》, 까치, 2005

최영순 지음,《경제사 오디세이》, 부키, 2002

최영순 지음,《성서 이후의 유대인》, 매일경제신문사, 2005

최용식 지음,《돈 버는 경제학》, 알에이치코리아, 2008

최용식 지음,《환율전쟁》, 새빛에듀넷, 2010

최재호 지음,《유대인을 알면 경제가 보인다》, 한마음사, 2001

최창모 지음,《이스라엘사》, 대한교과서, 2005

최한구 지음,《유대인은 EQ로 시작하여 IQ로 승리한다》, 한글, 1998

코스톨라니 지음, 김재경 옮김,《돈, 뜨겁게 사랑하고 차갑게 다루어라》, 미래의창,
    2005

쿠사카리 류우헤이 지음, 지탄현 옮김,《소로스의 모의는 끝났는가》, 지원미디어,
    2000

폴 존슨 지음, 김한성 옮김,《유대인의 역사》, 살림, 2014

피터 번스타인 지음, 안진환·김성우 옮김,《신을 거역한 사람들》, 한국경제신문사,
    2008

홍성국 지음,《세계 경제의 그림자 미국》, 해냄, 2005

후지다 덴 지음, 진웅기 옮김,《유태인의 상술》, 범우사, 2008

성서(대한성서공회, 공동번역 개정판)

권홍우, [오늘의 경제소사] "로젠월드", 〈서울경제〉, 2008년 8월 12일

박문환, "고수 투자 데일리", 〈한경 와우넷〉

박태견, "JP 모건의 164년사", 〈프레시안〉, 2002년 7월

우광호, [유대인 이야기], 〈가톨릭신문〉

육동인, "육동인 기자의 유대인 이야기, 리바이스에서 랄프 로렌까지", 〈뷰티타임
    스〉, 2004년 10월 13일

정혁준, "스탠더드 오일의 탄생", [정혁준의 기업가정신을 찾아서] 블로그, 2011년
    9월 28일, http://blog.hani.co.kr/june/37837

홍익희의
유대인 경제사 7
미국 근대 산업사는 재벌의 역사
근대 미국 경제사 上

1판 1쇄 발행 | 2016년 10월 17일
1판 4쇄 발행 | 2024년 2월 8일

지은이 홍익희
펴낸이 김기옥

경제경영팀장 모민원
기획 편집 변호이, 박지선
마케팅 박진모
경영지원 고광현
제작 김형식

디자인 푸른나무디자인

인쇄 · 제본 프린탑

펴낸곳 한스미디어(한즈미디어(주))
주소 121-839 서울시 마포구 양화로 11길 13(서교동, 강원빌딩 5층)
전화 02-707-0337 | 팩스 02-707-0198 | 홈페이지 www.hansmedia.com
출판신고번호 제 313-2003-227호 | 신고일자 2003년 6월 25일

ISBN 979-11-6007-052-1 14320
ISBN 978-89-5975-861-6(세트)